AF559381

rüffer & rub biografie

Mimmo Lucano

Das Dorf des Willkommens

Übersetzt
aus dem Italienischen
von Elvira Bittner

Die Arbeit der Übersetzerin am vorliegenden Text wurde im Rahmen des Programms »NEUSTART KULTUR« aus Mitteln der Beauftragten der Bundesregierung für Kultur und Medien vom Deutschen Übersetzerfonds gefördert.

Der rüffer & rub Sachbuchverlag wird vom Bundesamt für Kultur mit einem Strukturbeitrag für die Jahre 2021–2024 unterstützt.

Zuerst publiziert bei Giangiacomo Feltrinelli Editore srl, Milano
Publiziert in Zusammenarbeit mit Walkabout Literary Agency

Deutschsprachige Ausgabe:
Erste Auflage Herbst 2021

info@ruefferundrub.ch | www.ruefferundrub.ch

Schrift: Arnhem, Avenir Next Demi Bold
Druck und Bindung: Livonia Print Ltd., Riga
Papier: Munken print white, 80 g/m², 1.8

ISBN 978-3-906304-87-8

PREFAZIONE

Was brauchen wir, um unsere Seele nicht zu verlieren?

Von Elvira Bittner
(Übersetzerin des Buches)

Am 1. Juli 1998 landet an der Küste des kleinen kalabrischen Dorfs Riace ein Schiff mit kurdischen Flüchtlingen. Niemand kann zu diesem Zeitpunkt damit rechnen, dass aus diesem Ereignis das »paese dell' accoglienza« entstehen würde, das »Dorf des Willkommens«, und dass dieses Dorf in den folgenden 20 Jahren nicht nur in Kalabrien und Italien, sondern auch international Bekanntheit erlangen wird. Ein Dorf, das der Entvölkerung preisgegeben war, weil seine Einwohner seit Langem auf der Suche nach einem besseren Leben in andere Länder emigrierten, bekommt durch die Zuwanderung von Geflüchteten, von »Neubürgern«, neue Hoffnung und Perspektiven. Traditionelle Betriebe und Werkstätten werden wiederbelebt und neue entstehen, über die Jahre hinweg werden Tausende von Menschen aufgenommen, manche ziehen weiter, andere bleiben. Aus aller Welt strömen Interessierte herbei, um sich zu informieren, was sich aus dem »Modell Riace« lernen ließe. Aus dem verschlafenen Dorf wird ein Ort am Puls der Zeit, ein Vorzeigeprojekt, das einen sehr konkreten Vorschlag macht für die Lösung einer der größten Krisen unserer Zeit: eine »Utopie der Normalität«.

Initiator und Motor des Projekts ist Domenico »Mimmo« Lucano, aufgewachsen in Riace und nach langen Jahren im »Riace anderswo« dorthin zurückgekehrt, weil er in seiner belasteten Heimat Verantwortung übernehmen will. Er ist Visionär, politischer Aktivist und kompromissloser Humanist, und 2004 wird er zum ersten Mal zum Bürgermeister gewählt, ein Amt, das er nach zweifacher Wiederwahl bis 2018 innehaben wird. 2018 wird zum Wendepunkt für Riace und seine Arbeit: War es schon vorher immer wieder zu Problemen mit den Behörden gekommen, so wird das Projekt nun, mit dem Aufstieg der italienischen Rechten und Lega-Chef Salvini als Innenminister, offen bekämpft und kriminalisiert. Lucano sieht sich inzwischen einem Strafprozess gegenüber, der längst noch nicht ausgestanden ist.

Seither sind die Straßen Riaces wieder weitgehend verlassen, es ist mittlerweile still geworden im Dorf des Willkommens. Dennoch ist das letzte Kapitel nicht geschrieben, und es ist zu früh, ein »Ende« unter die Geschichte zu setzen. Riace hat Entwicklungen angestoßen, die weiterwirken, und viele Menschen haben dazu beigetragen, dass es zu dem geworden ist, was es war. Sie alle tragen etwas weiter, einen Funken, einen Gedanken, eine Überzeugung, dass es auch anders geht, anders gehen muss. Dass Europa dem Zustrom von Verzweifelten auf eine Weise begegnen muss, die mit seinen eigenen Werten in Einklang steht.

Menschen sterben in der Wüste, sie ertrinken im Meer, sie werden in Internierungslagern wie in Libyen gefoltert. Schiffe der privaten Seenotrettung irren durchs Mittelmeer und suchen vergeblich nach Häfen, humanitäre Organisationen werden schikaniert, Abschiebungen in tödlich gefährliche Länder durchgezogen, auf Biegen und Brechen. Auf den italienischen Tomatenfeldern schuften »Erntesklaven« unter Bedingungen, die einem anderen Jahrhundert anzugehören scheinen. Und die, die es etwa nach Deutschland schaffen, werden über Jahre hinweg in quälender Perspektivlosigkeit gehalten und von einer Bürokratie erdrückt, deren höchstes Ziel nichts anderes zu sein scheint, als die Menschen »draußen« zu halten.

Ich bin im Winter 2020, kurz vor Corona, mit einer Gruppe interessierter Menschen nach Riace gereist. Seit mehreren Jahren war ich schon in München als ehrenamtliche Flüchtlingshelferin aktiv, und Riace war in unseren Kreisen seit Langem ein Begriff. Mein Ehrenamt hatte mich in den Jahren zuvor nachhaltig verstört, denn ich hatte nicht damit gerechnet, wie hart und teils willkürlich das deutsche Asylsystem agiert. Ich hatte Anhörungen und die daraufhin erfolgenden Entscheidungen mitverfolgt und darüber den Glauben an faire Asylverfahren verloren, hatte die »Vergrämungsstrategien« der Behörden aus unmittelbarer Anschauung kennengelernt, hatte erfahren, was Worte wie »politischer Wille« oder »systemischer Rassismus« in der Praxis bedeuten. Das Land, in dem ich vor 2015 gelebt zu haben glaubte, war nicht das, das ich in den Jahren darauf vorfand. Was ich erlebte, war nicht anständig, es war nicht menschenfreundlich, es war keineswegs durch ein gesundes Fundament von unverbrüchlichen Werten unterlegt. Es war nicht einmal vernünftig, der gesunde Menschenverstand spielte darin keine Rolle. Stattdessen gaben die »großen As« in diesem System den Ton an: Abschottung, Abschiebung, Arbeitsverbote.

Über alle Widerstände hinweg – oder vielleicht gerade deswegen – ist in Deutschland aus der kurzen Phase der »Willkommenskultur« (ein mediengemachter Begriff, der eigentlich nie einen Inhalt hatte) trotz allem eine spannende Bewegung geworden. Freundschaften entstanden, über alle Grenzen und Unterschiede hinweg, nicht nur zwischen den Helfern, sondern auch zwischen »Alt- und Neubürgern«. Viele Engagierte politisierten sich, schlossen sich zusammen, fruchtbare Synergien entstanden. Wir organisierten Proteste und Debatten, setzten uns mit Behörden, Medien und Politik auseinander, bildeten uns im Asyl- und Ausländerrecht weiter. Ich war beeindruckt, wie viel Wissen, Know-how und Ideenreichtum in diesem menschlichen Sammelsurium vorhanden war. Und wenn auch die meisten von uns heute ausgebrannt und über die immer weiteren Verschärfungen verzweifelt sind, so hatte ich wenigstens das Glück, Menschen kennenzulernen, deren Mut, Zähigkeit und Ausdauer ich bis heute aufrichtig bewundere. Sie sind für mich das »bessere Deutschland«, die Vertreter einer »Utopie der Normalität«, in der ich gerne gelebt hätte. Allein: Die Zeit schlug eine andere Richtung ein als die, in die wir gemeinsam gehen wollten.

Die Ideen hinter Riace, dem Dorf des Willkommens, tragen Züge, die unseren europäischen Werten bestens entsprechen. Sie bieten Anregungen und Impulse, wie mit der »Flüchtlingskrise«, die aller Voraussicht nach erst begonnen hat, anders umgegangen werden könnte. Ein wichtiger Aspekt ist die dezentrale Unterbringung, auf die Lucano immer wieder verweist, und die etwa in Bayerns »Ankerzentren« so konsequent vermieden wird. Ein weiterer ist die Teilhabe der Neubürger an der Gesellschaft, das »Mittendrin«, das man durch den jahrelangen Schwebezustand der Asylverfahren und die Segregierung der Neuankömmlinge von der Mehrheitsbevölkerung erfolgreich verhindert. Ebenso wie durch die absurden Arbeitsverbote, die es Menschen unmöglich machen, zu Protagonisten ihres Lebens zu werden und ihren Beitrag zu dieser Gesellschaft zu leisten. Oft steht am Ende eines jahrelangen, zermürbenden Prozesses nichts anderes als die Abschiebung, ganz egal, wie sehr sich jemand angestrengt hat, in der neuen Heimat anzukommen. Wer es schafft und wer nicht ist großteils durch Willkür bestimmt, auch wenn die große Politik uns in ihren Statements etwas anderes erzählen möchte.

Als Übersetzerin hielt ich es für sinnvoll und sogar notwendig, Lucanos Buch auch interessierten deutschen Lesern zugänglich zu machen. Riace ist ein kleines Dorf, und manches, was hier erzählt wird, mag regional und für uns nicht relevant anmuten. Schon für Norditaliener liegt Kalabrien fast am Ende der Welt. Doch wie auch Giovanna Procacci in ihrem Nachwort klarmacht, ist die Geschichte, die sich hier zugetragen hat und noch zuträgt, eine von internationaler Bedeutung. Sie erzählt etwas über unsere Zeit und die Gefahren, die uns unmittelbar drohen. In ganz Europa sind immer weitere Gesetzesverschärfungen an der Tagesordnung, Solidarität und Menschenrechte scheinen zunehmend Ideen zu werden, die einem schöneren Gestern angehören. Es gibt keinen allgemeinen Aufschrei, die Medien berichten kaum noch, man nimmt das Unsagbare wie den Tod der Menschen im Mittelmeer hin. Vielleicht auch, weil wir alle heillos überfordert sind mit dem Chaos, das uns umgibt.

Die Frage, die sich mir und vielen anderen Menschen stellt, ist: Wie wollen wir in Zukunft leben? Was ist uns wichtig, was brauchen wir, um als Einzelne und als Gesellschaft unsere Seele nicht zu verlieren? »Die Lösung könnte in einer ›Revolution der Normalität‹ liegen, dem Erleben eines friedlichen Miteinanders, wie wir es in Riace in die Tat umgesetzt haben«, schreibt Mimmo Lucano. Wäre es wirklich so revolutionär, wenn er recht hätte?

*

Es ist noch eine Bemerkung zu machen zu der besonderen Sprache Domenico Lucanos, die im Deutschen oft nur schwer wiederzugeben ist. Eine Sprache, die natürlich süditalienisch ist, oft pathetisch, archaisch und sehr radikal, und die man im Deutschen versucht ist, in eine uns eher entsprechende zurückgenommene Neutralität und Nüchternheit zu überführen. Letztendlich habe ich mich aber dagegen entschieden und manchen vielleicht sonderbar klingenden Satz so gelassen, wie er ist. Es schien mir, dass gerade die politischen Statements – und um diese geht es vor allem – ansonsten an Kraft verlieren, und das wollte ich in jedem Fall verhindern. Es ist eine Sprache, die man sich oft gesprochen vorstellen muss, und wer Lucano reden gehört hat, muss vielleicht gar kein Italienisch können, um ein bisschen zu verstehen, was er meint. Wer noch dazu in Riace war – egal ob es nun gerade verlassen ist oder die Welt hier zusammenfindet – und ehrfurchtsvoll vor der kargen, wilden und großen kalabrischen Landschaft stand, der erkennt, dass zu diesem Land eigentlich nur diese Sprache passt. Es ist dann auch eine Selbstverständlichkeit, dass »sogar die Ziegen hier in Kontemplation« sind.

*

Unmittelbar bevor dieses Buch in Druck ging, wurde am 30. September 2021 vom Gericht Locri das erstinstanzliche Urteil im Prozess gegen Domenico Lucano und Riace verkündet. Lucano wurde unter anderem wegen Amtsmissbrauch und Bildung einer kriminellen Vereinigung zu 13 Jahren und 2 Monaten Haft, 5 Jahre Verbot, ein öffentliches Amt auszuüben, und der Rückzahlung einer Summe von über 700 000 Euro verurteilt. Auch viele seiner Mitstreiter wurden verurteilt. Strafmildernde Umstände wur-

den nicht berücksichtigt, auch nicht, dass sein Handeln eine moralische Zielsetzung hatte. Das Urteil hat in ganz Italien großes Aufsehen erregt, es gab Proteste, aber auch Zustimmung. Die ausführliche Urteilsbegründung steht noch aus. Lucanos Anwälte haben angekündigt, in Berufung zu gehen.

PREFAZIONE

Alle, zu jeder Zeit!

Am Anfang kamen immer dieselben Fragen: Und wenn sie am Ende mehr werden als die Einheimischen? Und wenn Kriminelle dabei sind? In der öffentlichen Debatte über die Aufnahme von Flüchtlingen in Riace waren das die üblichen Probleme. Dabei müsste eigentlich etwas ganz anderes im Mittelpunkt stehen: Politik kann sich nicht reduzieren auf die Selektion, wer hereindarf und wer nicht, oder sie verzichtet auf das, was sie eigentlich sein will. Sie verzichtet auf die Sache der Freiheit, die sie einst instituiert hat. Eines hat mich die Erfahrung gelehrt: Eine Politik, die sich in reiner Machtausübung erschöpft, vergisst den Traum von der kollektiven Emanzipation, zu dem unser Recht auf Freiheit uns anspornt.

Die Corona-Pandemie hat die ganze Welt erschüttert und Gesundheitswesen und Wirtschaft in eine beispiellose Krise gestürzt. Sie hat uns in die Grenzen unserer nächsten Umgebung gezwungen. Wir sitzen in unseren Häusern und stellen fest, dass wir uns dort nicht so sicher fühlen, wie wir gedacht haben. Ohne die Gemeinschaft um uns herum sind wir uns selber fremd.

Krankheit und Tod lassen wenig Raum für allgemeine Betrachtungen, doch wir haben die Pflicht zu einer tieferen Reflexion. Wir müssen einen Blick in die Vergangenheit werfen, um die jüngste Geschichte nicht zu vergessen. Über Jahre hinweg wiederholt, sind uns die Worte des Egoismus vertraut und überzeugend geworden. Langsam und stetig, Stück für Stück, haben sie von unseren Gedanken Besitz ergriffen. In einer Welle der Populismen wurden sie in die Welt posaunt, und sie haben ihre vollständige Umsetzung im Staat der geschlossenen Grenzen gefunden. Der Rassismus hat sich breitgemacht, ohne große Empörung zu erregen. Das Wort »Migrant« wurde missbraucht und seiner Bedeutung entleert: Wir haben ein Ghetto gebaut, in dem wir unser Gewissen begraben können.

Und nun, da unser eigenes Leben vor einer unberechenbaren Bedrohung steht, und wir nicht wissen, ob ihre Eindämmung gelingt, offenbart dieser Egoismus sein feiges Gesicht. Die Konsequenzen, die er geschaffen hat, zeigen sich in ihrer ganzen Dramatik: die Lager, in die man die Unerwünschten gesteckt hat, die Obdachlosen in den Straßen der Großstädte, die vielen Menschen in prekärer Arbeit, die afrikanischen Erntehelfer in den Barackensiedlungen, das Geschäftemachen mit Gesundheitswesen und Bildung, die Zerstörung der Umwelt durch unser Wirtschaftssystem, die grenzenlose Profitgier, der zügellose Konsumwahn.

Der Profit zählt mehr als das Leben. Das Interesse des Kapitals wird geschützt, zum Nachteil der öffentlichen Gesundheit. Wo liegt jetzt die Grenze? Woher kann Rettung kommen? Eine schwere Ungewissheit lastet auf der Gegenwart.

Warum scheint die Sicherheit des Menschen heute mehr wert zu sein als der Mensch an sich? Ist der Imperativ »Alle, zu jeder Zeit!« wirklich eine Utopie? Wenn unsere Antwort auf diese Fragen lautet: »Wir nehmen nur den, der es verdient, aufgenommen zu werden!«, oder: »Wir sollten erst sehen, ob es sich für uns lohnt!«, dann fällen wir die wenig mutige Entscheidung, uns vor der Verantwortung für andere zu drücken. Wir kompromittieren damit auch unsere eigenen Beziehungen, ob eng oder lose, ob die zu unserem Nachbarn oder die zu einem Fremden. Frei sind wir nur, wenn wir in der Lage sind, individuelle und kollektive Verantwortung miteinander zu vereinen. Ich jedenfalls kenne auf diese Fragen nur eine Antwort. Immer wenn ich am Strand stand, die Füße im Wasser, und hinausschaute aufs Meer, dann hatte ich eine Gewissheit: Wer immer an unsere Tür klopft, ob es ein Elender ist, ein Flüchtling oder ein Reisender, er bedeutet die einzige Rettung für die ganze Welt, die einzige Hoffnung gegen die Gewalt der Geschichte.

Schon bevor ich Bürgermeister wurde, und lange bevor die »globale Migrationskrise« sich als entscheidendstes Ereignis unserer Epoche erwies, habe ich den Traum von einer Erlösung übernommen, der ein Vermächtnis meiner Heimat ist. Ich zähle die Fehler nicht mehr, die ich gemacht habe, aber ich weiß, dass ich nicht anders handeln konnte. Ich war nie fähig zu einem Blick, der andere ausschließt. Privilegien und Diskriminierung ertrage ich nicht.

Das Meer und der »Borgo«, wie wir das alte, auf einem Hügel gelegene Dorf nennen, waren die Pole meiner Existenz. Der Lehmhügel, der die kleinen Häuser des Ortskerns umfängt, war die glückliche Grenze meiner Kindheit. Die Olivenbäume, die hingestreckten Wiesen, der Duft nach Jasmin und Birnenbaum, die warmen Farben von Ginster und Kaktusfeige. Wenn ich an meine Wurzeln denke, dann sehe ich eine ewige Sommerlandschaft vor mir. Im Riace meiner Kindheit lernte ich, dass Menschsein etwas Schönes ist: die Weberinnen und die Schäfer, die von früh bis spät ihre Arbeit taten, wie eine tiefe Reflexion, die man mit den Händen macht. Von den Roma mit ihren Tänzen, die unsere religiösen Prozessionen begleiteten, erfuhr ich die Bedeutung des Wortes »Freiheit«: keine enge Bindung zu einem bestimmten Territorium zu haben und doch tief verbunden zu sein mit der Geschichte der Völker.

Meine Mutter hat mich immer ermutigt, neugierig auf andere Menschen zu sein, niemals misstrauisch, und großzügig auch, weil wir alle bedürftig sind. In den Bildern meiner Erinnerung bewahre ich den bitterarmen, entlegenen italienischen Süden wie ein großes Wunder. Es ist dieses Gefühl, das mich später veranlasste, Reisende aufzunehmen, keine Migranten oder Flüchtlinge: In unserer Kultur sind es schon immer die Fremden gewesen, die uns lehrten, den Wert der Gastfreundschaft hochzuhalten. Die Geschichte hat sie an unsere Küste gespült, wie eine Welle, die sich am Ufer bricht, an genau die Schwelle, wo auch ich schon in den Gesichtern meiner Freunde von der Vergangenheit Abschied genommen, wo ich Melancholie und Verlust kennengelernt hatte. Die ganze Welt traf an diesem Punkt zusammen, ein Durchgang, der geprägt ist von ununterbrochenen Passagen.

Aus Argentinien bekamen wir Nachrichten von meinen Tanten: Ich erinnere mich gut an die bunten Luftpostbriefe, die damals Sinnbild waren für Abwanderung, für Grenzen, für eine neu zu erfindende Identität, für ein unbekanntes Land, aber auch für eine Verbindung, die jede Entfernung überwinden kann. Auch hier war es der Süden, in den es die Menschen verschlagen hatte, wenn auch auf einem fernen Kontinent. Ich selbst hingegen würde in den Norden gehen, nach Turin, und das Arbeiterleben in der Großstadt kennenlernen. Obwohl man dort meine Sprache sprach und ich meine Landsleute frequentierte, Auswanderer wie ich, fühlte ich mich entwurzelt. Die Verlorenheit, die ich empfand, hatte etwas von einer Ohnmacht.

Die Migration ist Teil der Geschichte unseres Landes. Die inneritalienischen Wanderungsflüsse sind eine Folge der schwierigen Beziehung zwischen Zentrum und Peripherie. Unsere Politik hat regionale Realitäten immer vernachlässigt, und sie hat zugelassen, dass der Süden verarmt. So hat sie genau die Bewegung geschaffen, die sie eigentlich beschränken wollte: vom Süden in den Norden, von der Peripherie ins Zentrum.

Auch heute noch ist die Emigration in Kalabrien die einzige Alternative. Um ein Modell für die Zukunft zu entwickeln, muss man sich eine bestimmte Art von Gesellschaft vorstellen, aber wie ist das möglich, an einem Ort, an dem keine Menschen mehr sind? Riace als Ort des Willkommens ist zum Vorreiter geworden, weil es in den Widersprüchen eines ungerechten Systems eine historische Gelegenheit für die eigene Wiedergeburt erkannte. Wir haben nicht »Migrationsströme verwaltet« – ein inakzeptabler Begriff –, wir haben keine Reformmodelle ausgearbeitet –, dazu hatten wir nicht die Mittel –, wir haben nicht mal unsere eigenen Probleme gelöst. Wir haben nur den Glauben an ein Ideal eingefordert, Seite an Seite mit den Fremden, den Neubürgern, weil diese Herausforderung uns alle betrifft und das gar nicht anders sein kann. Die Globalisierung der Migration ist ein nicht aufzuhaltendes Phänomen, und die Politik der Internierungslager, der Pushbacks und Abschiebungen, der immer weiteren Gesetzesverschärfungen kann kein positives Ergebnis bringen. Durch ein absurdes Zusammentreffen, durch eine Laune des Windes, ist die Geschichte auf ein Dorf gestoßen, das mit dem »Virus der Menschlichkeit« infiziert war, einen Ort, an dem es möglich war, sich vorzustellen, dass wir alle Menschen sind. Das hat eine tiefe Spur hinterlassen, das ist das Erbe, das wir weitergeben, der Traum, dessen Verwirklichung noch aussteht.

CAPITOLO 1

Becky oder: Nur ein Stück Papier

Becky Moses kam aus Nigeria.[1] Sie hatte ihr Dorf verlassen, weil sie sich weigerte, den Mann zu heiraten, den ihre Familie für sie ausgesucht hatte. Sie war an einen Ort fern ihrer Heimat geflüchtet und hatte begonnen, als Friseurin zu arbeiten. Um nach Italien zu gelangen, begab sich Becky in die Hände von Schleusern. Sie hatte Afrika durchquert, war in Libyen angekommen und fand sich dann auf dem offenen Meer in einem Schlauchboot wieder, mit einem Riesenberg Schulden am Hals.

Am 28. Dezember 2015 landete sie an der Küste Kalabriens und kam kurz darauf nach Riace. Es hätte ihr das Schicksal vieler anderer Frauen blühen können, die gezwungen sind, ihre nie endende Schuld mit Prostitution und Abhängigkeit von der Mafia zu bezahlen. Zufällig haben die bürokratischen Wege sie nach ihrer Anlandung und Identifizierung aber nach Riace geführt. Wir haben sie in unserem Dorf in einem sogenannten CAS aufgenommen, einer Erstaufnahmeeinrichtung, die ebenso wie die kleineren und dezentraleren SPRAR-Projekte von der italienischen Regierung instituiert worden waren, um den zunehmenden Flüchtlingsstrom zu bewältigen.[2]

In Riace waren die CAS keine verlassenen Hotels, die von Spekulanten ausgeschlachtet wurden, und auch keine Kasernen oder Fabrikhallen mit aseptischen Schlafsälen, in denen kein Gedanke an Gastfreundschaft aufkommen konnte. Hier handelte es sich viel-

---

Grab von Becky Moses auf dem Friedhof von Riace

mehr um über das Dorf verstreute Häuser, kleine Wohnungen, die im Lauf der Jahre hergerichtet und zu Orten des Willkommens umgewandelt wurden.

Um diese CAS zu betreiben, wurden Vereinbarungen mit den lokalen Gemeinden und Verwaltungsbezirken getroffen. Es waren schwierige Jahre, damals nach 2015, als die Ankünfte der Flüchtlingsboote stetig zunahmen: Einerseits trat die italienische Regierung über die Präfektur[3] von Reggio Calabria ständig an uns heran, um uns trotz beschränkter Plätze um die Aufnahme von Menschen zu bitten, während andererseits dieselbe Regierung in Form des Innenministeriums uns die nötigen Mittel verweigerte, um den Gästen menschenwürdige Standards bieten oder die Gehälter des Fachpersonals zahlen zu können. Trotz aller Schwierigkeiten haben wir alles versucht, um Wege der Integration für unsere Gäste zu entwickeln.

Kurz nach ihrer Ankunft hatte Becky, so wie viele andere auch, begonnen, sich mit dem Italienischen vertraut zu machen, einen Beruf zu erlernen und sich einer Welt zu öffnen, die völlig anders war als die, die sie bis dahin gekannt hatte. Sie entpuppte sich schnell als fröhliche junge Frau, die ganz von dem Wunsch erfüllt war, sich eine Zukunft aufzubauen. Leider erlitten ihre Träume mit den Auswirkungen des Minniti-Orlando-Dekrets,[4] das in erster Linie das Ziel hatte, die Zuwanderung zu beschränken und Rückführungen zu erleichtern, sowie mit der endgültigen Ablehnung ihres Asylantrags einen herben Rückschlag. Wenn sie nicht diesen entsetzlichen Tod gestorben wäre, hätte sie wahrscheinlich nicht in Italien bleiben dürfen, sondern wäre in ihre Heimat abgeschoben worden.

Am 22. Dezember 2017 kam Becky zu mir ins Rathaus, um ihren Personalausweis zu erneuern, den sie bei einer Busfahrt verloren hatte. Im »Globalen Dorf« – dem Herzen der Altstadt, in dem sich auch die Häuser des Willkommens befinden – hatte sich bereits die Nachricht verbreitet, dass das CAS-Projekt bald geschlossen werden würde, und ohne Ausweis lebte Becky riskant, denn wenige Tage später wäre ihre Aufenthaltserlaubnis abgelaufen. In ihren Augen war dieses Stück Papier auch die Bestätigung, dass sie ein Mensch war, es war ein Beweis ihrer Identität, ein Zeugnis, dass sie keine Kriminelle, kein Phantom und keine Illegale war. Becky kannte ihre Rechte: Ich erinnere mich noch gut daran, wie sie Silvester 2016 in Riace bei einer Protestaktion, weil der Staat wieder einmal mit der Bereitstellung der finanziellen Mittel für Aufnahme und Integration im Verzug war, in der ersten Reihe stand.

Als ich sie fragte, ob sie die notwendigen Passbilder dabeihatte, lächelte sie und zog sie prompt aus der Tasche. Sie beteuerte mehrmals, dass sie den Ausweis wirklich verloren hatte, dass sie einfach unachtsam gewesen war, dass ich ihr wirklich glauben müsse. In einer kleinen Gemeinde wie Riace kann der Bürgermeister in Ausnahmefällen die Aufgaben des Standesbeamten übernehmen. Tatsächlich war dieser wenige Monate zuvor in Pension gegangen, und ich hatte interimsmäßig sein Amt ohne Besoldung inne, wie vom Gesetz vorgesehen. Ohne viel Federlesens stellte ich Becky Moses den Ausweis aus und setzte meine Unterschrift darunter. Noch heute bin ich stolz auf die Tatsache, dass mein Name auf diesem Ausweis steht.

Becky lächelte, als sie an diesem 22. Dezember 2017 mein Büro verließ. In diesem Lächeln, in dem auch Verzweiflung lag, fand ich die Kraft, dem damaligen Präfekten von Reggio Calabria, Michele Di Bari, einen Brief zu schreiben. Es war ein harter Brief, und ich teilte ihm darin mit, dass die Gemeinde Riace das Ankunftszentrum mit sofortiger Wirkung nicht mehr weiterführen konnte, weil unabdingbare Voraussetzungen fehlten, um lebensnotwendige Dienstleistungen sicherzustellen. Es war gefährlich, weitere Menschen aufzunehmen, weil wir in den Häusern keinen elektrischen Strom mehr hatten, und keine Mittel, um Medikamente und Nahrung zu kaufen, wie etwa die Milch für die vielen Kinder, die wir beherbergten. Ich beschrieb unsere Situation, in der wir die Achtung der Menschenwürde nicht mehr gewährleisten konnten, auch wenn das bedeutete, dass unsere Gäste anderswohin transferiert wurden, in andere CAS-Projekte, wo es diese Schwierigkeiten vielleicht nicht gab. Diesen Brief schrieb ich auch, um Probleme mit der öffentlichen Ordnung zu vermeiden.

Wenige Tage später, am 3. Januar 2018, war Beckys gesetzlich geregelte Aufnahmezeit in Riace abgelaufen. Bei ihrem Besuch in der Gemeinde hatte sie mir erzählt, dass sie wahrscheinlich nach Neapel gehen würde, wo sie Freunde hatte, oder auch nach San Ferdinando,[5] in die Slumsiedlung zwischen Gioia Tauro und Rosarno – ein Tummelplatz für Mafia und »Caporali«,[6] und eine Schande für den italienischen Staat. In dieser illegal errichteten Barackenstadt wohnten Landsleute von ihr, die bereit waren, sie ein paar Tage zu beherbergen. Wer weiß, ob diese Freunde ihr am 11. Januar, dem Tag ihres 26. Geburtstags, alles Gute gewünscht haben.

*

Es ist kalt im Januar, in der Ebene von Gioia Tauro. Man ist mit vielen anderen zusammen in einer Baracke untergebracht, wo es nicht mehr als ein paar alte

Decken oder ein Feuer gibt, um sich zu wärmen. Vielleicht hatten Beckys Freunde ein Lagerfeuer neben ihrem Zelt entzündet, vielleicht schafften sie nicht, es unter Kontrolle zu bringen: Die Plastikplanen und Holzbalken, mit denen die Baracken gebaut sind, brauchen nicht viel, um Feuer zu fangen.

Becky starb bei einem Brand unklaren Ursprungs, am 26. Januar 2018, kurz vor zwei Uhr nachts. Zwei Freundinnen, die sich mit ihr im Zelt befanden, wurden schwer verletzt ins Krankenhaus von Polistena eingeliefert, eine von ihnen später ins Zentrum für schwere Verbrennungen im Krankenhaus von Catania. In den Überresten des Feuers, das sich schnell ausbreitete und auch auf andere Zelte in der Nähe übergriff, fand man Beckys Personalausweis. Mit ihrem Foto, den großen Augen, den hohen Wangenknochen, den welligen, langen Haaren, die ihr Gesicht umrahmten. Und mit meiner Unterschrift. Erst einen Monat zuvor hatte ich ihr dieses Dokument ausgehändigt, hatte gesehen, wie sie lächelte vor Freude über ihre zurückeroberte Identität.

Die Erinnerung an sie bleibt für immer. Sie wurde auf dem Friedhof von Riace beigesetzt, in einer Grabnische in einer der oberen Reihen. Man muss den Blick zum Himmel heben, um ihr trauriges Gesicht zu sehen.

*

Heute ermittelt die Staatsanwaltschaft gegen mich, wegen der Verfahren und bürokratischen Praktiken, die wir in Riace angewandt haben. Wenn mich eine Schuld trifft, werde ich die Verantwortung übernehmen. Wer aber übernimmt die Verantwortung für den Tod von Becky Moses? Wer sind die Schuldigen? Wie kann es sein, dass ein Mensch ohne Hoffnung in der Hölle von San Ferdinando landen muss? Wie kann es sein, dass die Ablehnung eines Asylantrags den Tod bedeutet? Welchen Wert hat das Leben von Becky Moses? Diese Gedanken quälen meine Seele, sie sind mein Albtraum.

*

Wenige Monate nach Beckys Tod, in der Nacht vom 2. auf den 3. Juni 2018, forderte das Elend ein weiteres Opfer. Sein Name war Soumaila Sacko, er wurde erschossen.

Sein Tod ist in vielerlei Hinsicht mit dem von Becky verbunden: Nach dem Brand im Januar, der nur einer von vielen war, wollten viele Bewohner der Barackenstadt die Plastikplanen abreißen und feuerfeste Materialien für ihre Hütten benutzen. Der Junge aus Mali, der als Aktivist der Basisgewerkschaft USB (Unione sindacale di base) für die Rechte der afrikanischen Erntehelfer kämpfte, wusste von einer verlassenen Ziegelfabrik bei San Calogero, nicht weit von der Barackenstadt entfernt, in der unbenutzte Wellbleche lagerten. Mit zwei Freunden, Madiheri Drame und Madoufoune Fofana, war er in die Fabrik eingedrungen, um die Bleche zu holen.

Einer der beiden Überlebenden hat bezeugt, dass ganz plötzlich ein Stück entfernt ein weißer Panda hielt, dem ein »weißer Mann« entstieg. Er hatte ein Gewehr, schoss zunächst auf Soumaila und traf ihn in den Kopf, und anschließend auf Madiheri, den er am Bein verletzte. Mein Freund Peppe Marra, der mit Soumaila in der Gewerkschaft aktiv war, präzisierte später, dass der Schütze viermal gezielt hat, aus einer Entfernung von 150 Metern. Dann machte er sich aus dem Staub, und Madoufoune schlug Alarm. Die Fahrt ins Krankenhaus war vergeblich: Soumaila starb, ermordet vom weißen Mann.

Zum Zeitpunkt der Veröffentlichung dieses Buchs[7] ist der Prozess vor dem Schwurgericht in Catanzaro im Gang, und der 43-jährige Antonio Pontoriero aus San Calogero ist der vorsätzlichen Tötung sowie des illegalen Besitzes und Tragens von Waffen und Munition angeklagt. Als Neffe eines der ehemaligen Fabrikbesitzer habe er auf die drei Jungen geschossen, weil er überzeugt war, der »Besitzer« des verlassenen Gebäudes zu sein. Zusammen mit weiteren Mitgliedern seiner Familie, die von der lokalen Presse auch mit dem 'Ndrangheta-Clan der Mancuso in Verbindung gebracht wird, kontrollierte er die umliegende Gegend, ohne irgendeine Berechtigung dafür zu haben.

*

Es wird oft vergessen, dass die ersten schweren Erschütterungen des Systems der Willkommenskultur schon auf die Regierung Gentiloni (12/2016–6/2018) zurückgehen, ebenso wie sich in dieser Zeit die Haltung von Medien und Politik gegenüber Nichtregierungsorganisationen grundsätzlich geändert hat. Die repressive Politik gegen Riace hat also begonnen, als mit Marco Minniti ein Innenminister in der Regierung saß, der ursprünglich aus Reggio Calabria stammte und dem Partito Democratico[8] angehörte.

Im April 2017 wurde das Minniti-Orlando-Gesetz verabschiedet, das »dringende Verfügungen für die Beschleunigung der Verfahren zum internationalen Schutz sowie Maßnahmen zur Eindämmung der illegalen Einwanderung« auf den Weg brachte. Eines der Ziele war eine Verkürzung der Asylverfahren, und es kann daher auch als Generalprobe für die »Sicherheitsdekrete« des späteren Innenministers Matteo Salvini bezeichnet werden.

Eine konkrete Folge dieses Gesetzes war etwa die deutliche Beschränkung der Möglichkeiten des Asylsuchenden, gegen die Verweigerung des Flüchtlingsstatus Einspruch zu erheben. Die dritte Instanz, und damit die Möglichkeit, gegen eine Ablehnung Revision einzulegen, wurde praktisch abgeschafft. Überdies wurde in der ersten Instanz die persönliche Anhörung durch eine Videoaufzeichnung der Befragung des Asylbewerbers vor der Territorialkommission ersetzt. Es gibt keine Möglichkeit zum Disput, und der Richter ist nicht berechtigt, dem Asylbewerber Fragen zu stellen. Das ganze Verfahren erfährt so eine Entmenschlichung, es wird kalt und bürokratisch.

Als das Dekret in Kraft trat, hatten wir viele Gäste in Riace. Viele junge Nigerianer hatten schon zwei Ablehnungen ihres Asylantrags erhalten und verloren so die Chance auf einen weiteren Einspruch. Sie wollten aber unter allen Umständen vermeiden, in ihr Herkunftsland zurückkehren zu müssen, aus dem sie aus den unterschiedlichsten Gründen geflüchtet waren, wobei *ein* Grund für alle gleichermaßen galt: das allgemein menschliche Bestreben, ein besseres Leben zu finden. Einige hatten sich lebenslang verschuldet, bei Wohltätern oder solchen, die dies zu sein vorgaben, oder auch bei Verwandten und Schleppern. Sie wollten so bald wie möglich ein Stück Papier in Händen halten, das es ihnen erlauben würde, legal zu arbeiten, um ihre Schulden zurückzahlen zu können. Natürlich waren auch ein paar dabei, die heiraten wollten, um durch die Ehe mit einer Italienerin oder einem Italiener eine dauerhafte Aufenthaltserlaubnis zu bekommen. Ich selbst habe aber als Bürgermeister nur eine einzige Hochzeit zelebriert, auch wenn es sich heute in manchen Medien so anhört, als hätte ich eine Agentur für einsame Herzen eröffnet und Partnervermittlung im großen Stil betrieben. Die Wahrheit ist: Alles, was ich getan habe, geschah aus einem einzigen Grund, nämlich weil ich das Grauen in den Augen der Menschen gesehen habe, die fürchten mussten, in ihr Herkunftsland zurückgeschickt zu werden.

*

Am 19. Dezember 2019, wenige Tage vor Weihnachten, wurde mir ein neuer Ermittlungsbescheid[9] zugestellt. Diesmal ging es darum, dass ich zwei Menschen einen Personalausweis ausgestellt hatte, die – so jedenfalls die Staatsanwaltschaft – darauf keinen Anspruch hatten. Es handelte sich um eine Frau aus Eritrea mit ihrem Kind, die auf die wiederholte Bitte der Präfektur von Reggio Calabria im April 2016 im Aufnahmezentrum von Riace angekommen waren. Bei ihrer Ankunft war der kleine Junge erst eine Woche alt. Sie wurden in einem der Aufnahmeprojekte von Riace registriert und erhielten als Bezugsberechtigte Wohnung und soziale Leistungen. Am 8. August wurde den beiden eine Meldebescheinigung ausgestellt, da sie bereits ordnungsgemäß im Einwohnerregister Riaces verzeichnet waren. Was die Staatsanwaltschaft mir zum Vorwurf macht, ist die Tatsache, dass ich der Frau und ihrem inzwischen viermonatigen Kind im September 2016 zwei Personalausweise ausgestellt habe, obwohl sie keinen Aufenthaltstitel hatten. Der zuständige Sozialarbeiter hatte mich darum gebeten, vor allem, weil der Kleine ernsthafte gesundheitliche Probleme hatte und eine Versichertenkarte brauchte, damit er so schnell wie möglich in kinderärztliche Behandlung gebracht werden konnte. Ohne den Personalausweis hätte er aber diese Versichertenkarte nicht bekommen. Daher zögerte ich nicht, ihm den Ausweis auszustellen. Dieser Akt wird mir im Prozess als Falschbeurkundung im Amt nach Artikel 480 des Strafgesetzbuchs zum Vorwurf gemacht. Meiner Meinung nach ist das ein juristisches »Missverständnis«, das in offensichtlichem Kontrast steht zu den Prinzipien unserer Verfassung und zu den Menschenrechten.

Um solche Gesten der Menschlichkeit noch weiter zu erschweren, unternahm das von Innenminister Matteo Salvini initiierte »Sicherheitsdekret«,[10] das im Oktober 2018 in Kraft trat, den Versuch, die Eintragung von Asylbewerbern ins Melderegister abzuschaffen, obwohl diese für manche Leistungen unerlässlich war. Leoluca Orlando, der Bürgermeister von Palermo, erhob laut seine Stimme gegen dieses schändliche Dekret und fuhr demonstrativ – und teils eigenhändig – fort, Asylsuchende in das Register seiner Stadt einzuschreiben, um ihre Menschenwürde zu schützen und ihnen weiterhin den Zugang zu lebensnotwendigen Dienstleistungen zu gewähren.

Jenseits der moralischen Verpflichtung, die uns zwingt, die Menschenrechte zu wahren, ist das Recht auf Gesundheit auch in Artikel 32 der italienischen Verfassung als primär, absolut und unverletzlich bezeichnet. Der Personalausweis war im vorliegenden Fall eine gesundheitliche Notwendigkeit, zumal für ein viermonatiges Kind. Ein Mensch, ein Kind, hätte ohne dieses Dokument sterben können. Alles andere ist sekundär, fast irrelevant.

*

Die tragische Geschichte von Becky Moses und die einer Mutter mit ihrem kranken Kind haben vieles gemeinsam: eine dramatische Flucht, den sehnsüchtigen

Wunsch nach einem Neuanfang, eine zermürbende Reise durch die Wüste, mit all den Gefahren und Qualen, denen insbesondere Frauen auf einem solchen Weg ausgeliefert sind. Eine weitere Gemeinsamkeit ist, dass beide Frauen im Besitz eines Personalausweises waren, der von mir als Bürgermeister ausgestellt worden war. Auch Becky Moses war zwar im Melderegister von Riace eingetragen, hatte aber keine Aufenthaltserlaubnis, sondern nur eine Meldebescheinigung.

Ich habe mir daher die Frage gestellt, warum man mich wegen des Ausweises für die Frau aus Eritrea und ihrem Kind juristisch belangt hat, wegen des anderen für Becky aber nicht. Ich habe darauf nur eine Antwort gefunden: Weil Becky tot ist. Weil ihre Geschichte, ihr Dokument in Zusammenhang mit einer Tragödie steht. Wenn es in San Ferdinando ein Sicherheitsdefizit gab, dann fällt das in den Verantwortungsbereich der Präfektur von Reggio Calabria, der dieses Hoheitsgebiet untersteht, und sie muss folglich befürchten, zur Rechenschaft gezogen zu werden. Von 9/2015 bis 9/2018 war Michele Di Bari als »Außerordentlicher Regierungskommissar« für die Überwindung des stetigen Niedergangs und der unhaltbaren Zustände in San Ferdinando zuständig. Im Mai 2019 hat er sein Amt als Präfekt von Kalabrien aufgegeben und wurde von Innenminister Salvini zum Abteilungschef für das Einwanderungsressort im Innenministerium nach Rom berufen. Di Bari hat bei der Initiierung des gerichtlichen Verfahrens gegen mich und bei der Delegitimierung des Modells Riace eine entscheidende Rolle gespielt.

*

Ich habe Becky Moses, die als Asylbewerberin endgültig abgelehnt war, einen Personalausweis ausgestellt, damit sie einen Namen hätte unter den Namenlosen in den Plastikzelten und Wellblechhütten von San Ferdinando, wo sie sich vor den italienischen Behörden verstecken musste. Einem Ort der Schande und der Unmenschlichkeit, der doch den Namen des Staates trägt. Warum aber habe ich für diesen Ausweis keine Strafanzeige erhalten, wie für die anderen beiden? Vielleicht weil man Beckys Geschichte gerne für immer tief in der Erde vergraben möchte?

Ich glaube, dass die Antwort auf diese Frage von entscheidender Bedeutung ist, nicht nur für mich, um Klarheit in das Labyrinth zu bringen, dem ich persönlich durch die Kriminalisierung meiner Person ausgeliefert bin. Aber viel mehr noch, um zu verstehen, welche Welt wir dabei sind zu errichten und auf welcher Seite wir darin stehen wollen.

Die italienische Linke hat, als sie im September 2019 an die Regierung kam, keine klare Haltung zu Salvinis Sicherheitsdekreten gefunden.[11] Wenn sie das nicht nachholt, ist ihr Vertretungsanspruch gescheitert. Wie kann sie den neuen Proletariern, den durch die Welt irrenden Bürgern, den Unsichtbaren von gestern und heute eine Stimme geben, wenn sie ideologisch leer ist? Wenn wir das akzeptieren, sind wir schon verloren. Wenn wir die Grenzen der Akzeptanz immer mehr ausweiten, werden wir in Intoleranz, Einsamkeit und Angst ersticken.

CAPITOLO 2

Das Fest der Roma

Als ich ein Kind war, wurde meine Mutter im Dorf »die Freundin der Roma« genannt, oder manchmal auch mit leicht verächtlichem Unterton »die Zigeunerfreundin«. Sie hat sich nicht groß darum gekümmert. Auch wenn sie nur einen Hauptschulabschluss hatte, war sie eine sehr intelligente und gebildete Frau. Sie war eine große Leserin und praktisch ununterbrochen in Bücher vertieft. Mein Vater hat immer erzählt, wie er Jahre zuvor, als sie jung verheiratet waren, die ganze Provinz Reggio Calabria durchkreuzte, um eine Ausgabe von Ugo Foscolos Klassiker »Die letzten Briefe von Jacopo Ortis« für sie aufzutreiben.

Meine Mutter besaß eine Engelsgeduld, vor allem mir gegenüber. Als Zehnjähriger hatte ich eine Phase, in der ich mich kategorisch weigerte, mir die Schuhe zu binden, bevor ich aus dem Haus ging, und sie erzählte gern, wie sie alle ihre Überredungskünste aufwandte und auch meinen vier Jahre älteren Bruder Giuseppe einspannte, um mir die Notwendigkeit von gebundenen Schnürsenkeln nahezubringen. Doch es war immer dieselbe Leier, meine Antwort stand fest: »Ich will nicht machen, was alle machen, ich binde sie nicht zu.« Meine Mutter gab sich aber nicht geschlagen und malte mir aus, wie ich mit meinen losen Schnürsenkeln im Dorf stolpern und hinfallen würde. Irgendwann gab ich nach.

Die Meinung anderer Leute interessierte meine Mutter nicht, denn sie scherte sich nicht um Etikette, und ich glaube, ich habe in dieser Beziehung viel von ihr übernommen. Gastfreundschaft war für sie etwas ganz Natürliches, kein politischer Akt, sondern eine spontane Geste, und auch eine christliche Verpflichtung, weil sie sich in der sakralen Tradition der Heiligen Cosmas und Damian verortete, die Märtyrer unter Kaiser Diokletian gewesen waren und noch heute die Schutzpatrone von Riace sind.

Der Legende nach lebten die Ärzte Cosmas und Damian etwa 300 nach Christus in Kilikien, einem Landstrich, der im heutigen Grenzgebiet zwischen der Türkei und Syrien liegt. Sie waren Brüder, vielleicht sogar Zwillinge, ihre Mutter war die heilige Theodora, und von ihren Brüdern sind die Namen Antimus, Leontius und Euprepius überliefert. Die beiden galten als sehr außergewöhnliche Mediziner, denn bei ihren Reisen durch den Mittelmeerraum behandelten sie viele bedürftige Kranke umsonst, unabhängig von ihrem Glauben oder ihrer Hautfarbe. Ihre Selbstlosigkeit sei so groß gewesen, heißt es, dass Damian sich schämte, weil er von einer Bäuerin, die er geheilt hatte, drei Eier als Geschenk akzeptiert hatte. Er fühlte sich daher unwürdig, später in einem gemeinsamen Grab neben seinem Bruder zu ruhen, und bat darum, ihn an einem anderen Ort zu begraben. Doch als sie dann beide gemeinsam den Märtyrertod starben, stellte sich heraus, dass Damian die Gabe der Bäuerin nur akzeptiert hatte, um ihr kein Missvergnügen zu bereiten. So wurden die Brüder dann doch gemeinsam bestattet. Heute wären Cosmas und Damian wahrscheinlich als Ärzte für eine der Nichtregierungsorganisationen tätig, die überall in der Welt unterwegs sind, um den Opfern der globalen Ungerechtigkeiten, der Kriege, Hungersnöte und Epidemien, in ihrem Leid beizustehen.

Ihr berühmtestes Wunder, und gleichzeitig ihre kurioseste Operation, war die Transplantation des gesunden Beines eines soeben verstorbenen Äthiopiers an den Stumpf eines mit Wundbrand darniederliegenden Weißen. Sie ist in vielen Kirchen dargestellt, in oft blutigen und bizarr anmutenden Versionen. Die viel gereisten Heiligen gelten weltweit als Schutzpatrone von Ärzten, Chirurgen und Apothekern und werden in Italien mit ungewöhnlicher Inbrunst verehrt, vielleicht wegen ihrer Bescheidenheit und Vorbildlichkeit, vielleicht aber auch wegen ihres blutigen Martyriums: Nachdem man zuvor durch vielerlei Folterqualen, durch Steinigung, Pfeile und andere Grausamkeiten vergeblich versucht hatte, sie zu töten, wurden sie schließlich enthauptet.

Auf ihren Pilgerreisen sollen Cosmas und Damian auch nach Riace gekommen sein, und es heißt, sie hätten einem Schäfer, der am Strand seine Schafe hütete, berichtet, dass sie aus Arabien hergeschwommen waren. Auf ihrem Weg zur Küste schwammen sie an einem Felsen vorbei und erklommen ihn, und diesen Felsen gibt es heute noch. Er ist sogar zur Kultstätte geworden, da der Fußabdruck des heiligen Cosmas sich darin eingedrückt haben soll. Später ist in der Gegend auch ein kleiner Hafen entstanden, den wir im Dialekt den »porticchio« nennen.

Vieles an der Legende von Cosmas und Damian erinnert an die Sage von Castor und Pollux aus der griechischen Mythologie, die zu ihrer Zeit ebenfalls über das Meer nach Riace gekommen sein sollen. Und dem Meer entstiegen sind auch die sogenannten »Bronzi«, zwei griechische Männerstatuen aus dem 5. Jahrhundert v. Chr. [↗ Bilder S. 38], die am 16. August 1972 etwa 300 Meter von der Küste Riaces entfernt in sieben Metern Tiefe zufällig von einem Hobbytaucher entdeckt

wurden. Die beiden Bronzestatuen haben den Namen dieses Dörfchens der Provinz Locride damals schlagartig berühmt gemacht, sind aber inzwischen nicht mehr in Riace, sondern im Museum von Reggio Calabria zu bewundern.

*

Die religiöse Verehrung der Heiligen Cosmas und Damian ist in Riace auch heute noch groß, denn in der zweiten Hälfte des 17. Jahrhunderts wurden ihre Reliquien von Rom in die Wallfahrtskirche von Riace überführt. Sie werden in einem silbernen Schrein aufbewahrt, der die Form eines Arms hat, und dieser wird jeden zweiten Sonntag im Mai in einer feierlichen Prozession von der Mutterkirche im alten Dorf auf dem Hügel hinunter zum Strand und weiter bis zu dem Felsen mit dem Fußabdruck getragen.

Dieses »Maifest« ist eine Feier, die vor allem die Dorfgemeinde vereint. Es gibt aber noch ein größeres »Septemberfest«, das immer vom 25. bis 27. September gefeiert wird, weil am 26. der Jahrestag ihrer Enthauptung ist. Das wichtigste Fest von Riace wird nicht nur von den Einwohnern mit Spannung erwartet, sondern lockt auch viele Besucher ins Dorf. Schon im Vorfeld sorgt es für lebhafte Diskussionen in den Häusern und Bars, schafft neue und erneuert alte Bekanntschaften und soziale Netzwerke, setzt Gerüchte, Ideen und Meinungen in die Welt. Die Pilger kommen aus den nahe gelegenen Provinzen wie Vibo Valentia und Catanzaro, wo der Kult noch ganz besonders tief empfunden wird, aber darüber hinaus strömen auch Menschen aus ganz Italien herbei. Die Einwohner Riaces sind dann angehalten, den Fremden ihre Türen zu öffnen, um dem Vorbild des Willkommens und der Integration zu folgen, das die Heiligen hinterlassen haben. Seit Jahrhunderten schon werden die religiösen Festtage von einem großen Volksfest begleitet, bei dem früher auch mit Vieh und Geflügel gehandelt wurde. Heute hat sich das Septemberfest stark verändert, aber in dem noch ein wenig bäuerlichen Riace, in dem ich aufgewachsen bin, war das Warten auf die Gläubigen, die auf Wallfahrt zu uns kamen, schon Tage zuvor überall greifbar.

Zu den Hunderten von Pilgern, die für das Fest auch heute noch den Weg nach Riace antreten, gehören traditionell auch Mitglieder der Volksgruppen der Roma und Sinti. Bis vor wenigen Jahrzehnten kamen viele von ihnen schon zehn oder zwölf Tage vorher ins Dorf und schlugen in den Wäldern und auf den Feldern in der Umgebung ihre Zelte auf. Meine Mutter lud diese Gläubigen regelmäßig zu uns nach Hause ein, sie hieß sie willkommen, sie bot ihnen Unterkunft, sie unterhielt sich mit ihnen, sie lachte und scherzte mit ihren Kindern und Frauen: Das war der Grund, warum man sie im Dorf »die Freundin der Roma« nannte.

Am 25. September finden zwei parallel ablaufende Prozessionen statt, die die spannungsvolle Erwartung noch weiter erhöhen: Die eine beginnt an der Wallfahrtskirche und die andere in der Mutterkirche im Dorf. Hier werden die Standbilder der Heiligen aus ihrer Altarnische herabgelassen und auf einem Podest hinaus unter die schon wartenden Gläubigen getragen. An der Wallfahrtskirche hingegen versammeln sich Roma und Sinti mit ihren traditionellen Kleidern und Instrumenten unter Tänzen und Gesang. Am Morgen des 26. kommen die Zigeuner ins Dorf, und die beiden Prozessionen vermischen sich miteinander und geleiten die Heiligen gemeinsam ins Zentrum von Riace. Es ist ein großes, buntes Durcheinander: Speisen und Votivgaben werden dargeboten, Kinder sitzen auf den Schultern ihrer Väter und versuchen, die bunten Mäntel der Heiligenstatuen zu haschen, die Luft ist erfüllt von Gebetslitaneien und Gesängen, vom Klang der Tamburine und Akkordeons, von immer wieder aufbrandendem Applaus und von den Fürbitten der Gläubigen. So wird dieses Fest zu einer einzigartigen Gelegenheit, die Völker im Glauben zu versöhnen. Am letzten Tag dann, dem 27. September, nimmt die Prozession den umgekehrten Verlauf, und das Fest geht mit einem Feuerwerk zu Ende. Die Heiligen kehren zu ihrem Platz in der Kirche zurück, und auch die Roma und Sinti reisen wieder nach Hause.

Als Kind konnte ich mitverfolgen, wie sie gerührt und dankbar Abschied von meiner Mutter nahmen, als sie mein Elternhaus verließen. Später dann, als ich Bürgermeister war, waren es die neuen Bewohner Riaces, die aus Afrika oder Asien gekommen waren, die ihnen ihre Häuser öffneten. Ich bin kein gläubiger Mensch, aber von meiner Mutter habe ich gelernt, dass sich vor allem in den »Letzten«, in den Armen, in denen, die man als »Gesindel« beschimpft, etwas verbergen kann, das groß ist, ja gewaltig. Gott kann dir auch in einem bettelarmen Reisenden begegnen.

*

Im September 2019 hat Antonio Trifoli,[12] mein Nachfolger im Bürgermeisteramt, das Schild entfernen lassen, das ich einst auf dem Platz am Dorfeingang anbringen ließ, um Besucher zu begrüßen: »Riace – Dorf des Willkommens«. Er hat es durch ein anderes ersetzt, auf dem Riace sich als »Dorf der heiligen Ärzte und Märtyrer Cosmas und Damian« ausweist. Er hat wohl bei dieser symbolischen Geste nicht bedacht, dass unsere Schutzpatrone ja für genau dasselbe stehen wie die Willkommenskultur, auf die mein Schild verwiesen hatte.

Nicht lange darauf beschloss Trifoli, ein weiteres Schild aus meiner Amtszeit entfernen zu lassen, nämlich das, das Peppino Impastato[13] zeigte. Wie kaum ein anderer steht Peppino für den Kampf gegen die Mafia und das organisierte Verbrechen, und er ist eine Ikone für das Recht des Südens auf Selbstbestimmung. Als junger Mann hat er sich seiner eigenen Familie widersetzt, weil sein Vater der Mafia nahestand, in einer schwierigen Umgebung wie Cinisi, einem berüchtigten Mafiadorf in der Provinz Palermo. 1978 wurde er im Alter von nur 40 Jahren durch ein Bombenattentat ermordet.

Viele haben mich nach meiner Meinung gefragt, als die Nachricht von dieser weiteren »Heldentat« meines Nachfolgers in den Zeitungen stand. Ich fand jedoch, dass sich jeder Kommentar darauf erübrigte.

CAPITOLO 3

Zwei Robertos

Auf dem Hauptplatz von Riace Superiore hatte man eine kleine Bühne aufgestellt. Das ist der Vorplatz, der alle in Empfang nimmt, die vom Meer herauf ins alte Dorf kommen, und auf ihn schaut auch das Rathaus hinaus, in dem ich schon seit zehn Jahren als Bürgermeister regierte. Es war das Jahr 2014, und die Wahlkampagne für mein drittes Mandat neigte sich dem Ende zu. Im Publikum befanden sich viele Freunde, und auch ein paar Journalisten und Unterstützer, die von außerhalb kamen, aus Rom, Catanzaro, Reggio Calabria, Palermo.

Wir würden die Wahl gewinnen, aber das wussten wir noch nicht. Ich war überrascht über die Welle der Sympathie, die mir entgegenschlug, jedenfalls bis ich das Gesicht meines Sohnes in der Menge entdeckte. Es erstaunte mich, ihn zu sehen, denn Roberto kam normalerweise nicht zu meinen Wahlkundgebungen, auch weil solche Kundgebungen für viele junge Menschen wie ihn inzwischen eine »altmodische« Art waren, Politik zu machen. Doch der Hauptgrund, warum er nicht kam, war ein anderer: Mein Sohn ist ganz einfach anderer Meinung als ich. Er war nicht da, um mich zu unterstützen, sondern um mich anzugreifen.

Roberto hat einen starken, unabhängigen Charakter. Ich habe ihm immer geraten, mit seinem eigenen Kopf zu denken, und ihn ganz sicher nie gezwungen, meine Überzeugungen zu teilen. Meinen drei Kindern habe ich oft gesagt: Es stimmt, wir sind eine schwieri-

---

Roberto Lucano senior († Januar 2020) vor einem Wandbild in Riace

ge Familie, aber wir müssen ehrlich zueinander sein. Immer. Die Generation meiner Kinder weiß – wie im Übrigen auch die meine schon –, dass ihre Heimat im Begriff ist auszubluten. Für die Jüngeren spielt sich die Zukunft anderswo ab. Auch mein Sohn ist sich dessen bewusst und hat mir gegenüber nie einen Hehl daraus gemacht.

Damals bei der Wahlkundgebung waren Carabinieri in meiner Nähe. Roberto stand vor der kleinen Bühne, es war früher Abend, und wollte wissen, ob er Fragen stellen könne. Der Carabiniere, der mir am nächsten stand, sah mich verblüfft an und fragte: »Was sollen wir tun? Das ist doch eine Kundgebung, keine Debatte.« Ich aber war neugierig, was mein Sohn mir zu sagen hatte, und ließ zu, dass der Carabiniere ihn auf die Bühne holte.

Es war eine unangenehme Situation, denn ich wusste nicht, was ich zu erwarten hatte.

»Ich möchte dir eine Frage stellen, und zwar nicht als Sohn dem Vater, sondern als Bürger dem Bürgermeister.«

Im Publikum wurde getuschelt und gekichert, doch nun verstummten die Leute.

»Geht in Ordnung«, antwortete ich.

»Nach welchen Kriterien werden eigentlich die Leute ausgewählt, die in der Flüchtlingsaufnahme arbeiten?«

Wieder erhob sich aufgeregtes Gemurmel. Zum damaligen Zeitpunkt waren in Riace von 1600 Einwohnern etwa 100 Menschen in der Aufnahme und Integration von Geflüchteten beschäftigt, davon 80 Italiener und 20 Ausländer, Letztere vor allem als Sprach- und Kulturvermittler. Dank der CAS- und SPRAR-Projekte, die in Zusammenarbeit mit dem Innenministerium und der Präfektur errichtet worden waren, konnten diese Menschen, die zum Teil aus Riace direkt und zum Teil aus der Umgebung kamen, die inzwischen wichtigste »Branche« im Dorf mit Leben füllen. Es war die einzige Arbeit, die noch eine Zukunft hatte, denn Landwirtschaft war in der Provinz Locride kaum mehr vorhanden, auch die Viehzucht stand kurz vor dem Ende, und Fabriken hatte es praktisch nie gegeben. Wenig erstaunlich also, dass es keine Arbeit gab. Es war fast so etwas wie ein Wunder, dass wir durch die Konzentration auf den Nonprofit-Sektor, Leistungen im Dienst der Menschlichkeit, relativ viele Arbeitsplätze geschaffen hatten.

Ich antwortete Roberto: »Es ist jedenfalls nicht der Bürgermeister, der die Leute auswählt, sondern das übernehmen die Wohlfahrtsverbände, denen die Gemeinde die Abwicklung solcher Dienstleistungen anvertraut. Sie kümmern sich dann um die Stellenausschreibungen.«

Er gab zurück: »Das ist eine diplomatische Antwort, denn in Wirklichkeit hängen diese Stellen ja doch von der Gemeinde ab.«

Ich wollte verhindern, dass man sich später über diese Auseinandersetzung zwischen Vater und Sohn die Mäuler zerriss, daher adressierte ich meine Antwort auch an das Publikum. Ich erklärte, dass der Bürgermeister natürlich in der Verantwortung steht und dafür zu sorgen hat, dass Arbeitsplätze für junge Menschen geschaffen werden, dass das Dorf nicht einfach von der Landkarte verschwindet, dass auf den Plätzen weiterhin Leben herrscht, dass die Rollläden der Geschäfte nicht für immer heruntergelassen werden.

Die Replik meines Sohnes war kurz und bündig, und sie brachte mich völlig aus dem Konzept: »Ich weiß sowieso, dass meine Zukunft woanders ist. Ich fordere alle hier Anwesenden auf, einen leeren Stimmzettel abzugeben.«

Damit stieg er von der Bühne und mischte sich unter die Menge, wobei ihm einige seiner auf dem Platz anwesenden Freunde verhalten Beifall klatschten. Dies war der Moment, in dem die Bewegung entstand, die fortan für »Stimmenthaltung für Riace« werben würde. Ich stand auf dieser Bühne und kämpfte dafür, dass eine neue Erfahrung weiter wachsen, ein Traum sich weiter entfalten konnte, und mein eigener Sohn stellte sich gegen mich und forderte die Gemeinde auf, ungültig zu wählen – eines der größten Protestsignale, die es in einer Demokratie gibt.

Als ich an jenem Abend nach Hause kam, war ich zermürbt und verbittert. Die Bilder von der Piazza gingen mir nicht aus dem Kopf, und Robertos Worte hallten noch in mir nach. In seiner Stimme hatten Wut und Trauer gelegen, sicherlich Ausdruck seiner Enttäuschung über unsere gespaltene Familie, aber vielleicht auch der Verzweiflung einer ganzen Generation über ihr auswegloses Schicksal.

*

Viel später erst ist mir klar geworden, dass sich mit diesem Ereignis an jenem Abend auch ein Kreis geschlossen hat. 20 Jahre zuvor war es nämlich ein anderer Roberto Lucano gewesen, der mir eröffnete, dass er mich nicht wählen würde: mein Vater.

Man schrieb das Jahr 1995, und ich kandidierte mit einer Bürgerliste, die wir mit einigen alten Freunden zusammen aufgestellt hatten, für den Gemeinderat. Wir wollten unsere alte Heimat neu entdecken, und mit ihr die Traditionen und Werte eines Kalabrien, das sich der Identifikation mit Mafiosi und anderen Potentaten verweigerte. Es würde noch ein paar Jahre dauern, bis die kurdischen Flüchtlinge an unserer Küste stranden und damit mein Leben und auch das von Riace grundlegend verändern würden. Bis vor wenigen Monaten hatte ich zusammen mit meiner Frau und den damals noch kleinen Kindern in Turin gelebt. Die schlechten Nachrichten, die regelmäßig aus meiner kalabrischen Heimat kamen, betrübten mich sehr, bis mir eines Tages klar wurde, dass ich nicht im Norden bleiben konnte, sondern nach Kalabrien zurückkehren und meinen Beitrag für politische Verbesserungen leisten musste.

Mein Vater Roberto war überzeugter Christdemokrat, und wir hatten immer eine konfliktreiche Beziehung gehabt. Als ich ihm von meiner bevorstehenden Kandidatur erzählte, erwiderte er nur: »Du wirst doch nicht glauben, dass ich einen wie dich wählen würde?«

Ich dachte zuerst, er mache Witze, doch kurz nach der Wahl wurde ich zufällig Zeuge, wie meine Mutter ihm bittere Vorwürfe machte, weil er seinem eigenen Sohn die Stimme versagt hatte. Seine Antwort war schlicht: »Ach, das wäre doch Vergeudung gewesen! Die sind doch alle völlig verrückt. Sie wollen einfach nicht einsehen, dass die Welt ist, wie sie ist …«

Mein Vater war vor seiner Pensionierung Lehrer gewesen und hatte sein ganzes Leben im Schuldienst verbracht. Die Antwort war typisch für ihn, doch sie verletzte mich trotzdem sehr. Wir gerieten in Streit, es fielen böse Worte, der Graben zwischen uns vertiefte sich. Kurz darauf endete mein erstes Wahlabenteuer mit einer Niederlage: Unsere Liste erhielt nur sehr wenige Stimmen, ich selbst nur zwei. Mein Vater hatte recht behalten.

*

Es ist viel geschehen in diesen 20 Jahren zwischen 1995 und 2014, als mir zunächst mein Vater und später dann mein Sohn, die beide den Namen Roberto Lucano tragen, die rote Karte zeigten, weil sie anders dachten als ich. Über familiäre Divergenzen hinaus zeigt es, wie tief die Gräben in der Region Kalabrien sind und wie sich von Generation zu Generation die Überzeugung verfestigt, dass an den Verhältnissen nicht zu rütteln ist, dass dieser zu Mafia-Abhängigkeit, Armut und Arbeitslosigkeit verdammte Landstrich für immer bleiben wird, wie er ist.

Trotzdem habe ich weiter für meine Überzeugungen gekämpft, und viele Menschen sind meinen Weg mitgegangen, darunter Wissenschaftler, Soziologen, Priester, Politiker und Regisseure, Landarbeiter, Schäfer, Gewerkschafter und Prostituierte, alte und junge Menschen, Männer, Frauen und Kinder, die nur mit knapper Not dem Ertrinken entkommen waren. Ich habe mir erlaubt, einen Traum zu verfolgen, die Utopie einer neuen Normalität, inspiriert von Denkern, Philosophen und Lebenskünstlern, bekannten und weniger bekannten, die mein Leben bestimmt haben und es heute noch tun.

CAPITOLO 4

Fußball spielen

Als kleiner Junge und weit bis ins Jugendlichenalter hinein ließ ich keine Gelegenheit zum Fußballspielen ungenutzt. Jeden Tag landeten meine Freunde und ich auf der Straße und widmeten uns dem geliebten Ballsport. Um den Sport etwas ernsthafter zu betreiben, trat ich der Mannschaft des sozialistischen Vereins der »Unità Proletaria« bei.

Um die Wahrheit zu sagen, fühlte ich mich in unserer Mannschaft oft fehl am Platz, weil ich der einzige Junge war, der aus einer »bürgerlichen« Familie stammte: Mein Vater war Lehrer und Christdemokrat, und bei mir zu Hause litt man keinen Hunger. Wir waren eine typische Mittelstandsfamilie der frühen 1970er-Jahre. In unserem Verein hingegen spielten viele Kinder von Arbeitern und vor allem Tagelöhnern, die als Erntehelfer auf den Feldern schufteten; Jungen in meinem Alter, die sich von den Idealen der libertären Linken eine realistische Möglichkeit erhofften, um ihrem Elend zu entfliehen.

Zu unseren sommerlichen Fußballturnieren kamen also schon bald politische Debatten und Veranstaltungen hinzu. Unsere Mannschaft gehörte zum Circolo Pier Paolo Pasolini (einer der vielen Namen, den der Verein über die Jahre hinweg getragen hat) und nannte sich »Stella Rossa« (Roter Stern), und selbstverständlich trugen wir einen feuerroten Dress. Eine der besten gegnerischen Mannschaften wiederum, gegen die wir damals regelmäßig spielten, hieß »Armata Rossa« (Rote Armee). Je älter wir wurden, desto mehr trat der Sport in den Hintergrund, während unsere »politische Mission« immer wichtiger wurde. Wir führten intensive Diskussionen über Ungleichheit und soziale Gerechtigkeit, was notgedrungen auch dazu führte, dass ich nicht auf die Idee kam, meine im Vergleich zu den anderen privilegierte Situation zu vergessen. Auf dem Spielfeld aber war ich bestens integriert. Alles gelang mir leicht, viele sagten mir echtes Talent nach. Vielleicht hätte ich mich an einer Karriere als Profifußballer versuchen können, aber daran hatte ich kein Interesse.

Wie in vielen anderen Bereichen zeigte sich auch auf dem Fußballplatz, in den Wettkämpfen von zahllosen Kleinstvereinen, die damals allein in Kalabrien existierten, die gespaltene Seele der politischen Linken. Es gab die Sozialisten, es gab die Sympathisanten von »Lotta Continua«[14] oder »Democrazia Proletaria«,[15] zu denen auch ich gehörte, und schließlich gab es die Mitglieder der FGCI (Federazione giovanile del Partito Comunista), der Jugendorganisation der Kommunistischen Partei. Ich selbst wollte keiner Partei angehören, und die endlosen Diskussionen darüber, welche Ideologie nun die bessere sei, der Marxismus, der Stalinismus oder der Leninismus, fand ich nutzlos und aufreibend.

Zu Hause waren mein Bruder und mein Vater beide Fans von Juventus Turin, nur ich konnte, vielleicht auch aus Trotz, diesem Verein nichts abgewinnen. Ich war der Ansicht, dass mein Vater immer auf der Seite des Stärkeren stand, während ich es von jeher eher mit den Schwächeren hielt. Trotzdem haben wir über das Thema Fußball nie gestritten: Es wäre mir dumm vorgekommen, wegen einer Fußballmannschaft Streit anzuzetteln.

Es gibt noch einen anderen Aspekt, der mir am Fußball immer gefallen hat: die Tatsache, dass er eine sehr menschliche Seite hat. Es gibt bei diesem Sport unendlich viele, kleine und große Geschichten, die meist von ganz normalen Menschen handeln, nicht nur von Champions und Supermännern. Besonders häufig sind die von Spielern, die sich durch ihre Kunst aus einem Leben in Not und Elend befreit haben, wie etwa auch ein damaliger Gefährte von mir, Trionfo, der aus sehr armen Verhältnissen kam und später in mehreren sizilianischen Mannschaften auf Profiniveau spielte. Ich hatte seinen Vater bei einer Studentendemonstration kennengelernt, die sich mit dem Protest der Waldarbeiter verband, und Trionfo kam sofort zu uns, als wir »Stella Rossa« gründeten. Obwohl er später im Profifußball spielte, ist ihm der Erfolg nie zu Kopf gestiegen.

*

Eine Geschichte, die mich ganz besonders beeindruckt hat, ist die des brasilianischen Fußballhelden Garrincha. Ein bedeutender Journalist, Gianni Minà, hat sie mir einmal erzählt, als ich ihn in seiner Wohnung in Rom besuchte, die mit den vielen Büchern und Fotografien, die ihn meist zusammen mit irgendwelchen legendären Persönlichkeiten bei der Arbeit zeigten, eher etwas von einem Museum hatte. Er hatte in seiner langen Karriere zahllose Regisseure, Schauspieler, Sportler und Diven interviewt, aber eben auch Mythen des Sports wie Diego Maradona und Muhammad Ali.

Er erzählte mir damals viele Geschichten über den brasilianischen Straßenfußball, aber die von Garrincha hat mich besonders berührt. Als Sohn eines Indios und einer Mulattin ist er in ärmsten Verhältnissen aufgewachsen, ein Kind der Straße, das sich durch seine Kunst ganz nach oben in den Fußballhimmel spielte. Er litt an schweren Knochenverformungen, vielleicht infolge einer Kinderlähmung, und mit einem Bein, das sechs Zentimeter kürzer als das andere war, hatte er einen ganz eigenwilligen Spielstil. Vielleicht war dieses Handicap sogar ein Grund, dass seine unmöglich zu stoppenden Dribblings zu seinem Markenzeichen wurden.

Garrinchas märchenhafte Karriere war jedoch auch begleitet von Eskapaden und Skandalen, und bald machte er nicht mehr nur durch sein Spiel von sich reden, sondern durch Alkoholexzesse, Affären, Depressionen und Gewalt gegenüber seiner Ehefrau. Am Ende landete er wieder dort, wo er hergekommen war: in bitterer Armut. Einst König des brasilianischen Fußballs und einer der größten Spieler aller Zeiten, fand er sich in den letzten Jahren seines Lebens um Almosen bettelnd vor dem Maracanã-Stadion in Rio de Janeiro wieder.

Wenn man solche Geschichten hört, dann kommt es einem vor, als gäbe es in der Welt keinen Platz für Märchen. Als wäre die Wirklichkeit ein Ort, in dem Träume nicht dauerhaft wahr werden können. Garrincha war es zwar durch sein Talent gelungen, sich aus den engen Fesseln seiner Herkunft zu befreien. Doch als Mensch erwies er sich letztendlich als zu zerbrechlich, um dieses Glück auch zu halten.

Im Fußball gibt es viele solche Geschichten von unerwarteten Siegen und bitteren Niederlagen, genau wie im richtigen Leben.

*

Jedes Jahr, wenn die Schule wieder anfing, musste ich auf den Fußball verzichten. Von meinem kleinen Dorf im Landesinneren musste ich den Bus nehmen, um Training und Schule zu besuchen, und mich daher für das eine oder andere entscheiden. Es waren aber nicht nur praktische Gründe, die mich bewogen, meine Nagelschuhe irgendwann endgültig zur Seite zu räumen. Der Hauptgrund war vielmehr, dass mein politisches Engagement in jener Zeit immer stärker wurde und kaum mehr Raum ließ für Sport und Vergnügen.

CAPITOLO 5

Kalabrien: Land der Priester, Heiligen und Mafiosi

In Kalabrien gab es in der Zeit meiner frühen Jugend keine »Arbeiterfrage«, mit der wir unsere politischen Proteste befeuern konnten. Erst in den 1970er-Jahren entstand auch hier im tiefen, vergessenen Süden ein wirkliches Klassenbewusstsein. Vor allem jüngere Menschen, aber nicht nur, wurden sich immer klarer darüber, dass sie Teil einer gespaltenen Gesellschaft waren.

Da es in Süditalien kaum Fabriken gab, waren die »Proletarier«, auf die sich die Analyse hier zu richten hatte, vor allem die Landarbeiter und Kleinbauern, die auf den Feldern arbeiteten und für ein winziges Stückchen Land und ein Leben in Würde kämpften. Der Süden war traditionell vom Agrarkapitalismus dominiert, der in Gesellschaft und Kultur tief verwurzelten Latifundienwirtschaft,[16] und nicht zuletzt auch von der Herrschaft der Mafia bzw. der spezifisch kalabrischen 'Ndrangheta,[17] die vom Kleinbürgertum meist heimlich toleriert, wenn nicht sogar offen unterstützt wurde. Für die Sehnsucht nach einer gleichberechtigten Gesellschaft schien hier gar kein Platz zu sein, geschweige denn für die »Revolution des Proletariats«.

Ich habe immer gedacht, dass sich in einer Gesellschaft, in der die Menschen nicht gleich sind und Diskriminierung toleriert wird, um Privilegien zu erhalten, die Machtstellung der Herrschenden verfestigt. Wenn sich einige wenige jedoch auflehnen, kommt es nicht selten zur Rebellion. In unserer Region gibt es ein berühmtes Beispiel für eine solche Revolte, die ih-

---

Wandbild in Riace, das symbolisch für die Mafiamorde steht

ren Ausgang in einer natürlichen Katastrophe nahm, der eine bürokratische folgte.

*

Corrado Stajano erzählt diese Geschichte in seinem 1977 erschienenen Buch »Africo«,[18] einer hervorragenden Reportage für diejenigen, die das Süditalien der Nachkriegszeit besser verstehen wollen. Africo war ein armes, isoliertes Dorf im Aspromonte-Gebirge, bewohnt von Bauern und Schäfern, die ihr Leben ohne die Errungenschaften des modernen Lebens fristeten und weder fließendes Wasser noch elektrischen Strom hatten. Um in die »Zivilisation« zu gelangen, sprich die nächstgelegene Ortschaft Bova Marina, musste man einen Fußweg von 15 Kilometern durch unwegsames und abschüssiges Gelände zurücklegen, eine Entfernung, die auch symbolisch ist für die Distanz zwischen Africo und dem italienischen Staat. Immer wieder hatten Einwohner Alarm geschlagen, weil es weit und breit keine ärztliche Versorgung gab, mit oft tragischen Konsequenzen. Zu Beginn der 1950er-Jahre fanden eine hochschwangere Frau und ihr ungeborenes Kind auf dem Weg nach Bova Marina den Tod: Freunde und Verwandte hatten versucht, sie auf einer improvisierten Krankentrage zu einem Arzt zu bringen, doch die Frau starb nach wenigen Kilometern.

Was dann geschah, wird in Pietro Criacos Roman »Via dall'Aspromonte« (2017) erzählt, oder auch dessen Verfilmung »Aspromonte, la terra degli ultimi« von Mimmo Calopresti (2019). Die Einwohner Africos reagierten auf die Tragödie, indem sie den Staat und die mächtigen lokalen Mafiosi herausforderten und ihr Schicksal schließlich selbst in die Hand nahmen. Männer, Frauen und Kinder krempelten die Ärmel hoch und begannen, eine Straße zu bauen, die von Africo nach Bova Marina führten sollte. Doch ihr tapferes Werk wurde gnadenlos vernichtet, weil eine andere Macht dazwischenkam, mit der man in dieser schönen, aber verfluchten Gegend immer zu rechnen hat: die Natur. Zwischen dem 14. und dem 18. Oktober 1951 wurde das uralte Dorf im Aspromonte, dessen Ursprünge bis in die Zeit der Griechen zurückgehen, durch eine Überschwemmung völlig verwüstet.

In Africo gab es einen Priester namens Don Giovanni Stilo, der über große Macht verfügte und überall seine Finger im Spiel hatte. Als nach der Zerstörung des Dorfes beschlossen wurde, dass die Ruinen sich selbst überlassen und die Menschen zwangsumgesiedelt werden sollten, stellte er sich zunächst dagegen. Später jedoch änderte er seine Meinung und wurde zum glühendsten Befürworter und Sponsor der Initiative, ein neues Africo in der Ebene am Meer zu bauen. Ich war ihm gegenüber immer misstrauisch, denn es war bekannt, dass er der Mafia nahestand und enge Beziehungen zu großen Kalibern der Cosa Nostra und der lokalen 'Ndrine[19] unterhielt. Er soll den Mafiaboss Luciano Liggio kurz vor seiner Verhaftung im Mai 1974 beherbergt haben und stand auch mit Totò Riina, einem der berühmtesten Mafiabosse aller Zeiten aus dem sizilianischen Corleone, in Kontakt.

Nach der Überschwemmung organisierte die Linke in Africo zahlreiche Proteste und Streiks, um eine Verbesserung der Lebensbedingungen für die Menschen zu erreichen. Auch hier war jedoch immer unklar, ob Verbindungen zur lokalen Mafia bestanden. Die Kämpfe der Genossen waren dieselben, die auch in anderen Gegenden im Gange waren, auch in Riace. Und doch schienen in Africo die Bestrebungen der

Linken und der 'Ndrangheta gemeinsame Zielsetzungen zu haben, jedenfalls für den, der nicht aus der Gegend kam und keinen tieferen Einblick hatte.

Es hat eine lange Phase gegeben, in der in Kalabrien ebenso wie in anderen Gegenden Süditaliens der Staat oft eher als Gegner empfunden wurde, den es zu bekämpfen galt, statt als Verbündeten, der für seine Bürger da ist. Auch die außerparlamentarische oder revolutionäre Linke war dieser Ansicht. Bei vielen Themen kam es so ungewollt zu gemeinsamen Interessenlagen mit der 'Ndrangheta. In Africo, San Luca und anderen Orten, die als Herrschaftsgebiet der Mafia organisiert sind, ersetzt diese – auch heute noch – in mancherlei Hinsicht den Staat. Die Verflechtungen zwischen Mafia und Gesellschaft sind so dicht, dass Bürger, um Probleme ihres alltäglichen Lebens zu lösen, oft nicht einmal auf die Idee kommen, sich an die staatlichen Behörden zu wenden, sondern fast automatisch auf die organisierte Kriminalität zurückgreifen. Es war sehr schmerzhaft für mich, mir dieser Tatsache bewusst zu werden, denn ich hatte ursprünglich angenommen, dass die Mafia und unser Kampf für eine bessere Gesellschaft zwei Extreme wären, zwischen denen es keine Berührungspunkte geben kann.

*

Glücklicherweise gab es damals auch Menschen, deren Engagement über jeden Zweifel erhaben war, und die keine Kompromisse eingingen. Ausgerechnet in Don Stilos Diözese kam in den 1970er-Jahren ein neuer Pfarrer namens Natale Bianchi, der aus der lombardischen Provinz Varese stammte und gerade von einer Mission aus Thailand zurückgekehrt war. Noch ganz belebt von seinen Erfahrungen dort, merkte er sofort, dass das System, das Don Stilo errichtet hatte, mit den Werten des Christentums und dem Beispiel des Fleisch gewordenen Christus im Evangelium nicht zu vereinbaren war.

Die Auseinandersetzung zwischen den beiden Priestern war ungewöhnlich hart. Ich war damals Student, und meine Kommilitonen und ich verbündeten uns sofort mit Natale Bianchi, weil wir in diesem jungen Priester, der so konsequent seinem Gewissen folgte, einen Fürsprecher für unseren Kampf für soziale Gerechtigkeit erkannten. Pater Bianchi nannte sich einen »Christen für den Sozialismus« und erzählte uns, dass Bischöfe in Lateinamerika eine Bewegung namens »Befreiungstheologie« gegründet hatten, die sich auf die Seite der Landlosen stellte und eine Agrarreform forderte. In Kalabrien konnte Natale Bianchi seine Position sehr schnell stärken, weil er die Kirche für das Volk öffnete. Ich erinnere mich an einen Satz, den er damals gesagt hat, und er bleibt bis heute eine Mahnung, auch angesichts der immer noch erschreckenden Macht der 'Ndrangheta: »Christus hat sich nicht um seine eigenen Angelegenheiten gekümmert, deshalb haben sie ihn ans Kreuz geschlagen.«

Dieses Motto lebte Natale Bianchi auch persönlich vor, denn er war ein Priester, der sich nicht in die Sakristei einschloss und sich auch nicht darauf beschränkte, stundenlang vor dem Altar zu knien und für die Rettung der armen Seelen zu beten. Ganz im Gegenteil, er machte die Türen seiner Pfarrei weit auf, und er kam sogar selbst heraus auf die Straße. In seinem Kampf für eine bessere Welt wandte er für einen Priester oft sehr unkonventionelle Methoden an. Nach dem Mafiamord an Rocco Gatto etwa war er die treibende Kraft, um eine Demonstration auf die Beine zu stellen.

*

Rocco Gatto wurde am 12. März 1977 ermordet, weil er beschlossen hatte, sich nicht zu beugen. Er war aktives Mitglied der Kommunistischen Partei und ein Mensch von großer Demut: Seit seiner Kindheit hatte er als Knecht für eine Mühle in Gioiosa Jonica gearbeitet. Nach und nach hatte er es unter schweren Opfern schließlich so weit gebracht, dass er sie kaufen konnte. Es war nicht leicht, ein kleiner Unternehmer in Kalabrien zu sein: Der Ursino-Clan kontrollierte das Territorium und verlangte von allen Geschäftsleuten Schutzgeld. Gatto weigerte sich jedoch zu zahlen und bot den Mafiosi die Stirn, die ihn wiederholt bedrohten und ihm das Leben unmöglich machten. Immer massiver wurden ihre Einschüchterungsversuche, bis sie schließlich darin kulminierten, dass man seine Mühle in Brand steckte. Rocco war ganz auf sich allein gestellt, ohne jede Unterstützung von Gemeinde und Staat.

Im November 1976 wurde der Chef des Ursino-Clans, Vincenzo Ursino, in einem bewaffneten Konflikt mit den Carabinieri erschossen. Der Clan erlegte allen Geschäftsleuten von Gioiosa Jonica eine Art Zwangstribut auf, zum Zeichen des »Respekts« für den Mafioso. Darüber hinaus sollte die ganze Stadt zu Ehren des Toten die Arbeit niederlegen. Rocco weigerte sich und arbeitete unverzagt weiter in seiner Mühle, wodurch er nochmals, allen Warnungen zum Trotz, seine Empörung und Entschlossenheit zum Ausdruck brachte. Er verstand nicht, was mit seinen Landsleuten los war, warum sie die Mafia unterstützten, die seit Jahrzehnten ihre Macht missbraucht und ihnen immer nur Tod und Verderben gebracht hatte. Rocco Gatto war jedoch der Einzige im Dorf, der die Autorität der Mafia nicht anerkannte, während sie den meisten anderen Menschen nach so vielen Jahren der Unterdrückung selbstverständlich schien.

Am Tag seines Todes packte er ein paar Mehlsäcke in seinen Lieferwagen und machte sich auf den Weg, um sie an seine Kunden auszuliefern. Auf der Staatsstraße in der Nähe von Gioiosa erwarteten ihn schon seine Mörder. Sein von Schüssen durchsiebter Körper landete in den Mehlsäcken, die die Frucht seiner Arbeit und Ehrenhaftigkeit waren, und befleckte sie mit Blut.

Natale Bianchi schaffte es, eine Demonstration zu organisieren, an der auch Bürger des »anderen« Gioiosa Jonica teilnahmen, jene nämlich, die so dachten wie Rocco Gatto und die nach dem Mord den Mut fanden, auf die Straße zu gehen. Vor allem aber bestand die Demonstration aus uns jungen Leuten von den linken Jugendvereinen sowie anderen politisch Engagierten aus den umliegenden Dörfern. Wir waren nicht viele, aber wir waren entschlossen, die Botschaft dieses bescheidenen Mannes weiterzutragen: Ein Mensch, dem seine Würde etwas bedeutet, beugt sich nicht vor denen, die den Tod verbreiten.

Drei Jahre später kam der italienische Präsident Sandro Pertini in die Locride, um Roccos Familie die Goldmedaille für zivile Tapferkeit zu verleihen. Dennoch ist ihm nie volle Gerechtigkeit widerfahren: Die mutmaßlichen Mörder konnte man zwar ermitteln, Mario Simonetta und Luigi Ursini vom Ursini-Clan, und sie wurden später wegen schwerer Erpressung zu sieben und zehn Jahren Haft und einer Geldstrafe von zwei Millionen Lire verurteilt. Von der Anklage des Mordes aber wurden sie aus Mangel an Beweisen freigesprochen.

*

Einer der Märtyrer im Kampf gegen die Mafia und eine zentrale Bezugsfigur für die kalabrische Linke war

Peppe Valarioti. Er stammte aus einer einfachen Bauernfamilie in Rosarno, doch durch seine Zielstrebigkeit schaffte er es, zu studieren und Gymnasiallehrer zu werden. Er war hochgebildet und hatte eine große Leidenschaft für alte Geschichte, weshalb er oft bei archäologischen Ausgrabungen in der Region mitarbeitete. Und er war ein Freigeist, was in seinem Fall bedeutete, dass er eine Provokation für die 'Ndrangheta darstellte, die die Alleinherrschaft darüber haben wollte, in welche Richtung sich die süditalienische Gesellschaft entwickeln sollte.

Mitte der 1970er-Jahre wurde Valarioti Vorsitzender der Kommunistischen Partei PCI (Partito Comunista Italiano) und anschließend Stadtrat in Rosarno. Voller Tatkraft machte er sich daran, dem schlechten Ruf der örtlichen Politik zu begegnen, indem er sich für die Rechte der Landarbeiter und den Fortschritt von Freiheit und Gerechtigkeit einsetzte. Es war eine Zeit des starken Wandels für die Region: Man war gerade dabei, mit den Arbeiten für den Bau des Hafens von Gioia Tauro zu beginnen, der einer der größten und meistgenutzten Häfen Europas werden sollte. Auch die 'Ndrangheta wartete schon mit Spannung auf ihn, und bis heute ist er für den Drogenschmuggel von allerhöchster Bedeutung.

Der Kampf gegen die 'Ndrangheta war für den PCI von Rosarno eines der drängendsten Probleme, und an der Seite Valariotis kämpfte sein Freund und Namensvetter Peppino Lavorato. Im Mai 1980 konnten die beiden einen unerwarteten Wahlsieg feiern, denn eine beträchtliche Anzahl der Bürger von Rosarno schenkte der Kommunistischen Partei ihr Vertrauen und votierte damit gegen die althergebrachte Überzeugung, dass sich in dieser geschundenen Region nie etwas ändern würde. Der Wahlkampf war jedoch von einer langen Reihe von Einschüchterungsversuchen und Schikanen gegenüber den beiden Politikern begleitet, und man hatte unter anderem Lavoratos Auto und den Parteisitz des PCI in Brand gesteckt.

»Genossen, das haben wir uns wirklich verdient«, sagte Valarioti bei dem gemeinsamen Abendessen anlässlich ihres Wahlsiegs am 11. Juni 1980 im Restaurant La Pergola bei Nicotera zu seinen Mitstreitern. Doch dann, beim Verlassen des Restaurants, wurde er aus einem Hinterhalt von zwei Schüssen aus einem Jagdgewehr niedergestreckt. Valarioti starb in den Armen seines Freundes Lavorato, noch auf dem Weg ins Krankenhaus, im Alter von nur 30 Jahren. Peppino Lavorato führte sein Erbe weiter und wurde später Parlamentsabgeordneter (1987–1992) und Bürgermeister von Rosarno (1994–2003).

*

Peppino Lavorato gehört zu den Menschen, denen ich mich für den Rest meines Lebens tief verbunden fühle. Er hatte immer schon die außergewöhnliche Fähigkeit, seine Leidenschaft auf andere zu übertragen und sie mit seinem unbeirrbaren Engagement anzustecken. Seine persönliche Betroffenheit durch den Tod Valariotis, seine unbedingte Ehrlichkeit und Authentizität haben ihm in seinem Amt als Bürgermeister, in dem er sich sehr für die Rechte der Landarbeiter einsetzte, besondere Glaubwürdigkeit verliehen. Aufgrund seines hohen Alters ist er heute nicht mehr aktiv in der Politik tätig, aber er ist als streitbarer Mahner immer noch nicht verstummt und der Mission der Linken immer treu geblieben. Sehr früh schon hat er sich auch auf die Seite der Migranten gestellt, die heute den Platz der ehemals kalabrischen Landarbeiter eingenommen haben und auf den Tomaten- und Gemüsefeldern ausgebeutet und erniedrigt werden.

Manche sagen, der Mord an Valarioti sei der erste politische Mord der 'Ndrangheta gewesen, das erste unmissverständliche Signal der Mafia an die Politik, »auf ihrem Platz zu bleiben«. Auf jeden Fall aber war er nur der Anfang, denn schon zehn Tage später wurde ein weiterer kommunistischer Politiker erschossen – Giannino Losardo, Stadtrat von Cetraro, in der Provinz Cosenza.

Trotz der zahlreichen Proteste und Demonstrationen nach seinem Tod konnten Valariotis Mörder nie zur Rechenschaft gezogen werden. Der Prozess dauerte elf Jahre, doch trotz unzähliger Aussagen von »Pentiti«,[20] die auch von einer Unterwanderung lokaler Genossenschaften durch die 'Ndrangheta berichteten, trotz aller verschwundenen Aktenordner und trotz aller Unterbrechungen und Neuaufnahmen des Prozesses kam es letztendlich zu keiner Verurteilung. Dabei gab es einen nur allzu begründeten Verdacht gegen die 'Ndrine Pesce und Piromalli, die zu den mächtigsten 'Ndrangheta-Clans überhaupt gehören.

*

Natale Bianchi ist noch heute vielen bekannt als mutiger und rebellischer Priester, der sich beherzt gegen die 'Ndrangheta gestellt hat. Er hatte die Kraft, die Kirche herauszufordern, oder jedenfalls den Teil davon, der nur auf sich selbst und seine Hierarchien zurückgeworfen ist, der beharrlich die Augen schließt, statt Position zu beziehen, wo dies nötig ist. Er war immer unbequem, und so war es nicht verwunderlich, dass man ihn 1975 aufforderte, seine Pfarrei San Rocco in

Gioiosa Jonica aufzugeben. Er hat sich lange widersetzt und wurde dabei von vielen Gemeindemitgliedern unterstützt, die sogar die Kirche besetzt hielten, bis sie von den Carabinieri gezwungen wurden, sie zu verlassen. Hinzu kam, dass er keinen Hehl aus seiner Unterstützung des Referendums für das Recht auf Scheidung machte, was letztendlich zu seiner Suspension *a divinis* führte, die im Kirchenrecht Kleriker aus dem aktiven Priesterdienst ausschließt. Ich persönlich glaube, dass bei der Entscheidung, einen so bekannten Repräsentanten des Ideals der sozialen Gerechtigkeit aus dem Kirchendienst zu verbannen, auch Don Stilo seine Finger im Spiel hatte. Natale selbst erinnert sich noch gut, wie Stilo ihn sich eines Tages zur Brust nahm und ihm ins Gesicht schrie: »Du weißt nicht, wer ich bin, selbst die Steine hier kennen mich. Du bist für mich wie ein Ameise, und wie eine Ameise kann ich dich zerquetschen.«

Natale hat sich nicht einschüchtern lassen, nicht einmal durch die Suspendierung. Er fährt zwar manchmal in seine Heimat Varese in den Norden, um dort seine Familie zu besuchen, doch ist er trotz allem in der Locride geblieben. Seit Jahrzehnten lässt er sich seinen Glauben an diese Region nicht nehmen, indem er sich etwa auch für Genossenschaften einsetzt, die eine echte Alternative zur Ausbeutung durch die 'Ndrangheta und die mit ihr verbundenen Unternehmen darstellen. Für viele von uns bleibt er bis heute Ansporn und Inspiration.

*

Doch Natale Bianchi ist nicht der einzige Priester, der uns geholfen hat, das Projekt Riace voranzubringen. Da ist zum Beispiel auch Giancarlo Maria Bregantini, der von 1994 bis 2007 Bischof von Locri war. Monsignor Bregantini war es auch, der zum ersten Mal von einem »Modell Riace« gesprochen hat, und ohne ihn hätte die Welt dieses Modell vielleicht nie kennengelernt. Als er sein Amt damals antrat, befand sich die Region in einer tiefen Identitätskrise, denn seit langer Zeit schon war die Politik nicht in der Lage gewesen, Antworten für ihre vielen Probleme zu finden. Die Alten waren längst in Resignation verfallen, und die Jungen verließen so bald wie möglich ihre Heimat, um die dortigen prekären Verhältnisse hinter sich zu lassen und sich irgendwo anders eine Zukunft aufzubauen.

Wie Pater Bianchi kam auch Bregantini aus dem Norden in die Locride, er stammte aus dem Nonstal in der Provinz Trentino. Um seine Beziehung zu Kalabrien zu erklären, erzählt er oft eine Anekdote, die seiner Ansicht nach die kalabrische Seele auf den Punkt bringt. Er war gerade in Rom zum Bischof ernannt worden und befand sich auf der Rückfahrt in den Süden, auf einer dieser endlos anmutenden Zugreisen, die meine Landsleute und ich so gut kennen. Ihm gegenüber saß ein älteres Ehepaar, das sich zur Mittagszeit daran machte, das Tischchen zwischen ihnen auszuklappen und es dann liebevoll zu decken, samt Tischdecke, Servietten und Plastiktellern.

»Ich hatte nichts zu essen bei mir«, erzählt Bregantini, »und ich wurde natürlich hungrig, als mir der Duft der ausgepackten Panini in die Nase stieg. Da zog die Frau kurzerhand ein weiteres Sandwich aus der Tasche und bot es mir an: ›Das ist für Euch. Wir sind Kalabresen, und die Gastfreundschaft ist uns heilig.‹«

So hat Monsignor Bregantini Kalabrien lieb gewonnen, auch wenn ihm in all den Jahren seines Lebens hier auch seine dunkelsten und deprimierendsten Seiten nicht verborgen blieben. Zeitlebens hat er entschlossen gegen die ’Ndrangheta gekämpft und ist in seinem Auftreten immer bescheiden geblieben. Ich erinnere mich noch gut, wie er sich in seiner Zeit als Bischof, ohne irgendeinen Personenschutz und mit einem gebrauchten alten Golf als Wagen, unverdrossen durch die Locride bewegte, und wie er oft an der Straße anhielt, um einen Plausch mit den Leuten zu halten oder mit den Kindern Ball zu spielen.

Als damals die allerersten Flüchtlinge nach Riace kamen, die Kurden, die am 1. Juli 1998 »vom Wind gebracht« wurden, war Bregantini Bischof von Locri und erklärte sich spontan bereit, den Menschen das Haus des Pilgers in Riace zur Verfügung zu stellen. Von Anfang an war er an unserer Seite und hat uns tatkräftig unterstützt, obwohl er ein hoher kirchlicher Würdenträger war und meine Gefährten und ich von vielen Dorfbewohnern als »Extremisten« und »Umstürzler« betrachtet wurden.

»Ich bin der Bischof«, sagte er schlicht, als wir uns damals zum ersten Mal begegneten, und ein spontanes Lächeln überzog sein Gesicht, als ich erwiderte: »Und ich bin ein ehemaliges Mitglied der Democrazia Proletaria.« Bald darauf lud er mich zu sich nach Hause ein, wo sein »Gefolge« schon auf uns wartete, das nur aus seiner Mutter, einer schon sehr alten und äußerst streng wirkenden Dame, und Pater Tarcisio, einem 90-jährigen Priester, bestand. Die Mutter stand mir zunächst mit offensichtlichem Misstrauen gegenüber, auch weil ich wohl der Erste war, der die Ehre hatte, zum Mittagessen in ihr Haus eingeladen zu werden. »Was ist das denn für einer?«, fragte sie ihren Sohn skeptisch, und der Bischof erwiderte: »Das ist einer, der nicht in die Kirche kommt.« Auf ihre konsternierte

Frage, warum er mich dann in sein Haus geholt hatte, erwiderte Bregantini: »Aber Mama, wir müssen diese Leute doch aufnehmen, es sind gerade die verlorenen Schafe, um die wir uns kümmern müssen.« Nach dem Essen schien die Signora jedenfalls versöhnt, denn sie schenkte mir zum Abschied einen Korb Äpfel aus dem Nonstal, mit dem Markenzeichen der Genossenschaft darauf, die der Bruder des Bischofs gegründet hatte.

Bregantini, der wie Natale Bianchi der Befreiungstheologie nahestand und früher »Arbeiterpfarrer« in einer kirchlichen Basisgemeinde gewesen war, war sich unserer Unterschiede stets bewusst, aber noch mehr unserer Gemeinsamkeiten. Genau wie ich ist er der festen Überzeugung, dass man die Probleme unserer Region nur lösen kann, indem man dem Territorium seine Identität zurückgibt, und genau wie ich weiß er, dass das kulturelle Erbe der Magna Graecia[21] in Kalabrien immer noch lebendig und die Gastfreundschaft ein hoher Wert ist, den es zu erhalten gilt. Er hatte zu jeder Zeit ein offenes Ohr für uns, ohne sich jemals aufzudrängen, und er teilte mit uns den Glauben an die Utopie einer besseren Gesellschaft. Und es gibt eine weitere Überzeugung, die uns beide verbindet: Immer wieder hat er die Meinung geäußert, dass die 1968er-Bewegung auch ein großer Evangelisierungprozess gewesen ist. Genau wie ich wird er nicht müde zu betonen, dass die Botschaft des Evangeliums und die sozialen Utopien der Linken viele Gemeinsamkeiten haben.

*

Es gibt auch in der Kirche schwarze Schafe, denen es nur um ihre eigene Macht und ihre persönlichen Interessen geht. Die Kirche Bregantinis aber ist eine der Solidarität und Brüderlichkeit. Und ein weiterer Priester muss hier Erwähnung finden, der diese Werte vermittelt: Pater Alex Zanotelli. Ich habe ihn über unsere gemeinsame Freundin Chiara Sasso 2008 bei der »Carovana del Cuore«[22] kennengelernt, die damals auch in Riace vorbeigekommen ist. Heute noch muss ich lächeln, wenn ich daran denke, wie ich diesen Comboni-Missionar in seinem bunten Hemd zum ersten Mal gesehen habe. Er war gerade nach 20 Jahren aufopferungsvollen Engagements in Afrika nach Italien zurückgekehrt und kam mir entgegen mit den Worten: »Was ihr da macht, ist wunderschön. Fragt die Leute nie, woher sie kommen, denkt einfach, dass der Wind sie gebracht hat.« Heute lebt er mitten in Sanità, einem sehr ursprünglichen, aber auch problematischen Viertel Neapels, und kümmert sich dort um die Ärmsten der Armen. Ich schätze ihn dafür, dass er sich immer seine intellektuelle Freiheit bewahrt hat, seine besondere Fähigkeit zur Empathie und seine Nähe zum Schmerz der »Letzten«, so sehr, dass er sogar manchmal seinen Glauben auf die Probe stellt. In Kenia, erzählt er, habe er so viel Hunger, Elend und Krankheit gesehen, gerade auch unter Kindern, dass er sich manchmal gefragt habe, »ob Gott vielleicht krank sei«. Und trotzdem haben ihn die Zuversicht und die Bereitschaft zum Neubeginn nie verlassen. Bei seinem ersten Besuch in Riace hatte eine unserer Neubürgerinnen gerade ein Kind auf die Welt gebracht, und er freute sich so sehr darüber, dass er es mit den Worten kommentierte: »Solange noch Kinder geboren werden, dürfen wir glauben, dass Christus die Menschen noch nicht vergessen hat.«

Über die Jahre hinweg haben wir uns immer wieder getroffen, und ich bin ihm dankbar für seine Freundschaft und für seine Unterstützung bei unseren Protesten, als wir monatelang keine Mittel mehr für die Willkommensprojekte erhielten. Freimütig und unerschrocken hat er seine Stimme erhoben, als die neue Rechte sich immer mehr auszubreiten begann, und er hat nie gezögert, eindeutig Position zu beziehen. So hat er etwa gesagt, dass »die Botschaft der Rechten, wie sie von Salvini repräsentiert wird, eine Botschaft gegen das Evangelium Christi ist. Wer sich als Christ definiert, kann so jemanden niemals wählen.« Ein Salvini und ein Pater Zanotelli sind im Übrigen inkompatibel, denn der eine spricht vom Hass, der andere von der Liebe.

Ich habe oft gehört, wie mutige Priester wie Pater Zanotelli oder auch Don Salvatore Monte oder Pater Giovanni Ladiana ihren Gläubigen ins Gewissen geredet und auf ihre ganz persönliche Art der politischen Propaganda der Rechten entgegengewirkt haben. Eine Propaganda, die schwerwiegende Konsequenzen hat, vor allem für die Schwächsten, und die nicht davor zurückschreckt, die Ikonen des Christentums für ihre Zwecke zu pervertieren: So hat sich Salvini nicht gescheut, vor laufenden Kameras Heiligenbildchen zu präsentieren oder den Rosenkranz zu küssen.

Das Christentum steht für die Botschaft der Liebe. Nicht selten ist es das politische oder soziale Engagement, das den Menschen hilft, diese Botschaft in ihrem Leben zu verwirklichen. Wo Menschen anderen Menschen helfen, erfüllt sich das wichtigste Gebot des Evangeliums, das auch heute noch lautet: Liebe deinen Nächsten wie dich selbst.

*

Dass wir in Riace nichts anderes getan haben als die Botschaft des Evangeliums in die Tat umzusetzen, hat uns sogar schon Papst Franziskus bestätigt, der diese Botschaft wie kein anderer verkörpert. Im Dezember 2016 hat er mir einen Brief geschrieben, um mir für die Teilnahme an einem Treffen von Bürgermeistern aus aller Welt zu danken, das die Päpstliche Akademie der Wissenschaften organisiert hatte und bei dem Praktiken einer guten Willkommenskultur diskutiert worden waren.

»Lieber Bruder Bürgermeister«, schrieb er in seinem Brief. »Ich kenne Ihre Initiativen, Ihre persönlichen Kämpfe und Ihre Leiden; ich drücke Ihnen daher meine Bewunderung und Dankbarkeit aus, für Ihr kluges und mutiges Wirken zugunsten unserer Brüder und Schwestern, die auf der Flucht sind. Die Türen meines Hauses werden für Sie und für dieses neue Netz immer offen stehen.«

Offensichtlich wusste er sehr genau, dass wir damals schon Schwierigkeiten hatten, unsere Arbeit fortzuführen, denn er schloss mit den Worten: »Ich bitte zu Gott dem Herrn, dass er Sie nie verlassen möge, vor allem nicht in diesem schwierigen Moment, und ich begleite Sie mit Dankbarkeit und Zuneigung. Vergessen Sie nicht, für mich zu beten, oder, wenn Sie nicht beten, dann bitte ich Sie, an mich zu denken und mir *buena onda* zu schicken.«

Als ich den Brief gelesen hatte, rief ich sofort meine Verwandten in Argentinien an, um meine Freude mit ihnen zu teilen. Weder meine Familie noch ich selbst hätten uns je träumen lassen, dass mir einst der Papst höchstpersönlich schreiben würde, ausgerechnet mir, einem, der Vorbildern der Linken gefolgt ist, wie Natale Bianchi, Peppino Lavorato und Peppino Impastato. Und das sind nur wenige der Menschen, die meine soziale und politische Arbeit inspiriert haben, in dieser

Grenzregion der Locride, die so voller Kontraste und Schatten ist, und doch manchmal auch voller Licht.

*

Es gibt eine alte und tiefe Verbindung zwischen Papst Franziskus, damals noch Jorge Mario Bergoglio, und Riace, die viel weiter zurückgeht als der Brief, den er an den Bürgermeister dieses Dorfs im tiefsten Süden Italiens geschrieben hat. Tatsächlich hat Bergoglio in seiner Zeit als Bischof von Buenos Aires sieben Jahre lang in der Gemeinde San Cosmas und Damian die Messe zelebriert, die eines der Zentren dessen ist, was wir »Riace altrove«[23] nennen. In Argentinien, und insbesondere in Buenos Aires, leben nämlich sehr viele Auswanderer aus Riace, und als sie damals, vor langer Zeit, ihre Heimat verließen, haben sie in ihren Koffern auch ihre Gebräuche und Traditionen mitgenommen. Eine dieser Traditionen – und vielleicht sogar die wichtigste – ist die tiefe Verehrung der Heiligen Cosmas und Damian. Auch meine Verwandten sind Teil dieser Gemeinde, darunter Onkel und Tanten, Cousins und Cousinen, die ich seit vielen Jahren nicht gesehen hatte, als ich 2011 und dann nochmals 2017 endlich in die argentinische Hauptstadt reiste.

Den nach Argentinien ausgewanderten Riacesi verdanke ich die Bereitschaft, uns ihre leerstehenden Häuser zur Verfügung zu stellen, damit wir dort im Rahmen unseres Willkommensprojekts die zu uns gekommenen Migranten unterbringen konnten. Sie taten das nicht aus Glaubenseifer, sondern aus Solidarität, auch weil sie durch ihre eigene Geschichte ein tiefes Bewusstsein für das Phänomen Migration gewonnen hatten. Sie waren zwar nicht vor dem Krieg geflohen, sondern hatten »nur« aus wirtschaftlichen Gründen einer der prekärsten Regionen Europas den Rücken gekehrt, um in Südamerika Arbeit und eine bessere Zukunft zu finden. Doch auch sie haben ihre familiären Bindungen geopfert. Auch meine Mutter hat Teile ihrer Familie verloren, und als ich ein Kind war, sagte sie oft zu mir: »Als meine Schwestern nach Argentinien gegangen sind, wusste ich genau, dass ich sie nicht wiedersehen würde, wahrscheinlich nie mehr.«

Die Erfahrung eines Abschieds für immer, glaube ich, lässt in einem Menschen eine besondere Sensibilität reifen, und so ist in Argentinien eine ganze Generation von Migranten herangewachsen, die mit einem Fuß in Buenos Aires und einem in Riace lebt, wobei dieses Riace das der Kindheit geblieben ist. Sie erinnern ihre Heimat in einer Dimension, die aufgehoben ist in der Nostalgie, vor allem die, bei denen nach und nach die Möglichkeit einer Rückkehr in die Heimat geschwunden ist, bei denen es nach und nach zur Gewissheit wurde, dass ihre Häuser für immer verlassen bleiben werden. Am Ende ist allen Migranten eines gemeinsam: Sie wurden gezwungen, ihre Heimat zu verlassen, es wurde ihnen von außen auferlegt und ist keine freie Wahl gewesen. Genauso ist es bei den Menschen, die vor Kriegen flüchten, auch wenn die Umstände hier natürlich noch sehr viel dramatischer sind.

CAPITOLO 6

Neustart aus der Niederlage

1995 beschloss ich, mich einzubringen. Ich war nicht allein, es gab Freunde und Gefährten, die eine Idee mit mir teilten. Wir waren überzeugt, dass man von den Realitäten vor Ort ausgehen, dass man die Dinge von unten her verändern musste, von den lokalen Regierungen aus.

Persönlich sah ich mich in der Gefolgschaft Peppino Impastatos und der Geschichte seines politischen Kampfs. Bei ihm erkannte ich dieselben Lösungsansätze und dieselben Forderungen, die auch wir anstrebten. Impastatos Ziel war in erster Linie soziale Gleichheit, die sich bei uns, auf lokaler Ebene, mit dem alten Streben nach einer Überwindung der Latifundienwirtschaft verband.

Auch wenn ich aus einer Familie kam, die dieses Klassenbewusstsein nicht haben konnte und Armut nicht am eigenen Leib erfahren hatte, hatte ich mich doch dem »proletarischen Riace« immer verbunden gefühlt. Die Frage, die meine Gefährten und ich uns nun stellten, war vor allem, wie sich unser zukünftiges Engagement am besten gestalten sollte, ob wir weiterhin jenseits der politischen Bühne bleiben wollten oder ob wir uns vorstellen konnten, mehr Teilnahme zu wagen, indem wir uns selbst zur Wahl stellten. Am Ende tat sich ein Häuflein Menschen, die sich großteils seit der Schulzeit nicht mehr gesehen hatten, zu einer gemeinsamen Bürgerliste zusammen. Wir nannten uns »Freies Riace« und traten bei den Gemeinderatswahlen an.

Viele von uns hatten über längere Zeit nicht mehr im Dorf gelebt. Ich zum Beispiel war nach Rom und dann nach Turin gegangen, hatte geheiratet und eine

Familie gegründet, meine Kinder Roberto, Eliana und Martina waren geboren. Dann hatte ich meine Frau Pina zur Rückkehr nach Riace überredet, ihr erklärt, dass mich das Leben in Turin deprimierte. Ich hatte das Gefühl, Teil dieser großen Gruppe des »Riace anderswo« zu sein, doch es schmerzte mich, mit meiner Abwesenheit zur Entvölkerung und Verarmung meiner Heimat beizutragen. »Ich muss zurück, ich kann nicht mehr«, sagte ich eines Tages zu ihr. Heute bin ich mir bewusst, dass ich mich in eine Schlacht begab, die von Anfang an verloren war, und wenn ich ehrlich bin, dann spielten in meiner Entscheidung sicher auch eine Prise Egoismus und persönliches Interesse eine Rolle.

*

1995 scheiterten wir kläglich, eine Niederlage, die vielleicht nicht überraschend kam, aber deswegen nicht weniger bitter war. Ich erhielt nur zwei Direktstimmen, und für die Liste als Ganzes sah es auch nicht viel besser aus. Keiner unserer Kandidaten schaffte es in den Gemeinderat. Ich musste damals an Pier Paolo Pasolini und an seine gnadenlose Gegenwartsanalyse denken. Es hatte wirklich den Anschein damals, als gäbe es keinen Raum für eine Utopie, als wäre schon die Idee, dass man Dinge durch politisches Engagement verändern kann, eine Vermessenheit. Wir waren offensichtlich dazu verurteilt, ewige Verlierer zu sein.

Gleich nach unserer Niederlage begann ich, über die Gründe nachzudenken, um der Resignation nicht nachzugeben. Für einige meiner Gefährten aber war das Ergebnis ein klares Signal zur Aufgabe. Die meisten zogen sich bald zurück, und als Rechtfertigung kamen die gängigen Beweggründe wie: »Es ändert sich doch sowieso nichts«, »Die Leute wählen doch nur die, die ihnen nützen«, »Die Zeit, dass sich im Süden etwas tut, ist noch nicht gekommen«. All diese Erklärungen demoralisierten mich, und ich hielt sie für Ausreden, die vor allem die eigene Trägheit rechtfertigen sollten. Ich war überzeugt, dass wir uns trotzdem weiter treffen und gemeinsam nach den tieferen Ursachen für das schlechte Wahlergebnis suchen sollten, und ich beschloss, trotz allem weiterzumachen.

Mein Einsatz war auch in emotionaler Hinsicht hoch. Es war das erste Mal, dass ich mich in die politische Arena wagte, und ich weiß noch genau, wie aufgeregt ich war, als ich bei einer Kundgebung auf der Piazza von Riace zu den Leuten sprechen sollte. Ich hatte viele Notizen dabei und las alles ab, doch irgendwann merkte ich, dass ich die Leute so nicht erreichen konnte. Heute spreche ich frei, wenn ich mich in der Öffentlichkeit äußern muss, weil ich glaube, dass nur so offen und unverfälscht zum Ausdruck kommt, was ich wirklich sagen will.

Bei der Suche nach Gründen für unser Wahldesaster wurde mir eines klar: Die Niederlage war vorhersehbar gewesen. Durch unsere lange Abwesenheit hatten wir uns von Riace entfernt, und es war uns das Instrumentarium abhandengekommen, um den Ort in seiner Komplexität verstehen und interpretieren zu können. Genau wie unsere Verwandten in Argentinien hatten wir ein Riace im Kopf, das nostalgisch verklärt war und vor allem aus Jugenderinnerungen bestand. Auch hatten die meisten von uns die Studentenbewegung mitgemacht und in den Jahren danach eine Zeit der tiefen politischen Enttäuschung erlebt. Es war, als hätten sich die Ziele und Hoffnungen der 1968er-Bewegung als trügerisch erwiesen, als wären Versprechen nicht gehalten worden, mit der Konsequenz, dass in politischer Hinsicht eine große Leere entstanden war. Auch in Riace herrschte eine Atmosphäre des Rückzugs und der Resignation, und es fehlte eine junge, motivierte Generation, die bereit gewesen wäre, für Veränderungen zu kämpfen. Es waren wenige, die diesen Zustand nicht akzeptieren wollten, und die meisten von ihnen waren nicht mehr ganz jung. Doch immerhin gab es ihn, den kleinen Kreis von Willigen, die entschlossen waren, sich nicht nur ins Private zu flüchten und in diesem deprimierenden Status quo zu verharren.

*

Cosimo Pazzano, der mir zu einem engen Freund wurde, war einer aus diesem Kreis. Er war Schulsekretär in Riace und beschloss spontan, uns nach unserer Niederlage von 1995 zu coachen. Er war wie ein guter, aber strenger Vater zu uns und korrigierte sogar die Rechtschreibfehler in unseren Aufrufen. Mit seinen Verbesserungsvorschlägen wollte er uns voranbringen, und er zeigte uns auch unverhohlen, dass er uns für den tapferen Versuch, uns in die Politik einzumischen, aufrichtig bewunderte.

Cosimo wohnte zusammen mit seiner unverheirateten Schwester in meiner Nachbarschaft, und so ergab es sich ganz automatisch, dass wir in jenen Jahren immer mehr Zeit miteinander verbrachten. Ich hatte keine Lust, abends zu Hause herumzusitzen, und es machte mir auch keinen Spaß, in der Bar herumzuhängen oder die Nachmittage mit Kartenspielen zu verbringen. Cosimo war ein unruhiger Geist, ein Mann des Südens mit den Gesichtszügen eines Griechen aus der Antike. Er hatte etwas Verträumtes an sich und machte mit seinem ungepflegten Bart manchmal einen etwas verlotterten Eindruck. Ich kannte ihn schon aus der Zeit, als ich mich bei dem linken Jugendverein Circolo Popolare di Unità Proletaria engagierte, aber wir hatten in politischer Hinsicht verschiedene Richtungen eingeschlagen: Cosimo war Christdemokrat, auch wenn er eher dem linken Parteiflügel angehörte und parteiintern immer unkonventionelle Positionen eingenommen hatte. Ich hatte daher einen gewissen Respekt vor ihm, weil er mir im langweiligen und verängstigten Riace meiner Jugendzeit fast wie ein Rebell vorkam.

Jetzt, da ich viel Zeit mit Cosimo verbrachte, merkte ich erst, was für ein besonderer Mensch er war und wie sehr mich seine Gesellschaft bereicherte. Ihm ist es zu verdanken, dass ich mich regelrecht in meine eigene Heimat verliebte. Damals arbeitete er an einer Studie zu lokalen Spitznamen und Sprüchen, und er las mir Nachmittage lang aus seinen Büchern vor. Vor allem aber nahm er mich mit auf Streifzüge durch ein Riace, das mir bis dahin völlig unbekannt gewesen war. Bei unseren Erkundungen der Vergangenheit sprachen wir viel mit den alten Leuten im Dorf, um später aufzuschreiben, was sie uns zu berichten hatten. So gelang es uns, viele alte Geschichten und gut tausend Sprüche aus der Vergangenheit Riaces zusammenzutragen, und dabei immer wieder festzustellen, wie eng dieser Landstrich mit der antiken Kultur der Magna Graecia verbunden ist.

In Cosimos Bibliothek fanden sich zahlreiche Bücher über die griechische Antike, und als damals die beiden Bronzestatuen gefunden wurden, hat sich wahrscheinlich keiner so gefreut wie er. Natürlich war er ein erbitterter Gegner der Idee, sie ins Museum nach Reggio Calabria bringen zu lassen, und er legte sich sogar mit der Stadtverwaltung an, weil er ihr vorwarf, sich nicht genug für ihren Verbleib in Riace einzusetzen. Darüber hinaus hatte er im Zuge seiner intensiven Beschäftigung mit lokalen Traditionen auch begonnen, an einem Buch über die Heiligen Cosmas und Damian zu arbeiten.

Es waren aber nicht nur die Kultur und die Geschichte, denen sich mein Freund Cosimo verbunden fühlte, sondern er liebte auch die Natur, und so machten wir mit seinem Auto oft Ausflüge in das bergige Hinterland von Riace. Wir unternahmen Wanderungen und sammelten Pilze, und während wir die herrliche, einsame Landschaft bewunderten, führten wir endlose Gespräche über Gott und die Welt. Ich muss zugeben, dass ich es sehr genoss, einen väterlichen Freund gefunden zu haben, mit dem die Beziehung nicht so kompliziert und spannungsvoll war wie die mit meinem leiblichen Vater.

Cosimo redete mir oft ins Gewissen, dass ich mit meinem politischen Engagement nur Zeit vergeude und dass meine haltlosen Träumereien ganz bestimmt nie konkrete Erfolge zeitigen würden. Umso mehr überraschte es mich, dass ausgerechnet er auf die Idee kam, dass wir bei der Wahl von 1999 mit einer neuen Liste antreten sollten. Er war überzeugt, dass die Zeit jetzt reif war und wir diesmal wirklich eine Chance hatten. So begannen wir, alte und neue Weggefährten zusammenzutrommeln, unter ihnen ein paar Freunde aus dem Circolo Pier Paolo Pasolini, dem Kreis, mit dem wir schon in den 1980er-Jahren verschiedene kulturelle Initiativen auf die Beine gestellt hatten. Bei den Wahlen im Juni 1999 wurde Riaces amtierender Bürgermeister Cosimo Salvatore Comito mit seinem Mitte-links-Bündnis zwar wiedergewählt, doch gelang es unserer Bürgerliste tatsächlich, vier Gemeinderäte zu stellen, darunter auch mein Freund Cosimo Pazzano und ich. Wir erhielten immerhin 340 Erststimmen, viel mehr als die paar wenigen von 1995, und jedenfalls genug, um wirklich Opposition betreiben zu können.

Die Monate des Wahlkampfs waren hart gewesen und hatten uns auch persönlich viel abverlangt. Schon seit Längerem hatte ich den Eindruck, dass Cosimo gesundheitlich nicht auf der Höhe war, und als er sich endlich dazu überreden ließ, sich einer ärztlichen Untersuchung zu unterziehen, stellte sich heraus, dass er schwer krank war. Er beschloss zwar, der Krankheit die Stirn zu bieten und trotzdem zu kandidieren, doch sein Zustand verschlechterte sich rasant. In den letzten Wochen seines Lebens wollte er keine Ärzte mehr um sich haben und bat stattdessen mich, ihm die notwendigen Infusionen zu legen. In dieser leidvollen Zeit ist das Band zwischen uns noch enger geworden.

Am 15. März 2000 hat uns Cosimo Pazzano für immer verlassen. Er starb in dem Bewusstsein, dass seine Hoffnung auf eine politische Revanche dieser Region dabei war, Form anzunehmen. Anders als fünf Jahre zuvor hatten wir diesmal die Menschen von Riace gut vorbereitet und waren mit verschiedensten Initiativen präsent gewesen. In Riace Superiore hatten wir den Verein »Città Futura« (Stadt der Zukunft) gegründet, der die Idee verfolgte, das Handwerk und die Gewerbe der Vergangenheit aus der Versenkung zu holen und den alten Borgo neu zu beleben. Wir waren überaus motiviert und strotzten nur so vor Mut und Lust, die Dinge zu verändern.

Zudem war schon im Jahr zuvor etwas gänzlich Unerwartetes passiert, das mich persönlich zutiefst aufgewühlt hatte und die zukünftigen Geschicke Riaces auf lange Zeit maßgeblich bestimmen würde: Am 1. Juli 1998 hatte der Wind in Riace Marina ein Segelschiff voller kurdischer Flüchtlinge an Land gespült.

CAPITOLO 7

Mimmo der Kurde

Riace Marina, unten am Meer gelegen, ist acht Kilometer vom historischen Zentrum Riace Superiore entfernt. Dieses erreicht man über eine kurvenreiche Nebenstraße, die sich vorbei an Häusern, Feldern und Wiesen schlängelt, um endlich im alten Riace zu enden (mit altgriechischem Namen Ryakyon geheißen), das umgeben von Grün in einer weiten Ebene liegt. Die alten Häuser sitzen eng gedrängt auf einem terrassierten Felshang, in dessen Herzen auch eine alte Quelle entspringt. Man scheint hier in einer anderen Dimension zu sein, die nichts zu tun hat mit Riace Marina, dessen moderne Häuser und Hotels sich die Staatsstraße 106, »Jonica« genannt, entlangreihen, durchbrochen vom Ausblick auf goldene Strände und das blau schillernde Meer.

*

Die Distanz zwischen Meer und Borgo schien noch größer in jener Nacht des 1. Juli 1998, die in der Geschichte Riaces ein völlig neues Kapitel eingeleitet hat: An der Küste von Riace Marina strandete ein Segelschiff. Wie die Passagiere später erzählten, war es am 24. Juni in der Türkei aufgebrochen und hatte 184 Menschen an Bord: 66 Männer, 46 Frauen und 72 Kinder, alles Kurden, von türkischer, irakischer, syrischer und iranischer Nationalität. Die Schlepper hatten ihnen 4000 Mark pro Kopf abgenommen und sie dann den Launen des Windes überlassen. Und der Wind hatte das

---

Das »Dorf des Willkommens« offiziell auf der Ortstafel

35 Meter lange Schiff genau an den Abschnitt der kalabrischen Küste getrieben, wo man einst die »Bronzi« gefunden und den der Sage nach schon Castor und Pollux berührt hatten, nicht weit entfernt von dem Felsen, an dem einst Cosmas und Damian angekommen waren.

Um halb zwei Uhr nachts an diesem Mittwoch ging eine Gruppe der Flüchtlinge im Gänsemarsch die verlassene Jonica entlang, als sie plötzlich vom Scheinwerfer einer Polizeistreife angestrahlt wurden. Sie waren nicht nass: Das Schiff war 500 Meter von der Küste entfernt liegen geblieben, und ein paar Motorboote hatten sie an Land gebracht. Es war nicht die erste Anlandung an dieser Küste in jener Zeit, und so war es kein Zufall, dass Patrouillen unterwegs waren. Ich stelle mir vor, dass die Menschen eine Mischung aus Überraschung, Erleichterung und Angst empfunden haben mussten, als die Scheinwerfer des Polizeiwagens sie trafen.

*

In den Monaten zuvor hatte es zwischen Riace und Monasterace drei Anlandungen gegeben: Kleine Gruppen von Menschen, für die sich ganz spontan das in Bewegung gesetzt hatten, was heute die »Solidaritätsindustrie« genannt wird. Damals waren die Nachrichten von den Flüchtlingsbooten noch nicht an der Tagesordnung, sie standen noch nicht im Zentrum der politischen Agenda und auf den Titelseiten der Zeitungen, wie das einige Jahre später der Fall sein würde. Und doch waren sie da und entwickelten eine Wirkung auf die Region, denn sie weckten das Gewissen vieler Menschen wie kleine Stimuli, aus denen spontan soziale und solidarische Netzwerke entstanden. Meist handelte es sich um zufällige Anlandungen, von niemandem gesteuert, oft mit kleinen Gummibooten und Fischkuttern, die nur ein paar Dutzend Flüchtlinge an Bord hatten. Die einen hatten die östliche Mittelmeerroute genommen und kamen in Apulien oder Kalabrien an, während die anderen, die auf der südlichen Route über Libyen oder Tunesien gekommen waren, in Lampedusa und Sizilien strandeten.

Auch wenn in Politik und Medien nur wenige von einem Notstand sprachen, war die Zahl der Verzweifelten, die in Italien ankamen, auch damals schon beträchtlich. In meinem Schreibtisch habe ich vor Kurzem einen alten Artikel aus der Tageszeitung »La Repubblica« vom 2. Juli 1998 gefunden, der bereits ein Wort im Titel hatte, das mir bis heute nicht gefällt: »Illegale Einwanderer und Flüchtlinge, neue Welle von Anlandungen«, stand da zu lesen. Im Unterschied zu heute war es damals aber noch eher die Ausnahme, dass eine große, überregionale Tageszeitung über die Flüchtlingsboote berichtete, die in der Sommersaison an unseren Küsten landeten.

Dieser Tag jedoch war anders als die anderen. In der Nacht des 1. Juli waren nämlich außer dem Segelschiff in Riace noch andere Flüchtlingsboote in Süditalien angekommen, und letztendlich waren es so viele, dass sie in der landesweiten Berichterstattung nicht zu ignorieren waren. 200 Migranten aus Tunesien, Marokko, Algerien und Somalia hatten es nach Lampedusa geschafft, und im Artikel heißt es: »Die Ordnungskräfte haben die Menschen in ein Erstaufnahmelager gebracht, doch im Lauf des Tages werden sie nach Agrigento überstellt, um das Verfahren zur Zwangsrückführung einzuleiten. Im Kanal von Sizilien wurden angesichts der Tatsache, dass aus Tunesien Nachrichten von zunehmenden Personenansammlungen kommen, die Kontrollmaßnahmen verstärkt.« 118 Flüchtlinge waren von den Polizeistreifen in Apulien aufgegriffen worden, unter ähnlichen Bedingungen wie in Riace: »Die Mehrzahl der illegalen Einwanderer, 72 Personen, wurde an den Stränden des Salento aufgegriffen«, schrieb die »Repubblica«. »Es handelt sich um 9 Flüchtlinge aus dem Kosovo, 39 Albaner, 18 Iraker und 5 Türken von kurdischer Volkszugehörigkeit. An den Küsten südlich von Brindisi, in der Gegend von Canale Foggia landeten weitere 23 Albaner, unter ihnen 3 Frauen, 6 Jungen und 8 Mädchen im Alter zwischen 8 und 12 Jahren.«

*

Die Kunde von der Ankunft der Flüchtlinge in Riace verbreitete sich noch in der Nacht unter uns Freunden, Aktivisten und freiwilligen Helfern. Wir wussten, dass die Menschen in einer provisorischen Zeltstadt bei der Esso-Tankstelle in Riace Marina untergebracht worden waren, und so begaben wir uns unverzüglich dorthin, um Trost zu spenden sowie Essen und Kleider hinzubringen. Ich wusste über die Kurden nur das, was in den Nachrichten berichtet wurde und meist im Zusammenhang mit schweren Tragödien und Kriegen stand, wie etwa dem ersten Golfkrieg. Mir war klar, dass sie schon seit langer Zeit Opfer von Verfolgung waren, dass Saddam Hussein Gas gegen sie eingesetzt hatte und dass sie auch in der Türkei diskriminiert wurden. Immer wieder waren sie im Lauf ihrer Geschichte zur Flucht gezwungen gewesen, und ihre Sehnsucht nach einem eigenen Staat hatte bisher keine Verwirklichung gefunden.

Schon sehr schnell begann sich die Ankunft der Kurden für viele von uns mit der Geschichte unserer Region zu verknüpfen, eine Verbindung, die immer wieder unterschätzt wird. Es schien ein geheimnisvolles Kontinuum zu geben mit dem Auffinden der »Bronzi«, weil diese Statuen für uns weit mehr Bedeutung haben als zwei herrliche Kunstwerke, die zufällig hier gelandet sind – und die wir dann nicht behalten durften. Für die Region hatten sie einen Wert, der weit über den materiellen hinausging, weil mit ihnen auch ein Stück Geschichte des Mittelmeerraums zu uns zurückgekommen war. Diese Geschichte besteht aus Menschen und Traditionen, wie etwa auch dem Volk der Phäaken aus der griechischen Mythologie, die begnadete Schiffbauer und Seefahrer waren und mit ihren Booten auch an unsere Küste gekommen sein sollen. Bei ihrer Ankunft durften sie mit der »Xenia« rechnen, der Gastfreundschaft der Bewohner, weil die Götter uns auferlegt haben, Fremde willkommen zu heißen, ohne zu fragen, woher sie kommen.[24]

Dem Mythos zufolge müssen also Flüchtlinge aufgenommen werden, oder viel mehr noch, sie müssen in Ehren gehalten werden wie ein Gott. So hat es uns unsere Kultur überliefert, und so spiegelt es sich heute in diesem neuen Epos wider, dem Epos einer Menschheit, die auf der Flucht ist, die einen Traum verfolgt von Frieden und Freiheit, die angetrieben wird vom Wind, genau wie es damals die Boote der Magna Graecia waren. In einer Epoche, in der materiellen Dingen so viel mehr Wert beigemessen zu werden scheint als Menschen, ist es die Mühe wert, einem menschlichen Wesen, ob alt oder jung, in die Augen zu schauen, und in ihrem Ausdruck einen unschätzbaren Wert zu erkennen, den kein Kunstwerk je erreichen kann.

*

Die Menschen, die an jenem Mittwoch, dem 1. Juli 1998, angekommen waren, hatten die Orientierung verloren, sie wussten nicht, dass sie sich in Kalabrien befanden, in der Locride, in Riace. Sie waren ausgezehrt und erschöpft, die Frauen in ihren bunten Kleidern – vor allem grün, gelb, rot, den Farben der kurdischen Flagge – trugen ihre schlafenden Kinder im Arm. Bischof Bregantini, der sofort herbeigeeilt war, traf die Entscheidung, ihnen das »Haus des Pilgers« zur Verfügung zu stellen, ein großes Gebäude, das der Wallfahrtskirche der Heiligen Cosmas und Damian angegliedert war und normalerweise für die Beherbergung der Gläubigen bei den Festen im Mai und September diente.

Den Großteil des Sommers 1998 sollte ich in dieser Flüchtlingsunterkunft verbringen. Oft ging ich sogar zweimal am Tag hin, allein oder zusammen mit anderen, darunter vor allem mit meinem Freund Cosimo und Bischof Bregantini. Ich war damals noch kein Bürgermeister, ja nicht einmal Politiker, sondern einfach ein Bürger, der verstehen wollte. Ich gebe zu, dass all das sehr zulasten meines Familienlebens ging, doch ich wollte einfach besser begreifen, was es mit der unglaublichen Geschichte des kurdischen Volkes auf sich hatte. Der Iran und die persische Kultur hatten mich schon immer fasziniert, vor allem auch das Thema der Ayatollahs. »Wir sind über 25 Millionen Kurden, aber wir haben keinen eigenen Staat, unsere Verbündeten sind die Berge«, so erzählten mir meine neuen Freunde. »Wir sind syrische, irakische, iranische, türkische Kurden. Jede unserer Gemeinschaften lebt eine andere Art von Beziehung mit ihrem Herkunftsstaat.«

Die Kurden von Riace kamen in der Mehrheit aus der Türkei, dann aber auch aus dem Irak, dem Iran und Syrien. Sie sprachen unterschiedliche Sprachen und waren seit Jahrhunderten getrennt gewesen, aber sie blieben doch alle Teil des kurdischen Volkes, unabhängig von ihrer geografischen Herkunft. Es kam mir fast so vor, als wäre dieser kurdische Staat nach Riace gekommen, repräsentiert von unterschiedlichsten Nationalitäten. Als wäre dieses Fleckchen der Locride ein Stück Kurdistan geworden.

*

Die Kurden blieben zwei Monate im Haus des Pilgers: Im September sollten die üblichen Festivitäten zu Ehren von Cosmas und Damian stattfinden und das Gebäude wieder seiner ursprünglichen Bestimmung zugeführt werden. Bischof Bregantini rief uns Freiwillige zusammen, die viel Zeit mit den Kurden verbracht hatten, und sagte: »Lasst uns nach anderen Lösungen suchen.« Es gab mehrere Versammlungen zu diesem Thema, von uns, von den Kurden, von allen gemeinsam.

Ich erinnere mich, dass ihre Versammlungen sehr geordnet und unter überraschend reger Beteiligung der Anwesenden abliefen. Auch die Frauen, die bei anderen Gelegenheiten in eine Nebenrolle verbannt waren, wurden sehr wohl gehört, wenn es darum ging, Entscheidungen für die Gemeinschaft zu fällen. Wenn sie mich zum Beispiel einluden, um mit ihnen zu essen, waren die Frauen mit Kochen beschäftigt und setzten sich nicht zu uns. Doch als ich an ein paar Versammlungen teilnahm, erlebte ich mehrmals, wie auch die Frauen intervenierten. Einmal begleitete mich ein Freund, der überrascht war, mit welcher Autorität ein Mädchen das Wort ergriffen hatte und mit welcher Aufmerksamkeit ihr alle zuhörten. Mein Freund fragte mich, ob sie »die Chefin von allen Frauen« war. Ich wusste es nicht, denn auch wenn ich gern bei diesen Versammlungen dabei war, verstand ich doch ihre Sprache nicht. Ich sagte ihm aber, dass ich jedes Mal, wenn eine Frau das Wort ergriff, vonseiten des Publikums eine starke Anteilnahme wahrnahm. Für jede kollektive Entscheidung kamen die Kurden zusammen und fällten sie gemeinsam, egal, ob es sich um Familienangelegenheiten handelte oder um solche, die die ganze Gemeinschaft betrafen.

An einem Tag im September lud uns Bischof Bregantini zu einer Versammlung unter dem großen Baum vor dem Rathaus ein. Hätte er das gewollt, dann hätte er bei der Kirche sicher durchsetzen können, dass die Flüchtlinge weiterhin im Haus des Pilgers wohnen durften. Doch es hatte sich längst gezeigt, dass dies als Dauerlösung ungeeignet war, weil viel zu viele Menschen dicht gedrängt auf Liegen und Decken schlafen mussten. Neben uns Helfern und Aktivisten waren bei dieser Versammlung auch ein paar Vertreter der Grünen dabei, und natürlich auch mehrere Kurden. Ein junger Iraner namens Asad ergriff als Erster das Wort. In seiner Heimat war er Journalist gewesen und durch seinen Beruf ziemlich viel in der Welt herumgekommen. Er sprach eine Mischung aus Spanisch und Italienisch, als er sagte: »Wir sind ein Volk auf Reisen und auf der Suche nach Freiheit. Dies ist ein Dorf mit Häusern, aber ohne Menschen. Wir brauchen nichts weiter als Häuser. Dies könnte unser Ort sein.«

*

In Riace Superiore hatte eine lange Geschichte der Abwanderung über Jahrzehnte hinweg dazu geführt, dass die alten Straßen verwaist waren. Die einen Riacesi waren nach Argentinien gegangen, andere nach Australien, Belgien, Deutschland, Norditalien, und sie alle hatten ihre Häuser zurückgelassen. Vor allem die, die den

Kontinent gewechselt hatten, planten meist nicht, jemals zurückzukehren. Die Generationen waren aufeinandergefolgt, Kinder und Enkel geboren worden und an über die ganze Welt verstreuten Orten aufgewachsen, im »Riace anderswo«. Sie hatten kein Interesse mehr an den Besitztümern in der alten Heimat, und ihre Wurzeln, die sie nur noch in Geschichten, Anekdoten und Gebräuchen lebten, waren ihnen fremd geworden. Einige dieser Häuser waren im Verfall begriffen, und Grundstücke lagen brach oder waren Gegenstand endloser Erbschafts- und Rechtsstreitigkeiten.

Santena ist ein Städtchen in der Provinz Turin, das berühmt ist für das Familienschloss von Camillo Benso di Cavour, der im 19. Jahrhundert der erste Ministerpräsident des neuen, vereinten Königreichs Italien wurde. Etwa ein Fünftel der heute rund 10 000 Einwohner Santenas kommt ursprünglich aus Kalabrien, und wiederum die Hälfte davon allein aus Riace. Über mehrere Generationen hinweg war die Stadt für die Riacesi ein beliebtes Ziel bei der Suche nach Arbeit und Auskommen gewesen. Einer dieser in Santena lebenden Riacesi ist mein Bruder Giuseppe. Genau wie in Riace und Buenos Aires gibt es auch in der Gemeinde Santena ein Fest zu Ehren der Heiligen Cosmas und Damian, bei dem ihre Standbilder in einer Prozession vor der Gemeinde hergetragen werden. Wie praktisch überall in »Riace anderswo« hatte man die eigenen Traditionen auch hierher mitgenommen und fern von zu Hause wieder zusammengesetzt.

Auch ich selbst bin eine Zeitlang ein Teil dieses »Riace anderswo« gewesen. Ich war lange weg, zum Studium, zum Arbeiten oder wegen meiner politischen Kämpfe. Ich hatte Pina, ein wunderschönes Mädchen aus Riace geheiratet, das ich eines verregneten Abends ausgerechnet beim Septemberfest kennengelernt hatte. Mit ihr war ich nach Turin gezogen, war dort Migrant gewesen, wenn auch nur aus wirtschaftlichen Gründen. Aber immerhin hatte ich einen Ort, den ich Heimat nennen konnte, ein Territorium, das durch klare Grenzen definiert war. Natürlich war es ein problematisches Territorium, aber doch meines, unseres. Ein Dorf, das immer ärmer wurde an Einwohnern, und das doch reich war an Platz, an Häusern und Wohnungen, die die Möglichkeit boten, Menschen, die es dringend brauchten, Unterschlupf zu gewähren.

Der Vorschlag des jungen iranischen Kurden hatte die Idee einer Lösung in mir entzündet. Damals war ich sehr damit beschäftigt, nach neuen Impulsen für unsere Region zu suchen, auch mit dem Ziel, andere Lösungen für die junge Generation zu kreieren, für die die Emigration alternativlos schien. Ich wollte, dass es für meine Kinder und ihre Freunde andere Perspektiven gab als den Zwang zum Abschied und zu einem Leben im Provisorium. Es bleibt nicht aus, dass unsere jungen Leute Vergleiche anstellen mit Gleichaltrigen aus anderen Ländern, in deren Leben es diesen Zwang nicht gibt, die alle Freiheit haben, sich eine eigene Zukunft aufzubauen. Die Einwohner Riaces aber, wie überhaupt die Menschen in vielen Gegenden des globalen Südens, müssen bei ihrer Lebensplanung immer die Welt um sich herum mit einbeziehen, genau wie die Migranten, die an unseren Küsten ankommen.

Asads Vorschlag wurde mit Begeisterung angenommen. Noch während der Versammlung unter dem großen Baum übertrug man mir die Aufgabe, als Bindeglied zwischen den im »Riace anderswo« verschwundenen Gemeindemitgliedern und den kurdischen »Riacesi in spe« zu fungieren. Immerhin war ich in den vergangenen Monaten so viel mit ihnen zusammen gewesen, dass man mich im Dorf schon »Mimmo ’u curdu«, »Mimmo den Kurden«, nannte. Mit einer Gruppe von Gleichgesinnten begann ich also, bei Freunden und Angehörigen der Ausgewanderten herumzutelefonieren und sie zu bitten, ihre in alle Welt zerstreuten Angehörigen aufzuspüren. Daraus wurde schnell ein Netzwerk, das immer weiterwuchs. Wir fragten die Leute, ob wir ihre verlassenen Häuser benutzen durften, und wir erklärten ihnen, dass sie der Unterbringung von Geflüchteten dienen sollten, Männern, Frauen und Kindern, die ihre Heimat hatten verlassen müssen, um anderswo ihr Glück zu suchen. Für viele war das ein gutes Argument, uns ihr Eigentum zur Verfügung zu stellen, und so wurde die Liste der verfügbaren Unterkünfte immer länger. Nachbarn und Freunde der Eigentümer halfen uns, die Häuser zu reinigen und auf Vordermann zu bringen, was oft auch alte Erinnerungen wachrief und frühere Bekanntschaften wiederbelebte.

In den alten bäuerlichen Gemeinschaften hatte es einen großen Wert bedeutet, Fremde willkommen zu heißen, statt ihnen mit Vorurteilen zu begegnen. Die Menschen waren stolz darauf, wenn ein Fremder bei ihnen einkehrte, und sie öffneten ihm bereitwillig ihre Türen. Mein Freund Cosimo Pazzano, der damals schon krank war, wurde nicht müde, darauf zu verweisen, dass diese alten Werte wiederbelebt werden konnten, weil sie nur verschüttet waren, keineswegs verschwunden.

Ich hatte das Gefühl, dass wir plötzlich einen großen Schritt weiter waren in der Suche nach Lösungen für unsere Region. Ganz unverhofft wurde nun nach Riace ein- statt aus ihm ausgewandert. Es schien wieder möglich, sich von dem Gefühl der Resignation zu befreien, von dem allgegenwärtigen Schweigen, in dem die einzige hörbare Stimme die der Mafia war. In einer Situation ohne Perspektive hatten wir eine neue und gleichzeitig alte Antwort gefunden. Die Fügsamkeit und Lethargie, die wie ein schwerer Schleier über der Stadt gelegen hatte, das »Naturgesetz«, dass ein Leben in Riace nach der Kindheit zu Ende war, war aufgebrochen worden und hatte neuer Hoffnung Luft gemacht.

So entstand dieses erste Solidaritätsprojekt auf sehr spontane Art. Es war ein selbstverständlicher Akt des Willkommens, geboren aus freien Stücken, ohne wirtschaftliche oder bürokratische Organisation im Hintergrund. Riace zeigte damals, dass es eine Seele hat, und entdeckte so auch die eigene Identität wieder, die im Konsumdenken der modernen Zeit verschüttet gewesen war. Plötzlich war es allen klar, dass es nicht hinzunehmen ist, wenn Menschen in deiner unmittelbaren Umgebung kein Dach über dem Kopf haben und nicht gegen Hunger und Kälte geschützt sind.

Leider hat es Cosimo nicht mehr geschafft, diesen ungewöhnlichen Prozess aktiv mitzugestalten. Ich brachte ihn regelmäßig auf den neuesten Stand, wenn ich zu ihm nach Hause kam, um ihm die Infusion zu legen, und erzählte ihm in allen Einzelheiten von unseren Fortschritten. Trotz seiner Krankheit strahlte er noch immer eine beeindruckende Lebenslust aus und nahm an allem Anteil, was ich zu berichten hatte. Nur gelegentlich gelang es ihm nicht, der Erschöpfung standzuhalten, und dann glitt er in den Schlaf hinüber. Sein Leben ist mir eine unerschöpfliche Quelle der Inspiration gewesen; aber es war auch sein Tod, der mir die Motivation zum Weitermachen gegeben hat.

Ich war damals nur ein einfacher Bürger und hatte weder ein Parteibuch in der Tasche noch eine Gefolgschaft hinter mir. Durch all die Dinge, die ich seit ihrer

Ankunft über das kurdische Volk gelernt hatte, insbesondere über ihre Vorstellungen von Gemeinschaft, war ich für sie zu einer Art Interessenvertreter geworden, und wenn man so will zu einem Aktivisten der kurdischen Befreiungsbewegung. Der Kontakt mit ihnen hatte mir Lust gemacht, mein politisches Engagement wieder aufzunehmen, das nach den Enttäuschungen der vergangenen Jahre brachgelegen war. So geschah es ganz automatisch, dass die Arbeit an diesem neuen Riace mich immer mehr in Beschlag nahm, auch wenn nur wenige Bewohner aktiv daran teilnahmen. Meine Familie sah mich zu Hause immer seltener, und eines Tages sagte meine Frau zu mir: »Eigentlich könntest du gleich dein Bett packen und mit hinübernehmen.« Ich fürchte, auch meine Kinder nahmen diese Entfremdung wahr. Aber ich konnte nicht anders, denn ich spürte, dass etwas Neues entstanden und im Begriff war, Form zu gewinnen. Dieses Etwas hatte mich in den Bann gezogen und zwang mich, Kämpfe auszufechten und Ideale zu verfolgen, deren Wirkung später weit über die Grenzen unseres kleinen Dorfes hinausgehen würde.

*

Eines Abends bot sich mir ein Bild dar, das ich nie vergessen werde und das mir zeigte, dass wir auf dem richtigen Weg waren. In den Häusern, die die Kurden bezogen hatten, hatte es anfangs keinen Strom gegeben. Die elektrischen Anlagen waren alt und nicht funktionsfähig, und wenn doch, mussten Verträge mit den Netzbetreibern reaktiviert oder neu abgeschlossen werden. So fanden wir in der ersten Zeit eine vorübergehende Lösung, indem wir viele Kerzen kauften. Und plötzlich waren da am Abend Lichter in den Fenstern, schwach flackernd nur, aber doch Lichter. Ich werde mich immer erinnern, wie ich über die Piazza ging und das Gefühl hatte, in einem Traum zu sein: In alten Häusern, die viele Jahre lang leer gestanden hatten, brannte wieder Licht! Ein kleines Licht der Hoffnung – für eine kurdische Flüchtlingsfamilie, die in den alten Mauern Aufnahme gefunden hatte, aber auch für eine neue Menschlichkeit.

Meine Nähe zu der kurdischen Gemeinschaft und meine Faszination für ihre Kultur wurden in den darauffolgenden Monaten noch intensiver, auch weil ihre tiefe Menschlichkeit mich außerordentlich berührte. Ich hatte inzwischen das Drama ihres unermüdlichen Kampfs um Anerkennung verstanden, in dem sie seit Hunderten von Jahren immer wieder ausgebremst und zurückgeworfen worden waren. Trotzdem hatten sie ihre Forderung nach einem eigenen Staat nicht aufgegeben, nicht einmal wenn es den Anschein hatte, als wären sie an einem Ort dauerhaft sesshaft geworden. Auch stellte ich fest, dass ich nicht der Einzige war, der sich für ihre Geschichte interessierte, sondern dass viele Menschen in Italien und darüber hinaus aus politischen und ideologischen Gründen sich mit dem Schicksal der Kurden und ebenso leidenschaftlich mit dem Los der Palästinenser auseinandersetzten. Über dieses gemeinsame Interesse hatte sich ein dichtes Netz von Verbindungen gesponnen, das ich hütete wie einen Schatz.

In jener Zeit wurde in den Medien relativ viel über die Kurden berichtet, auch weil sich zeitgleich Abdullah Öcalan, der Anführer der »Arbeiterpartei Kurdistans« PKK, in Italien aufhielt. Unsere Gäste verfolgten die Sache in den kurdischen Fernsehsendern, so weit sie diese empfangen konnten. Öcalan wurde von den Vereinigten Staaten, der Bundesrepublik Deutschland und vor allem der Türkei als Feind gesehen. Am 12. November 1998 kam er mit einem Flugzeug aus Moskau nach Rom, in Begleitung des italienischen Abgeordneten Ramon Mantovani, verantwortlich für Außenpolitik im »Partito della Rifondazione Comunista«. In der Hoffnung, politisches Asyl zu erhalten, stellte sich Öcalan der Polizei. Doch seine Hoffnung erfüllte sich nicht, da die italienische Regierung, damals geführt von Massimo D'Alema, nicht den Mut aufbrachte, sich gegen den internationalen Druck zu stellen. Deutschland hatte bereits 1990 einen internationalen Haftbefehl gegen Öcalan erlassen, bestand jedoch nicht auf einer Auslieferung, wohl auch, weil der damalige Bundeskanzler Gerhard Schröder die große kurdische Gemeinschaft in Deutschland nicht verärgern wollte.

Öcalan blieb 65 Tage in Italien und reiste im Januar 1999 weiter nach Kenia, wurde dort jedoch schon kurz nach seiner Ankunft in Nairobi von Agenten des türkischen Geheimdiensts verhaftet. Man brachte ihn auf die Insel Imrali im Marmarameer, wo sich eines der gefürchtetsten und unzugänglichsten Hochsicherheitsgefängnisse der Türkei befindet. Bis zum heutigen Tag ist er dort inhaftiert.

Die Kurden in Riace hängten meist als Erstes ein gerahmtes Foto von Abdullah Öcalan an die Wand. Sie verehrten ihn fast wie einen Gott, nach seiner Inhaftierung noch mehr als zuvor. Ich betrachtete diesen Personenkult mit Skepsis und empfand sogar eine gewisse Enttäuschung darüber, dass offensichtlich auch sie eine charismatische Leitfigur brauchten. Ich fragte mich, ob es überhaupt eine Gesellschaft gab, die die Gleichheit aller Mitglieder als ernst zu nehmendes Ziel für sich beanspruchte. Später jedoch überwand ich meine Ablehnung, ich verstand, dass dieser Mann für meine Freunde eine große Hoffnung darstellte, und auch, dass eine Führungsfigur persönlich für ein Volk ohne Heimat eine besondere Rolle spielt. Schließlich unterzog ich auch Öcalan einer Neubewertung, sodass die Gemeinde Riace ihm später sogar die Ehrenbürgerschaft verlieh.

In Öcalans Reden erkannte ich alle Kritikpunkte wieder, die auch wir als politische Linke dem kapitalistischen und neoliberalistischen Wirtschaftssystem zum Vorwurf machen. Wie wir vertrat er die Ansicht, dass an der Basis eines solchen Wirtschaftsmodells die Ausbeutung des Menschen durch den Menschen steht und die einzige Logik die des Profits ist. Eine Gesellschaft, die sich allein dem Materialismus verschrieben hat, schreckt nicht davor zurück, menschenverachtenden Entwicklungen eine historische Rechtfertigung zu erteilen, auch in Italien. Nur so lässt sich verstehen, dass es zu der langen Periode des Berlusconismus kommen konnte, gefolgt von der Epoche Salvinis, die leider noch nicht zu Ende ist. Sie bilden sozusagen den Triumph der Logik der Konsumgesellschaft, die als einzigen Gott das Geld anerkennt und das Eigeninteresse über menschliche Werte, über die Menschenwürde und die Brüderlichkeit stellt. Man »spricht mit dem Bauch« und berücksichtigt nur das eigene Wohl, nicht das der Gemeinschaft. So werden wir in das Netz einer Gesellschaft gezwungen, die für Menschlichkeit keinen Raum lässt.

Öcalan hat das politische Konzept des »demokratischen Konföderalismus« entwickelt, dessen ungewöhnlichster Aspekt die universale Dimension der Brüderlichkeit ist und das Streben nach einem Zusammenleben in der Multiethnizität. Ein Konzept, das deswegen so fundamental ist, weil es einen anderen Weg aufzeigt, hin zum Frieden und weg vom Krieg. Im Grunde ist es genau das, was wir in Riace versucht haben: das Experiment einer multiethnischen Gesellschaft, die friedlich zusammenlebt und Probleme gemeinsam löst. Die Rolle der Kurden war dabei von großer Bedeutung, und ihre Anwesenheit in Riace hat reiche Früchte getragen. Sie haben diesen Ort im positiven Sinne »kontaminiert«, haben uns nicht nur neue Perspektiven, sondern auch neue Methoden für die Umsetzung eines politischen Ideals aufgezeigt. Als jemand, der in Italien schon seit Langem für den Traum der proletarischen Revolution gekämpft hatte, ausgehend von der Peripherie, einer abgelegenen territorialen Realität wie Riace, entdeckte ich eine sonderbare Ähnlichkeit zwischen meinen politischen Ideen und denen der Kurden mit ihrer Forderung nach einem eigenen Staat.

Die Sehnsucht des italienischen Südens nach einer Überwindung seiner fragilen und prekären Lebenswirklichkeit und die des kurdischen Volkes nach einem eigenen Staat sind hier in Riace zusammengetroffen und haben sich miteinander verflochten, um gemeinsam für eine bessere Zukunft zu arbeiten.

*

Im Jahr 2005 haben die letzte Kurden Riace verlassen. Sie zogen weiter auf ihrer rastlosen Reise, meist zu ihren in ganz Europa verstreuten Familien und Gemeinschaften, in erster Linie nach Deutschland. Einer von ihnen, Bahram Acar, ist jedoch in Riace geblieben. Er erzählt gern, wie er sich damals, als er im Sommer 1998 an Land ging, verwundert umgeblickt hat, weil er in unserer Landschaft die Berge Kurdistans zu erkennen glaubte. Er nahm jede Arbeit an, die er bekommen konnte, hat als Schreiner, Maurer und Schlosser gearbeitet. Mit ihm zusammen habe ich im Dezember 2019 die Nachrichten von den Bombardierungen Rojavas verfolgt, der Region an der Grenze zwischen Syrien und der Türkei, in der man versucht hat, den demokratischen Konföderalismus in die Praxis umzusetzen. Immer wieder wurde die Stadt vom IS unter Beschuss genommen und von dessen Gegnern als Puffer benutzt, doch als sie ihnen nicht mehr nützlich war, überließen Trump und Putin sie ihrem Schicksal. Heute spricht keiner mehr darüber, dass die Kurden von Erdogan schikaniert werden, und keiner bezeichnet sie mehr als Helden. Die Utopie von einer besseren Gesellschaft wird bombardiert, zerstört, vernichtet.

CAPITOLO 8

Touristische Utopie

Viele, die Riace nur vom Hörensagen kennen und noch nie dort gewesen sind, wissen gar nicht, dass es zwei Riaces gibt: Wegen eines geografischen Bruchs zwischen den beiden Ortsteilen hat der Ort im Grunde zwei verschiedene Seelen. Das historische Zentrum ist der Ortsteil, der von der Entvölkerung besonders betroffen ist, und andererseits der, der in seinen geflüchteten Gästen neue Bürger fand, die seinen verlassenen Häusern und den leeren Straßen neues Leben einhauchten. Hier befindet sich das »Globale Dorf«, das pulsierende Herz unseres Willkommensprojekts. In Riace Marina dagegen hat eine fast explosionsartige Urbanisierung stattgefunden, die allerdings nicht einhergegangen ist mit der touristischen Entwicklung, die viele Bürger erhofft und erwartet hatten.

In den vergangenen Jahrzehnten ist die Neustadt weitgehend ungeordnet in die Breite gewachsen, und heute reihen sich die Häuser und Hotels etwas ratlos die Uferstraße entlang und machen den Zugang zum Strand oft schwierig. Wie so häufig an italienischen Küsten wurde die Strandpromenade lieblos in Zement gegossen und damit die natürliche Schönheit der wilden, unbefleckten Landschaft zerstört. Um einen auf reine Unterhaltung ausgerichteten »Konsumtourismus« zu bedienen, hat man auf eine uniforme Ästhetik gesetzt, in der nichts Typisches oder Unverwechselbares mehr zu erkennen ist.

Als Bürgermeister hatte ich immer die Idee, dass man einen Weg finden sollte, die beiden Welten Riaces komplementär zu sehen und miteinander zu versöhnen. Es war nötig, den tieferen Wert und die antike Schönheit und Einzigartigkeit der Orte in der italienischen Peripherie wiederzuentdecken. Nur so konnte man ihrer immer weiter voranschreitenden Verödung etwas entgegensetzen, nachdem verbrecherische Kräfte die Küsten über Jahrzehnte hinweg immer weiter durch Umweltverschmutzung und Betonbauten verunstaltet haben. Ich stellte mir einen Ort vor, der nicht kontaminiert war von Kapitalismus und Konsumwahn, und in dem Solidarität und Menschlichkeit die zentralen Werte wären. Ein solcher Ort würde ganz selbstverständlich Räume und Möglichkeiten finden, um Fremde aufzunehmen.

Es gibt ein Dorf namens Badolato, das Riace in Bezug auf die geografischen und historischen Gegebenheiten besonders ähnlich ist: Es liegt in der Provinz Catanzaro, etwa 40 Kilometer nördlich von Riace, sitzt ebenfalls auf einem Felsen, der zum Ionischen Meer abfällt, und ist genau wie unser Dorf in ein historisches Zentrum und eine Marina geteilt. Auch dort waren die Einwohner abgewandert und hatten ihre Häuser verlassen. Die Situation war so dramatisch, dass die noch verbliebenen Bewohner schon vor 30 Jahren auf die Idee gekommen waren, das ganze Dorf zum Verkauf auszuschreiben. Im Oktober 1986 verfasste der Gemeindebibliothekar Domenico Lanciano einen Artikel für die Tageszeitung »Il Tempo«, in dem er von dem sterbenden mittelalterlichen Dorfkern erzählte und den provokanten Vorschlag mit dem Verkauf machte. Für eine kurze Zeit waren die Scheinwerfer der Medien auf Badolato gerichtet, und tatsächlich fanden sich einige Interessenten aus dem Ausland, die bereit waren, die leer stehenden, teils baufälligen Häuser zu kaufen und mit minimalen Investitionen wiederherzustellen.

Einige Jahre später sollte ein anderes Ereignis dafür sorgen, dass neues Leben in das Städtchen kam. Am 26. Dezember 1997 lief ein Schiff mit dem Namen »Ararat« bei Badolato Marina mit 835 kurdischen Flüchtlingen an Bord auf Grund, die auf der Suche waren nach einem neuen Leben in Frieden und Freiheit.

Diese Anlandung ist in Erinnerung geblieben, vielleicht weil die Zahl der Menschen so unglaublich hoch war, und vielleicht auch, weil sie ausgerechnet an Weihnachten erfolgte. Das Foto von einem großen, leicht gekippten, blauweißen Schiff, das von kleinen Rettungsbooten umringt wird, hat sich ins kollektive Gedächtnis Italiens eingebrannt. Der Bürgermeister von Badolato, Gerardo Mannello, fand sich derselben Situation gegenüber, wie wir sie nur ein halbes Jahr später auch in Riace erleben würden. Gut die Hälfte der Flüchtlinge wurde zwar in andere Gemeinden verteilt, doch rund 350 von ihnen blieben vorerst in Badolato, und die Stadtregierung musste ihnen eine Unterkunft bieten.

Der Bürgermeister und seine Mitstreiter, vor allem Mitglieder des Vereins Pro Badolato wie Daniela und Ferdinando, oder auch der Nichtregierungsorganisation CRIC (Centro Regionale d'Intervento per la Cooperazione), machten sich also auf die Suche nach Häusern für ihre Gäste. Das italienische Sozialministerium stellte Gelder zur Verfügung, CRIC beantragte einen Bankkredit, und die Gemeinde selbst erbot sich als Bürgin. Schon kurze Zeit später zeigten sich erste Ergebnisse: Häuser wurden renoviert, Werkstätten gegründet, und eines von damals zwei Restaurants in ganz Italien eröffnet, die auf kurdische Küche spezialisiert waren. Die Betreiber nannten es »Ararat«, wie das Schiff, das sie an die kalabrische Küste getragen hatte. Auch Fremde wurden von den sich schnell verbreitenden Nachrichten angelockt und unterstützten das Projekt, etwa der Schweizer Priester Cornelius Cock, der sich schon seit Langem für die Rechte von Flüchtlingen einsetzte, oder Hannes Lämmler, ein Gründungsmitglied der anarchistischen und antikapitalistischen Kommune der Longo maï,[25] die 1973 in der Provence entstanden war. In ihrer Zeitschrift »Archipel«, die eine Reichweite von etwa 20000 ihrer Genossen hat, erschienen Artikel über Badolato und sein Willkommensprojekt, das als Ziel für einen solidarischen Tourismus beworben wurde. Bald schon fanden ein paar neugierige Reisende – vor allem aus der Schweiz – den Weg in das kalabrische Dorf. Allerdings waren bereits ein Jahr später nur noch etwa 40 kurdische Flüchtlinge vor Ort: Angesichts der ungewissen Perspektiven hatten es viele vorgezogen, zu ihren Verwandten in anderen Ländern Europas weiterzuziehen.

Badolato war also eine Art Blaupause für Riace, denn auch dort waren Flüchtlinge gelandet und auch dort gab es ein verlassenes Dorf und den Wunsch nach einer Wiederbevölkerung. Auch dort waren es die Menschen gewesen, die an das Projekt geglaubt und es vorangetrieben hatten. In Badolato hatte etwas angefangen, das innerhalb kurzer Zeit zu einem SPRAR-Projekt im Ort geführt hatte, über das im Lauf der Jahre Tausende von Menschen aufgenommen werden konnten. Auch wenn das Experiment nicht ganz gelungen ist, habe ich doch viel daraus gelernt.

Ich habe Badolato damals oft besucht, um mir ein Bild zu machen, wie man Willkommenskultur und Integration dort neu zu gestalten suchte. Bei einem dieser Besuche lernte ich Tonino Perna kennen, der Dozent für Wirtschaftssoziologie an der Universität Messina und überdies Präsident des CRIC und als solcher häufig in Badolato anzutreffen war. Ich war beeindruckt von seinem Charisma: Er gab mir zu verstehen, dass er alles für möglich hielt, wenn die Bereitschaft und der Wille da war, und mir wurde bewusst, dass ich zum ersten Mal seit Langem einen Süditaliener in Begriffen der Hoffnung sprechen hörte. Er erzählte mir von der Banca Etica, deren Verwaltungsrat er angehörte, und alles, was er sagte, bot mir das Bild einer Bank, die vollständig anders war als die Geldinstitute, die ich bisher gekannt hatte. Ich gestand ihm, dass auch ich auf der Suche nach neuen Strategien war, wie man die weitere Abwanderung verhindern konnte, und dass ich beispielsweise darüber nachdachte, wie man aus Riace Superiore eine Art »Hoteldorf« machen und Keller und andere leer stehende Räume in Werkstätten umwandeln konnte. Er fand das Projekt interessant: »Das müssen wir vertiefen.«

Tonino Perna war es auch, der als einer der Ersten öffentlich die Meinung vertrat, dass die Einwanderung zu einem Schatz werden kann. Er nahm nicht nur theoretisch Anteil an unserem Vorhaben, sondern ließ bald Taten folgen. Neben Bischof Bregantini und den Helfern vor Ort gehörte er nach der Ankunft von »unseren« Kurden zu denen, die einen wichtigen Beitrag zur Entstehung des »Modells Riace« geleistet haben. Er brachte einige Mitglieder der Longo maï zu uns, darunter den schon erwähnten Hannes, Elisabeth und den jungen Italiener Guido, der in der Gemeinschaft einer der wichtigsten Vertreter der neuen Generation war, nicht zuletzt, weil er den unabhängigen Radiosender »Radio Zinzine« betreute. Die Longo maï hatten nicht nur eine Zeitschrift, sondern auch einen Sender, und in ihrem utopischen Gesellschaftsprojekt hatte jedes Mitglied eine bestimmte Funktion zu erfüllen. Die verschiedenen Kooperativen waren über ganz Europa verstreut und lebten überwiegend von Landwirtschaft und Schafhaltung, waren also praktisch Selbstversorger. Wie in alten Zeiten achteten sie darauf, dass alle ihre Produkte eine Verwertung fanden, ob das nun die Milch oder die Wolle ihrer Schafe war, das Gemüse und Obst, das sie auf ihren Feldern ernteten, oder das Holz ihrer Wälder, aus dem sie ihre schlichten, schnörkellosen Möbelstücke fabrizierten. Über Ländergrenzen hinweg unterhielten sie rege Beziehungen, tauschten sich regelmäßig aus und halfen und unterstützten sich gegenseitig nach Kräften. Sie lebten also keineswegs abgeschottet, sondern standen Versuchen zur Stiftung eines anderen Modells des Zusammenlebens durchaus aufgeschlossen gegenüber. Und Badolato und Riace waren ja letztlich nichts anderes als genau solche Versuche.

Insbesondere Guido war nach unserer ersten von Tonino Perna organisierten Begegnung tief berührt von dem, was wir in Riace vorhatten. Er beschloss, für ein paar Monate in Kalabrien zu bleiben, um uns zu helfen. Für ihn stellte das auch eine willkommene Auszeit dar, denn er durchlief damals eine Krise, weil er sah, dass seine Kommune sich veränderte, vor allem auch durch den Zustrom von Neuankömmlingen, die seine Träume und sein Engagement nicht so ganz teilten.

Der Kontakt mit den Kooperativen der Longo maï war von grundlegender Bedeutung für uns, zum einen, weil es uns dabei half, uns in ein schon bestehendes Netzwerk von solidarisch wirtschaftenden Gruppen zu integrieren, zum anderen weil es bewies, dass andere Gesellschaften möglich waren und es daher eine konkrete Hoffnung gab, dass auch unsere Pläne umgesetzt werden konnten. Die Longo maï teilten mit uns bereitwillig Ideen und praktische Verfahrensweisen, Kontakte und Erfahrungen. Bei einer Versammlung, in der diskutiert wurde, wie die Zusammenarbeit zwischen ihnen und Riace konkret aussehen könnte, schloss Nicholas mit einem Satz, den ich nie vergessen werde: »Domenico, wir sind da, ihr seid da, mach dir also keine Sorgen um den Austausch.«

*

So nahm unser Projekt nach und nach Form an. Schon in den ersten Monaten überließen uns Auswanderer aus Riace und ihre Erben 25 Häuser im alten Borgo. Um notwendige Renovierungsarbeiten finanzieren zu können, verhalf uns Tonino Perna zu einem Kredit von 100 Millionen Lire (etwa 50 000 Euro) von der Paduaner Banca popolare etica, den wir mit der Zeit vollständig zurückzahlen konnten. Außer den einzelnen Häusern wurde uns wenig später auch der Palazzo Pinnarò überlassen, ein alter Adelspalast, der im Herzen des historischen Zentrums liegt und seit Jahrzehnten leer stand. Wir wollten ihn nutzen, um den Sitz des Vereins Città Futura darin einzurichten. Die Eigentümer hatten Riace in den 1950er-Jahren verlassen und waren in Neapel ansässig geworden, das vor allem für wohlhabende kalabrische Familien traditionell ein häufiges Ziel gewesen ist. Wir fanden heraus, dass die Erben eine Reiseagentur am Hafen Neapels gleich in der Nähe des Castel dell'Ovo führten und suchten sie dort auf. Unsere Bitte, uns ihren wunderschönen, leer stehenden Palazzo zur Benutzung zu überlassen, quittierten sie zunächst mit Desinteresse und schickten uns weg. Doch als wir die Agentur schon verlassen hatten und uns wieder auf den Weg zum Bahnhof machen wollten, lief uns einer von ihnen hinterher und fragte: »Was wollt ihr denn eigentlich damit anstellen?« Es war der Jüngste, der sich bei dem Gespräch im Raum befunden hatte, und ich glaube, dass das kein Zufall war. Jedenfalls erzählten wir ihm Genaueres von unserem Projekt, und er willigte ein, auch seine Familienmitglieder zu überzeugen.

*

Schon 1997 hatten wir versucht, einen Verein zu gründen, aber erst 1999 gelang es uns, die Idee in die Tat umzusetzen. Der Name »Città Futura«, die »Stadt der Zukunft«, war inspiriert von dem Dominikanerbruder Tommaso Campanella, der 1568 im nur 13 Kilometer von Riace entfernten Stilo geboren wurde. Campanella ist berühmt für sein Buch »Der Sonnenstaat«, die Beschreibung eines utopischen Ortes, an dem soziale Gleichheit verwirklicht ist. Ein Traum von der sozialen Befreiung, die vom Süden ausgeht, ein Meisterwerk, das heute immer noch aktuell ist und das eigentlich jeder lesen müsste. Darüber hinaus haben wir den Verein Pater Pino Puglisi gewidmet, dem mutigen Pfarrer des palermitanischen Viertels Brancaccio, der am 15. September 1993 von der Cosa Nostra umgebracht worden war. Auch Pater Puglisi, der inzwischen selig gesprochen wurde, hatte versucht, sich eine »Utopie der Normalität« auszumalen: von Kindern, die in die Schule gehen, von einem Alltag, der aus Freundschaften und Fußballspielen besteht, von der Wiedergeburt eines Viertels, das durch die Präsenz der Mafia einen unaufhaltsamen Niedergang erlebt hatte, von neuen Perspektiven für die soziale und kulturelle Entwicklung des Territoriums. Er hatte damit eine Form der Rebellion initiiert, die das Ziel hatte, den Niedergang aufzuhalten und sogar umzukehren. Ich bin daher auch in die sizilianische Hauptstadt gereist, um Don Mario Golesano kennenzulernen, der in dieser schwierigen Pfarrei die Nachfolge von Pater Puglisi angetreten hatte. Ich wollte den Ort kennenlernen, der diese Menschen inspiriert hat, wollte mehr erfahren über das soziale Engagement der Menschen und ihren Kampf gegen die Konditionierung durch die omnipräsente Mafia, die dort genau wie bei uns auf alle nur erdenklichen Entwicklungen Einfluss nimmt.

Schon als unsere Bürgerliste 1999 einen Wahlerfolg erzielt hatte und in den Gemeinderat gekommen war, war mir bewusst gewesen, dass unser bescheidener Sieg einen Unterschied machte, weil wir uns in eine politische Arena wagten, die von einem konsolidierten Machtsystem dominiert war. Trotzdem gelang es uns schnell, einige programmatische Vorschläge für die Aufnahme und Integration von Flüchtlingen durchzusetzen. Vielleicht betrachtete man sie als ungefährlich, da sie nicht an den Machtgleichgewichten rüttelten, und weil damals noch nicht vorhersehbar war, was später aus Riace werden würde.

*

Einen besonderen Stellenwert nimmt die Wiederinstandsetzung der alten Ölmühle ein. In früheren Zeiten waren für die Olivenernte vor allem Frauen eingesetzt worden, arme Landarbeiterinnen, die sich zu Fuß auf den langen Weg zu den Olivenfeldern machten und dort von Sonnenauf- bis Sonnenuntergang schufteten, ohne maschinelle Hilfsmittel. Bei Hitze und Kälte, bei Regen und Wind waren sie im Einsatz und wurden meist nur mit ein wenig Öl entlohnt. Das System der Latifundienwirtschaft, das in Kalabrien in der Landwirtschaft lange dominierte, hatte ein System der

Sklavenarbeit geschaffen, von dem nur der Großgrundbesitzer einen Nutzen davontrug. Eine unserer ersten Ideen war daher die Schaffung einer »sozialen Ölmühle«, unter Verwendung der schon vorhandenen Presse, die aber keine Genehmigung hatte. Es war eine wichtige Entscheidung, weil es sich um ein wirtschaftliches Experiment handelte, das nicht profitorientiert, aber durch den wichtigen Sektor der Olivenernte sehr symbolträchtig war.

Zunächst waren es die Kurden, später viele andere geflüchtete Gäste, die Seite an Seite mit den Riacesi die Olivenernte übernahmen und so die alte Ölmühle wieder zum Leben erweckten. Im Allgemeinen konnte jeder, der die Ölmühle benutzen wollte, die eigenen Oliven bringen, und natürlich musste das Personal bezahlt werden. Für die zwei oder drei Monate, die die Olivenernte dauerte, mussten anständige Gehälter garantiert sein und darüber hinaus auch noch die Kosten für Stromverbrauch und Abwasserentsorgung beglichen werden. Ziel war ein kostendeckendes Wirtschaften, vor allem durch die Einnahmen aus dem Ölverkauf, weitere Gewinne sollten nicht erzielt werden – bis auf den großen Luxus, dass wir das wunderbare, naturbelassene Öl genießen durften.

Auch hier waren es gerade in der ersten Zeit wieder die Longo maï, die uns nach Kräften halfen, indem sie uns etwa eine Maschine zum Schütteln der Olivenbäume zur Verfügung stellten, sowie einen Lieferwagen, mit dem wir die Oliven von den Feldern zur Mühle transportieren konnten.

Die Inbetriebnahme der Ölmühle sowie unsere anderen Aktivitäten sind in einer Situation entstanden, in der wir pünktlich und regelmäßig staatliche Zuwendungen erhielten, mit denen wir die Gehälter zahlen und alle Ausgaben decken konnten. Später wurde die Lage immer schwieriger, die Zahlungen verspäteten sich oder blieben ganz aus, sodass unsere Aktivitäten nicht weitergeführt werden konnten – trotz des hohen symbolischen Werts, den sie in sozialer und historischer, aber auch in wirtschaftlicher Hinsicht hatten. So stand die Ölmühle später eine Zeit lang still und konnte erst 2019 durch eine großzügige Privatspende für den Erwerb neuer Maschinen wieder in Betrieb genommen werden. Auch die Stiftung »È stato il vento« (Es ist der Wind gewesen) hat die Wiederinbetriebnahme der Ölmühle unterstützt. Selbst wenn der Traum von der Wiedergeburt Riaces als Dorf des Willkommens im Moment in Trümmern liegt – nicht zuletzt auch durch die immer noch andauernden gerichtlichen Untersuchungen gegen mich und andere, die das Projekt getragen haben –, arbeitet immerhin die Ölmühle weiter. Rund 20 Menschen, Migranten und Riacesi, waren bei der sehr ertragreichen Olivenernte Ende 2019 mit regulären Verträgen dort angestellt. Wie sich herausstellte, war das Öl von optimaler Qualität, und inzwischen wird es in vielen Bioläden und Fair-Handel-Shops in ganz Italien sowie online verkauft. Damit erwirtschaften wir die nötigen Einkünfte, um die Produktionskosten zu decken. Darüber hinaus konnten wir dank der Erfahrung mit der Ölmühle Kontakte knüpfen und Kollaborationen anbahnen, die weit über Riace hinausgehen.

*

Eine weitere ganz besondere Kollaboration war die mit dem »Villaggio Leumann«, einem ehemaligen Arbeiterdorf aus dem 19. Jahrhundert in Collegno bei Turin, in dem heute ein Freilichtmuseum und Dokumentationszentrum eingerichtet sind. 2001 hat man uns dort zu einer Messe eingeladen, die seit 1995 alljährlich Ende September stattfindet und bei der Webarbeiten aus der ganzen Welt ausgestellt werden. Dort haben wir Weberinnen und Weber kennengelernt, die ihr Wissen mit uns geteilt haben. Die Messe nennt sich »Filo, lungo filo, un nodo si farà« (Faden, langer Faden, es wird ein Knoten geknüpft), eine Idee des ehemaligen Lehrers Stefano D'Errico und eine schöne Metapher, die nicht nur den Webfaden meint, sondern den Faden, der uns alle miteinander verbindet.

Die Weberei wurde zum zweiten Standbein unseres Willkommensprojekts, und es war meine Frau Pina Sgrò, die hier die Oberleitung übernahm. Schon 1997 hatte sie die Handwerkskooperative »To Ryakyon Argalios« gegründet, deren Name sich am altgriechischen Namen von Riace inspiriert. Schon früh arbeitete die Kooperative gemeinsam mit dem Verein »Città Futura« daran, eine neue Art von Tourismus auf den Weg zu bringen, der auch die Wiederbelebung der Traditionen verfolgte. Wir fanden eine alte Mühle, bauten sie um und richteten dort die Weberei, mit alten Webstühlen und allem anderen ein, was für den Arbeitsprozess notwendig ist, von der Spinnerei bis zur Handweberei, einer Tradition, die auf der ganzen Welt verbreitet ist und in Kalabrien einige Besonderheiten aufweist: In Bova, Bagaladi, San Pantaleone und anderen kleinen Zentren der Region wurden zum Beispiel eher Garne aus Wolle und Ginster statt der sehr viel teureren aus Flachs und Hanf verwendet, um die mit traditionellen Stickereien geschmückten Decken herzustellen. Pina und ihre Kooperative wollten diesem Handwerk, das die kunstfertigen kalabrischen Frauen einst daheim in ihren Häusern betrieben hatten, neues Leben einhauchen, um es anschließend den Touristen oder auch Fachleuten und Neugierigen aus aller Welt zugänglich zu machen. Ziel war eine spannende Mixtur aus nachhaltiger Wirtschaft, Wiederbelebung der Traditionen und solidarischem Tourismus, die zudem noch bereichert wurde durch die Tatsache, dass in der Werkstatt einheimische Frauen Seite an Seite mit kurdischen, afghanischen und afrikanischen Neubürgerinnen arbeiteten, von denen jede ihre eigenen handwerklichen Traditionen mitbrachte. Die Arbeit diente daher nicht nur dem Lebensunterhalt der beteiligten Arbeiterinnen, sondern bot reiche Gelegenheit zur Feldforschung über die jeweiligen Unterschiede.

Bei den Frauen aus Riace, die in das Projekt eingebunden waren, handelte es sich meist um ehemalige Landarbeiterinnen, die keine Arbeit mehr hatten, weil es kein Land mehr zu bestellen gab. Mit ihrer neuen Aufgabe konnten sie sich eine gewisse Unabhängigkeit erwirtschaften, und ganz nebenbei einen alten, fast vergessenen Beruf vor dem Untergang bewahren. Jahrhundertelang hatten die kalabrischen Frauen in einer Kultur der Unterdrückung durch die Machogesellschaft gelebt, in der sie Schikanen erdulden mussten, die oft als Tradition und kulturelles Erbe camoufliert, aber deswegen nicht weniger unsensibel oder gar unmenschlich waren. Meist ertrugen sie schweigend, was man ihnen auferlegte, und doch waren vor allem sie der Motor, der die Gesellschaft am Laufen hielt, auch wirtschaftlich, indem sie die Versorgung von Haus und Familie mit der Schwerstarbeit auf den Feldern oder am Webstuhl verbinden mussten.

Eine alte Geschichte, die von den albanischen Gemeinden in Kalabrien überliefert wird, der »Gesang der Rina«, erzählt von dieser Situation. Rina ist ein kleines

Mädchen, das ihre Eltern zur Dorfkirchweih begleitet, wo diese Einkäufe machen wollen. Die Eltern beschließen, ihr einen Webrahmen zu kaufen, doch statt sich darüber zu freuen, ärgert sie sich sehr über dieses Geschenk. »Mutter, warum kaufst du mir nicht Spielsachen oder eine Puppe? Am Webstuhl wird man alt, schau doch nur, wie du selber aussiehst, wie eine alte Frau, mit deinen weißen Haaren. Du hast mir mein Alter gekauft, mit deinem Webstuhl!«

Die Geschichte erzählt nicht nur von einer sozialen Konditionierung, sondern ist auch eine Stimme des Protests gegen die auferlegten familiären Strukturen, vor allem die Unterdrückung der Frau. Am Webstuhl wird man alt, weil die Weberin ganze Tage über den Webrahmen gebeugt verbringt, es ist eine Arbeit, die ermüdend ist für Körper und Geist, und historisch gesehen ist sie immer ein Symbol der Ausbeutung vor allem der Frauen gewesen. Die Kooperative versuchte jedoch zu zeigen, dass sich in diesem alten Beruf auch eine große Schönheit verbirgt, die es zu erhalten gilt. Und darüber hinaus war es ihr ein Anliegen, der Gleichschaltung und Monopolisierung auf einem globalisierten Markt etwas entgegenzusetzen. Es ist kein Zufall, dass die Longo maï in ihren Kooperativen auch Spinnereien haben. Vor Jahren haben sie mich eingeladen, sie im französischen Chantemerle zu besuchen, wo die erste Kooperative entstanden ist. Sie hatten dort eine alte, verlassene Spinnerei wieder zum Laufen gebracht, und es war ihnen gelungen, den ganzen Herstellungsprozess autonom zu verwalten, von der Aufzucht der für die Gegend typischen schwarzen Schafe über die Herstellung der Wolle bis zur Verwendung des Endprodukts. Sie fabrizierten wunderbare Pullover und Decken und waren auch in energetischer Hinsicht autark, weil die Spinnerei sich über einer alten Wassermühle befand. Statt ihre Produkte zu verkaufen, tauschten sie sie innerhalb der Kommune gegen andere Güter ein, genau so, wie man das in früheren Zeiten gemacht hat.

*

Die Nachrichten über Riace verbreiteten sich schnell, vor allem unter Leuten, die neuen gesellschaftlichen Ideen gegenüber aufgeschlossen waren. Immer mehr Menschen, die neugierig auf uns geworden waren, besuchten unser Dorf. Wir freuten uns sehr darüber, und dank der vielen leer stehenden Häuser gab es keinen Mangel an Unterkünften. So begann sich im alten Borgo eine neue Form des Tourismus zu entwickeln, die natürlich ganz anders war als das, was man von einem typischen Strandurlaub erwarten würde.

Riace hat keine berühmten Sehenswürdigkeiten und Monumente, die Touristen im größeren Stil anlocken könnten. Auch unser berühmtester Fund, die Bronzi, wurde uns entrissen, und tatsächlich hat nicht einmal ihre Entdeckung den Tourismus wachsen lassen, wenn auch bis heute immer wieder ein paar versprengte Reisende vorbeikommen, die gehofft hatten, die Statuen hier im Dorf vorzufinden. Doch sobald sie von den Stammgästen in der Bar erfahren, dass das nicht der Fall ist, machen sie sich meist unverzüglich auf den Weg nach Reggio Calabria.

Die Landwirtschaft und die Viehzucht, vor allem die sehr arbeitsintensive Olivenernte, haben in der Locride eine lange Tradition. Doch da sie viel zu lange als Latifundienwirtschaft organisiert war und die Großgrundbesitzer mit ihrem auf Ausbeutung basierenden System freie Hand hatten, ist ein reiches kulturelles und natürliches Erbe verloren gegangen. Heute sind viele Grundstücke in der Locride und auch an vielen anderen Orten im Süden verlassen, mit der Folge, dass auch keine Schutzmaßnahmen mehr unternommen werden, was vermehrt Brände, Erdrutsche und Desertifikation zur Folge hat. Unsere Bauern sind in die Großstädte des Nordens abgewandert, um dem Produktionssystem dort ihre Arbeitskraft zur Verfügung zu stellen. Seit Langem schon machen Geflüchtete die Arbeit, die die Einheimischen nicht mehr machen wollen.

Wer hier im Süden eine touristische Entwicklung in Gang bringen will, der muss darauf achten, die Identität des Territoriums mit den hier gegebenen Voraussetzungen zu respektieren. Es macht keinen Sinn, wenn eine Gemeinde nur auf Impulse von außen wartet, um zu überleben, oder wenn sie sich einen künstlichen Lebensstil aufzwingen lässt. Es war daher für uns eine schöne Erfahrung, schon vor meiner Wahl zum Bürgermeister 2004 sowie in den ersten Jahren meiner Amtszeit, dass wir uns an Lösungen wagten, die sowohl die Aufnahme von Geflüchteten als auch die Wiederentdeckung der traditionellen Gewerke im Blick hatten. Auf dem Höhepunkt der Entwicklungen im »Globalen Dorf« hatten wir eine Vielzahl an Werkstätten, die in alten, verlassenen Kellergewölben entstanden waren und das historische Zentrum mit neuem Leben füllten:

die Keramikwerkstatt »Der Töpfer von Kabul«,
die Stickereiwerkstatt »Die Stickerin von Herat«,
die Schokoladenwerkstatt,
die Glaswerkstatt,
die Holzwerkstatt,
die Weberei »Globale Verflechtungen«,

die Werkstatt für ethnisches Kunsthandwerk »Die Drachen von Islamabad«.

Darüber hinaus gab es einen Laden für fairen Handel, in dem man seine Einkäufe tätigen konnte, die Taverne Donna Rosa, in der für das leibliche Wohl gesorgt war, einen didaktischen Bauernhof, und dank des Zuzugs von Neubürgern und des daraus folgenden Anstiegs der Geburtenrate konnten sogar der Kindergarten und die Schule wieder öffnen. Für Besucher und Touristen standen gut 120 Übernachtungsplätze zur Verfügung, und bis September 2001 hatten bereits über 5000 Menschen Riace einen Besuch abgestattet. Ein 600-Seelen-Dorf sah sich plötzlich mit einem ununterbrochenen Kommen und Gehen von Menschen aus aller Welt konfrontiert, die den Wunsch hatten, »il paese dell'accoglienza«, das »Dorf des Willkommens« kennenzulernen.

Auch die Taverne Donna Rosa hat eine besondere Geschichte. Das Haus hatte einer alten Frau gehört, die es allein bewohnt hatte und längst gestorben war. Nach ihrem Tod stand es lange Zeit leer, denn ihre in der Ferne lebenden Verwandten schienen das Haus vergessen zu haben. So wurde es zu einem der vielen verschlossenen und dem Verfall preisgegebenen Gebäude im Dorf, obwohl es mitten im Herzen des Borgo an einem sehr hübschen Platz stand. Als wir endlich einen Verwandten der Frau aufspürten, wollte dieser uns das Haus verkaufen, und wir hätten vielleicht einen Teil des Kredits der Banca Etica dafür verwenden können. Doch eigentlich wollten wir das Haus gar nicht besitzen. Mir persönlich liegt nichts an Privateigentum, sondern ich ziehe den gemeinschaftlichen Gebrauch von Dingen vor. Letztendlich haben wir uns darauf geeinigt, dass wir das Haus im Tausch gegen Renovierungsarbeiten einige Jahre lang mietfrei nutzen durften.

So wurde die Taverne das pulsierende Herz des »Globalen Dorfs«, da sie mitten im Kern Riaces liegt und von überall leicht erreichbar ist. Sie ist umringt von den Werkstätten und den anderen Projekten, die wir im Lauf der Jahre errichtet hatten, teils wirklich, indem wir einen Stein auf den anderen setzten. Auf dem Platz, der ihr zu Füßen liegt, sind verschiedene Murales[26] zu bewundern, und eines davon zeigt die Mütter der Plaza de Mayo in Buenos Aires. Neben der Erinnerung an diese tapferen Frauen erzählt dieses Wandbild auch von der Verbindung unseres Dorfs mit dem »Riace anderswo«, und überhaupt von den vielen Geschichten von Aus- und Einwanderung, die sich in unserem »Globalen Dorf« abgespielt haben.

*

Auch Riace Marina vergaßen wir nicht. Wir hatten vor, es den Fängen des »Wegwerf-Tourismus« zu entziehen und nach ökologischen Aspekten umzugestalten, und es war uns dabei wichtig, dass die Landschaft und das Meer ebenso respektiert wurden wie die gesetzlichen Auflagen. Wir begannen mit dem Bau einer Strandpromenade, für die wir EU-Fördergelder bekommen konnten, und stimmten uns bei den Planungen mit dem Landesamt für den Schutz archäologischer Güter ab, weil nicht fern von der Promenade die Bronzi gefunden worden waren. Diese Promenade sollte anders werden als ihre vielen Vorläufer, die die italienischen Küsten säumen: Statt Beton wollten wir nachhaltige Materialien verwenden, die im Einklang mit der Umgebung stehen, darunter Holz aus Südamerika – auch als Verweis auf unsere Landsleute, die dorthin emigriert waren.

In Marina steht eine Villa, die früher im Erdgeschoss das Restaurant La Scogliera beherbergt hat, das allerdings später als beliebter Mafia-Treffpunkt enttarnt und vom Staat konfisziert worden war. Wir hatten vor, in dem Gebäude eine Jugendherberge einzurichten, um dort junge Menschen aus aller Welt willkommen zu heißen. Der Agentur für konfiszierte Güter und vor allem ihrer Mitarbeiterin Matilde Pirrera sowie dem ungewöhnlichen Instrument des »Anti-Mafia-Gesetzes Rognoni – La Torre auf konfiszierte Güter«[27] haben wir es zu verdanken, dass das Haus inzwischen der Gemeinde Riace gehört. Auch weitere Immobilien an der Marina wurden in den letzten Jahren der organisierten Kriminalität entrissen, darunter einige Wohnungen, und so war unser Traum, ein »solidarisches Touristendorf« zu bauen, gar nicht so weit hergeholt. Wir hätten es nach Angelo Vassallo benannt, dem »Fischer-Bürgermeister« von Pollica, der 2010 von der Camorra ermordet wurde. Sein Wirken und leider auch sein gewaltsamer Tod stehen symbolisch für viele andere Bürgermeister in dieser Region, die ihr Engagement für Menschlichkeit und Gerechtigkeit teuer bezahlen mussten, nicht selten mit dem Leben. Manche sagen, dass Gerechtigkeit und Menschlichkeit nicht kompatibel sind mit dem Leben, dass immer etwas diese Verbindung stört … und vielleicht stimmt das auch.

Leider ist es uns nicht mehr gelungen, den Traum vom solidarischen Dorf an der Marina wahr werden zu lassen. Die bürokratischen Hürden bei solchen Unternehmungen sind langwierig und kompliziert, und ich wurde meines Amtes enthoben, bevor ich alles Nötige in die Wege leiten konnte. Es gibt jedoch ein Projekt, das vorsieht, schon vorhandene Strukturen an Sozialgenossenschaften abzutreten, um diesen Platz von einem Ort des Todes in einen Ort des Lebens und der Entwicklung zu verwandeln. Immerhin ist es uns gelungen, diese Güter in das Vermögen der Gemeinde Riace zu überführen. Die Hoffnung ist daher nicht unbegründet, dass sie in absehbarer Zeit eine gute Verwendung finden werden.

*

Riace war zu einer faszinierenden und real existierenden Utopie geworden, die es zu bewundern und zu studieren, wenn nicht gar zu exportieren galt. Manche sprachen sogar von einem »Modell Riace«, auch wenn es sich im Grunde nur um ein Miteinander von guten Praktiken handelte, die als erklärtes Ziel eine Gesellschaft hatten, die auf Werte wie Frieden, Solidarität, Inklusion und Nachhaltigkeit baute und sich gegen die Einmischung der Mafia genauso wandte wie gegen jegliche Art von Faschismus und Rassismus. In der realen Umsetzung wurden diese Praktiken oft auch einfach davon definiert, was gesetzlich erlaubt und praktisch machbar war.

Offensichtlich waren die Vorzüge dieses Modells jedoch so evident, dass der damalige Präsident der Region Kalabrien, Agazio Loiero, im Jahr 2009 einen Gesetzesentwurf auf den Weg brachte, der die Wiederholung der Erfahrungen von Riace in anderen Ortschaften Kalabriens erleichtern sollte, vor allem in kleinen Dörfern, die mit ähnlichen Bedingungen zu kämpfen hatten wie wir. Das Gesetz fand die Zustimmung des Hochkommissariats der Vereinten Nationen für Flüchtlinge UNHCR, dessen damalige Sprecherin Laura Boldrini sich folgendermaßen äußerte: »Dieses kalabrische Modell, das die Entwicklung der lokalen Gemeinde mit der Integration von Flüchtlingen verbindet, ist absolut zu imitieren, zu reproduzieren und als gutes Beispiel weiterzutragen.« In einer Presseerklärung hielt sie zudem fest: »Die Entvölkerung unserer Dörfer ist ein Drama, weil es einen Verlust von Identität und Gedächtnis mit sich bringt. Mit dem Regionalgesetz haben wir Anreize gegeben für Projekte, die Flüchtlinge mit einschließen. Kalabrien besteht zu 90 Prozent aus Bergen und Hügeln und ist damit ein Territorium, das die Tendenz zur Entvölkerung hat. Mit diesem Gesetz ermutigen wir eine Wiederinstandsetzung der Dörfer und setzen Anreize für Sozialwohnungsbau, unter Verwendung europäischer Mittel.«

Das Gesetz wies meiner Meinung nach viele Lücken auf und war entschieden verbesserungswürdig, doch es ist dennoch bedauernswert, dass es bei den Wahlen von 2010 in der langen Liste von nicht verwirklichten Entwürfen für Kalabrien gelandet ist. Dies konnte geschehen, weil die finanzielle Deckung nicht garantiert war und seine Anwendung so im Grunde unmöglich wurde. Paradoxerweise war das Gesetz jedoch im Regionalrat einstimmig angenommen worden, also auch von den Mitte-rechts-Parteien.[28]

*

Ich bin mit den Jahren immer mehr zu der Überzeugung gekommen, dass das, was wir als »Wirtschaft« bezeichnen, viel mehr ist als die Zahlen, die wir damit verbinden. Ohne das Prinzip Hoffnung ist kein Wirtschaftsgeschehen möglich, oder ohne den Glauben daran, dass bestimmte Träume, bestimmte Ambitionen sich erfüllen können. Manchmal kann dieser Glaube Berge versetzen, auch wenn es heute ein ungeschriebenes Gesetz zu sein scheint, dass Ziele nur zu erreichen sind, wenn man Geld hat, oder dass sich eine Investition nur lohnt, wenn sie einen Profit erzielt. Meines Erachtens ist es ein großer Fehler zu behaupten, dass die Vorstellungskraft dabei keine Rolle spielt. Ich habe jeden Tag die Erfahrung gemacht, was es heißt, einen Traum zu verwirklichen, ohne zuerst an das Geld zu denken, einfach indem man Alternativen sucht und die Menschen vor alles andere stellt. Deshalb hielt ich nichts für unmöglich. Die Grundlage meines Handelns war ein politischer Traum von Brüderlichkeit, Gleichheit und Respekt vor den gegenseitigen Unterschieden. Politik, das glaube ich noch immer, ist mehr als eine Frage von Börsenkursen und Bruttoinlandsprodukt. Ich weiß, die Zahlen sind wichtig, aber sie dürfen nicht so beherrschend sein, dass alles andere in den Hintergrund tritt. Sonst, das ist meine tiefe und leider nur zu berechtigte Furcht, sind immer die Menschenrechte das Erste, was geopfert wird.

CAPITOLO 9

Riesiges Amerika

Reisen ist eine Wohltat für die Seele, ein wunderschönes Gefühl. Der Blick trifft immer auf etwas Neues, und über die Augen gehen die Bilder nicht nur in den Kopf, sondern auch ins Herz. Die schönste und unvergesslichste Reise meines Lebens habe ich mit meinen Töchtern Eliana und Martina nach Südamerika gemacht. Wir brachen im Sommer 2017 von Riace auf und flogen zuerst nach Buenos Aires. Ich war schon einige Jahre zuvor mit meinem Freund, dem Skalabrini[29]-Missionar Don Salvatore Monte, dort gewesen, um die Mission und den Wallfahrtsort Nuestra Señora Madre de los Migrantes zu besuchen. Nun war ich vom argentinischen Kultusministerium zu dem Forum »Diálogos Globales« eingeladen worden, einer Konferenz, bei der sich Teilnehmer aus der ganzen Welt über die Rolle der Kultur für die Integration von Migranten und Flüchtlingen unterhielten.

Meine Töchter und ich reisten dann weiter nach Montevideo, der Hauptstadt von Uruguay, die von Buenos Aires leicht zu erreichen ist. Man muss dafür den geschichtsträchtigen Rio de la Plata überqueren, der an diesem Punkt so breit ist, dass er einem wie ein Ozean vorkommt. Und schließlich begaben wir uns nach Cuzco in Peru, einer Stadt im Herzen der Anden, die auf 4000 Metern Höhe liegt. Wir stiegen sogar bis in die Ruinenstadt Machu Picchu hinauf, und ich werde nie vergessen, wie Eliana dort oben stand und die Alpakas und Lamas streichelte, während uns ein leichter Wind umstrich. Es

---

Wandbild in Riace zu Ehren der Mütter von der Plaza de Mayo, Buenos Aires

ist ein unbeschreibliches Gefühl dort oben, als wäre man in der Mitte der Welt angekommen. Die Tiefe der Landschaft, die klaren Farben, die majestätischen Berge, der Duft der reinen Luft und vor allem der Himmel, den man förmlich mit Händen greifen kann, sind atemberaubend.

Diese Reise war eine der wenigen Gelegenheiten in meinem Leben, bei denen ich wirklich loslassen konnte, den Kopf frei bekam von meinen sozialen und politischen Kämpfen und der obsessiven Suche nach Lösungen für unsere Region und nach Perspektiven für die arbeitslose Jugend Riaces. Endlich einmal zerbrach ich mir nicht den Kopf darüber, wie sich die Mafia bekämpfen ließ oder wie wir es schafften, weiterhin Geflüchtete aufzunehmen.

Für kurze Zeit gelang es mir tatsächlich, meiner existenziellen und politischen Unruhe zu entfliehen. Meine Töchter waren glücklich. Und ich begriff endlich, dass ich sie seit Jahren vernachlässigt hatte, um anderen Dingen hinterherzujagen.

*

Wie viele Riacesi habe ich eine sehr persönliche Verbindung mit Argentinien, und insbesondere mit Buenos Aires, weil diese Stadt in meiner Familie eine große Rolle gespielt hat. Mein Großvater mütterlicherseits hieß wie ich Domenico, »mastro Micu« genannt, und war der Postbote von Riace. Sein Vater, also mein Urgroßvater, war vor vielen Jahren in die argentinische Hauptstadt ausgewandert und hatte sich dort ein bisschen Geld zusammengespart. Er war einer der wenigen, die später nach Kalabrien zurückkehrten, und mit seinen tausend Lire baute er ein Haus für seine Familie, das Haus, in dem ich heute noch lebe, an der Straße, die von Riace nach Stignano führt.

Als mein Urgroßvater fortging, sah Riace ganz anders aus. Das Gemeindehaus gab es noch gar nicht, es wurde zwischen 1927 und 1933 in der Zeit des Faschismus gebaut. Auch heute noch sind an der Fassade die faschistischen Wahlsprüche zu lesen: »Der Führer hat immer recht« und »Si vis pacem para bellum« (Wenn du den Frieden willst, bereite den Krieg vor). Auf der rötlichen Farbe des Gebäudes ist die Schrift gut zu lesen. Noch heute können sich ein paar Alte in Riace daran erinnern, wie sie den roten Sand für den Mörtel mit dem Esel herauf ins Dorf transportiert haben. Damals lebten noch alle oben im Borgo, und das höchste Haus am Platz war der Palazzo der Alvaros, einer Adelsfamilie, denen die umliegenden Ländereien gehörten und die daher große Macht hatten und besonderes Ansehen genossen.

Die Familie meiner Mutter hielt eng zusammen, und wie alle Familien hatte sie ihre Rituale. Mein Großvater war um die Mittagszeit mit dem Austragen der Briefe fertig, und wenn er nach Hause kam, warteten seine Frau und seine Kinder schon mit dem Essen auf ihn: Es waren sieben Kinder, Amedeo, Nicola, Mafalda, Emilia, Peppina, Teresa und Assunta, die Kleinste, meine Mutter. Amedeo, der Älteste, wurde später Grundschullehrer und in den 1960er-Jahren sogar Bürgermeister, und er war wie sein Vater und seine Brüder Sozialist. In der damaligen Zeit hieß das noch, dass man wirklich links war und die Rechte der ärmsten sozialen Klasse als Priorität betrachtete, und das waren in Riace zweifellos die Landarbeiter.

Mein Großvater war ein sehr wichtiger Mann in der Gemeinde, denn als Postbote war er dafür zuständig, dass die Verbindung mit den vielen ausgewanderten Riacesi aufrechterhalten wurde. Er trug die Briefe aus, die den Zurückgebliebenen in der Heimat Geschichten von Erfolg und Scheitern aus Argentinien, Australien oder den Vereinigten Staaten erzählten. Und nicht selten brachten die Briefe auch Geld, denn ohne diese Zuwendungen der Emigranten wären ihre Familien verloren gewesen. Noch bis in die Nachkriegszeit befand sich aller Besitz in dieser Gegend in den Händen von Großgrundbesitzern, die anderen hatten nichts, und so war es kein Wunder, dass jede Familie die allwöchentlichen Briefe der fernen Verwandten mit Ungeduld erwarteten.

Eines Tages, als die Familie gerade mit dem Mittagessen fertig war, nahm mein Großvater eine feierliche Haltung an und forderte seine Töchter auf, noch am Tisch sitzen zu bleiben, denn er habe mit ihnen zu reden. Alle verstummten und warteten gespannt, was das Familienoberhaupt ihnen zu sagen hatte. Mein Großvater griff in seine Jackentasche, zog mehrere Schwarzweißfotos hervor, auf denen unbekannte junge Männer abgebildet waren, und legte sie auf den Tisch.

»Ihr seid jetzt erwachsen und müsst einen Mann zum Heiraten finden«, sagte er zu den älteren Schwestern Mafalda und Emilia. »Diese Fotografien hat mir unser Pfarrer Don Peppino gegeben, und wenn ihr wollt, sind auf ihnen auch eure Verlobten zu sehen.«

Die abgebildeten Männer stammten zwar ursprünglich aus Riace, wohnten aber am anderen Ende der Welt, in Argentinien. Das war damals eine ganz normale Sache: Die Dorfpfarrei sammelte Fotos und weitere Informationen über Männer im heiratsfähigen Alter, meist gebürtige Riacesi, die überall in der Welt verstreut lebten und die Absicht hatten, ein Mädchen aus ihrem Herkunftsort zu heiraten. Die Väter der Mädchen im heiratsfähigen Alter begaben sich dann zum

Pfarrer, und dieser zeigte ihnen auf einer Schautafel, welche Bewerber er für ihre Töchter vorzuweisen hatte. Meine Mutter erzählte, dass ihre Schwestern und ihre Mutter damals zunächst voller Neugier und Vorfreude waren. Doch dann folgten viele schlaflose Nächte, und je näher die Abreise der Schwestern rückte, desto mehr überwogen Trauer und Schmerz. Es war klar, dass die Reise zu ihren zukünftigen Ehemännern einen Abschied für immer bedeutete. Als schließlich der Tag der Abreise kam, waren alle in Tränen aufgelöst.

Die Reise dauerte eine Ewigkeit. Ein Bus erwartete sie vor dem Rathaus von Riace und brachte sie zunächst nach Messina. Von dort aus ging es mit dem Schiff nach Neapel, wo wiederum der Überseedampfer mit dem Ziel Puerto Madero ablegen würde, dem Hafen von Buenos Aires. Damals wie heute ist das einer der vielen grausamen Aspekte der Migration: Familien werden getrennt und soziale Bindungen gekappt, Wurzeln praktisch für immer ausgerissen. Und alles nur, weil man in einer Gegend geboren wurde, in der es keine Lebensperspektive gibt. Jedes Mal, wenn meine Mutter von dieser Trennung erzählte, wurden die Erinnerungen an ihre Schwestern wieder aufgerührt, und jedes Mal musste sie dann weinen und ihre Erzählung unterbrechen. Sie hat sie tatsächlich nie wiedergesehen.

*

Meine jungen Tanten hatten die Fotos von ihren jeweiligen Verlobten im BH versteckt und harrten auf der langen Schiffsreise der Dinge, die da kommen mochten. Doch als sie endlich in Buenos Aires ankamen, erlebte Tante Emilia eine böse Überraschung: Der Mann, der sie am Hafen abholen kam, war ganz offensichtlich ein anderer als der auf dem Foto. Sie war völlig fassungslos und gelobte unter Tränen, sich auf keinen Fall für diesen Betrug herzugeben. Ihr Widerstand war so eindrucksvoll, dass ihre Schwester Mafalda, die selbst den richtigen Verlobten an der Mole vorgefunden hatte, spontan beschloss, sich solidarisch zu zeigen. »Wenn Emilia nicht will, dann will ich auch nicht«, beteuerte sie resolut.

Natürlich war es unmöglich, den langen Rückweg in die Heimat anzutreten, und auch ein Brief, der die Situation erklärt hätte, wäre wochenlang unterwegs gewesen. Emilia willigte daher ein, die Einladung des falschen Bräutigams anzunehmen und zusammen mit ihrer Schwester vorübergehend im Haus seiner Eltern unterzukommen. Man würde dann in Ruhe eine Entscheidung fällen, was weiter zu tun sei. Der Mann war freundlich und verständnisvoll, er behandelte sie mit allem Respekt und bat sie für sein Täuschungsmanöver immer wieder um Verzeihung. Offensichtlich war er so überzeugend, dass Emilia sich schließlich in ihn verliebte: Sie heirateten bald, und er wurde mein Onkel.

Mafalda jedoch, die aus Solidarität mit ihrer Schwester auf ihren eigenen Verlobten verzichtet hatte, blieb für den Rest ihres Lebens ledig und bedauerte es nicht. Bis zu ihrem Tod lebte sie im Haus ihrer Schwester Emilia, mit der sie zeitlebens eng verbunden blieb. So war sie auch an ihrer Seite, als Emilia einen grausamen Schicksalsschlag erleiden musste: Ihr Sohn José, mein Cousin, wurde von der argentinischen Militärjunta ermordet. Auch seine Brüder waren Gegner des Militärregimes, und meine Tanten lebten in der ständigen Sorge, dass auch sie eines Tages als Desaparecido enden würden, also als einer der vielen jungen Menschen, die damals für immer in den argentinischen Gefängnissen »verschwanden«.

Auch deshalb hatte ich den Wunsch, an der Piazza vor der Taverna Rosa in Riace das Wandbild mit den Müttern von der Plaza de Mayo anzubringen: Die Geschichte der emigrierten Riacesi und die der Desaparecidos ist eng miteinander verwoben, weil auch viele unserer Landsleute ihr Engagement mit ihrem Blut bezahlen mussten. Unserem Blut. Auf dem Wandbild ist der Obelisk auf der Plaza de Mayo dargestellt, um den sich bis heute jeden Donnerstag die Mütter der Verschwundenen (die heute oft schon eher Großmütter sind) versammeln, in der nie endenden Hoffnung, ihre verschwundenen Söhne und Töchter eines Tages doch noch wiederzusehen. Bis heute fordern sie Gerechtigkeit und rufen der Welt zu: »Nunca mas!«, nie mehr!

Heute befindet sich in dem ehemaligen Hotel in Puerto Madero, das für viele Einwanderer einst die erste Anlaufstation in Buenos Aires gewesen ist, ein Museum, in dem viele Fotos zu sehen sind. Einer der Fotografen, die für das Museum gearbeitet haben, ist mein Cousin Damián Olivito, den ich vor vielen Jahren wiedergefunden habe. Damián ist auch Filmemacher und hat einen Dokumentarfilm mit dem Titel »El cielo sopra Riace«[30] gedreht. Er war überrascht zu erfahren, dass unser Dorf, das seit Jahrhunderten von der Auswanderung gezeichnet ist, nun zu einem Dorf der Einwanderung geworden ist. Auch weil sich die Einwanderung normalerweise auf Orte konzentriert, in denen gute Zukunftsperspektiven zu erwarten sind, wie es damals Kalifornien oder Lateinamerika für die kalabrischen Migranten waren.

Damiáns Mutter Leonilda war eine Schwester meines Vaters, denn auch die väterliche Seite meiner Familie hat die tragische Erfahrung der Emigration durchmachen müssen: Nicht weniger als vier Schwestern meines

Vaters sind nach Übersee gegangen, eine von ihnen nach Argentinien, die anderen nach Nordamerika, und er hat keine von ihnen jemals wiedergesehen. 1950 wurde Leonilda zur Vorsitzenden des Vereins »Santi Cosma e Damian« von Buenos Aires gewählt, der die Festivitäten zu Ehren unserer Schutzheiligen organisiert.

Sieben Jahre lang hat Jorge Mario Bergoglio, damals Bischof von Buenos Aires und heute besser bekannt als Papst Franziskus, bei diesen bis heute wiederkehrenden regelmäßigen Feierlichkeiten die Messe zelebriert. Meine Verwandten und andere Auswanderer aus Riace, die in Buenos Aires leben, haben mir erzählt, dass Bischof Bergoglio ein entschiedener Gegner der Militärdiktatur gewesen ist. Immer noch sind nicht alle Rechnungen mit der Geschichte und ihren Zeugen beglichen. Argentinien ist ein Land mit großen Widersprüchen.

*

Das Weltforum »Diálogos Globales« fand im Museum der Casa Rosada im Herzen von Buenos Aires statt, in nächster Nähe zur Plaza de Mayo. Ich war wie viele andere Bürgermeister aus aller Welt vom argentinischen Kultusministerium eingeladen worden, und es erfüllte mich mit Stolz, bei diesem Ereignis dabei zu sein, auch weil wir uns im Herzen der Migrationsgeschichte meines Heimatdorfs befanden. Viele Besucher waren gekommen, weil sie aus Kalabrien oder gar Riace stammten, und sie waren genauso aufgeregt wie ich. Einer von ihnen erzählte mir mit glänzenden Augen, wie sehr es ihn freute, dass ein Landsmann ausnahmsweise einmal nicht wie so oft für eine schlechte, sondern für eine gute Sache berühmt geworden sei. Sie waren sehr froh darüber, dass ein Dorf in ihrer Heimat, trotz seiner Armut, seine Türen für Flüchtlinge geöffnet hatte. In meiner Rede sagte ich: »Ihr dürft nicht erwarten, dass es in Riace große Dinge zu sehen gibt, es ist ein Werk, das man nicht sieht, ein immaterielles Werk.« Menschen aufgenommen zu haben, die vor Krieg, Elend und Armut geflüchtet sind, in einer Zeit, in der es die Lager in Libyen gibt und die Internierungslager an Europas Grenzen, in der das tägliche Grauen gegenüber Menschen auf der Flucht bereitwillig toleriert wird, ist unser größtes Werk gewesen. Als ich zu Ende gesprochen hatte, standen die Menschen spontan auf und applaudierten. Das Verständnis, das mir entgegenschlug, ging weit über das sonst Übliche hinaus. Ich bin an vielen Orten der Welt gewesen, aber an jenen Vormittag in Buenos Aires erinnere ich mich mit besonderer Rührung.

*

Meine erste Reise nach Nordamerika liegt noch kürzer zurück. 2019 bin ich in New York gewesen, der Stadt der Lichter und der großen Verheißungen, der Stadt, die einst durch Migranten und auf dem Rücken von Migranten erbaut wurde. Denselben Migranten, die die Länder des Südens verlassen hatten, um anderswo ihr Glück zu versuchen. Ich hatte ein paar Monate zuvor Pietro Costa kennengelernt, und er war es gewesen, der mich nach New York eingeladen hatte. Er stammte aus Sant'Arsenio, einem kleinen Dorf in der Provinz Salerno, doch seine Eltern hatten als Bauern dort nicht mehr überleben können und waren in den 1970er-Jahren mit ihrem Sohn nach New York gegangen. Inzwischen war er ein erfolgreicher Künstler, doch er hatte seine Wurzeln nicht vergessen. Er hatte den Verein BACAS gegründet, der für »Borghi Antichi, Cultura, Arte e Scienze« (Alte Dörfer, Kultur, Kunst und Wissenschaften) steht und es sich zur Aufgabe gemacht hat, alten Dörfern seines Ursprungslands neues Leben einzuhauchen. Ein besonders schönes Programm des Vereins ist etwa, dass für Jungen und Mädchen, die aus diesen Dörfern kommen, Aufenthalte in New York organisiert werden.

Der Grund, dass ich auf Pietros Einladung den Atlantik überquert hatte, war ein von seinem Verein veranstalteter Abend zum Thema »Accoglienza – Hospitality« in der Casa Italiana Zerilli Marimò, die Sitz der Fakultät für Italianistik der New York University und eine der weltweit wichtigsten Stiftungen für die Förderung der italienischen Kultur ist. Die Beiträge und Gespräche fanden auf Englisch und Italienisch statt, und der Saal war voller Menschen, die seit Jahren von New York aus die Geschichte Riaces verfolgten. Wenn man den Referenten und den Menschen im Publikum zuhörte, wie sie über das Dorf des Willkommens sprachen, dann schien sich um Riace eine geradezu märchenhafte Aura gebildet zu haben, so als handelte es sich dabei um ein irgendwie unwirkliches Paradies. Ich freute mich daher, ihnen vermitteln zu können, dass es tatsächlich existierte.

An Thanksgiving lud Pietro mich zu sich nach Hause zum Mittagessen ein. Neben anderen Dingen wird bei diesem Fest auch der freundliche Empfang gefeiert, den die amerikanischen Ureinwohner den Pilgervätern, die im 17. Jahrhundert aus England eingewandert waren, bereitet haben, und so verbindet dieser Tag die europäische Geschichte, also auch die Riaces, mit der amerikanischen. Die Pilger waren damals die Ersten, die kamen, aber der Zustrom von Fremden hat von da an nie mehr aufgehört.

Zusammen mit meinen neuen Freunden besuchte ich das National Museum of the American Indian, und selbstverständlich auch das Ellis Island National Museum of Immigration, in dem die Einwanderung nach New York dokumentiert wird. Dort bin ich lange in dem großen, zentralen Saal gestanden, und es schien mir beinahe, als würde ich das Stimmengewirr der vielen Menschen hören, die einst aus Europa hier angekommen waren. Auch der Anblick der Befreiungsstatue hat bei mir einen tiefen Eindruck hinterlassen. Wenn ich heute an den im Mai 2020 von einem Polizisten ermordeten George Floyd denke, schmerzt es mich, dass die Ideen, auf die sich eine Nation wie die Vereinigten Staaten einst gegründet haben, so oft in roher Gewalt enden.

Meine Bleibe war im 14. Stock eines Hotels in Brooklyn, nur wenige Schritte von dem Ort entfernt, an dem Walt Whitman einst seinen Gedichtzyklus »Grashalme« geschrieben hat. Da waren sie also, die Lichter des Big Apple, die Lichter New Yorks, die Lichter Manhattans. Manchmal saß ich einfach nur in meinem Hotelzimmer und schaute aus meinem großen Fenster auf die riesige Stadt hinaus. Der Himmel war meist in ein intensives Grau getaucht, es nieselte oft, ich sah nur Häuser, Wolkenkratzer, Gebäude. Bäume sah ich keine. Kein Wunder, dass mich manchmal eine seltsam melancholische Stimmung überkam.

Am Tag meiner Abreise schneite es, aber der Schnee auf den Straßen war nicht weiß, sondern grau, genauso grau wie die Wolken. Durch eine seltsame Assoziation musste ich an jenem Morgen plötzlich an ein Ereignis denken, das schon viele Jahre zurücklag und mein Leben damals ziemlich durcheinandergebracht hat: den Tod von Walter Rossi.

Walter war ein Kommilitone an der Universität in Rom, der sich wie ich bei »Lotta Continua« engagierte. Am 30. September 1977 war er dabei, im Viertel Balduina bei einer Demonstration Flyer zu verteilen, die kundtaten, was am Abend zuvor geschehen war: Faschisten hatten aus einem vorbeifahrenden Auto auf die Studentin Elena Pacinelli geschossen, auch sie Mitglied von »Lotta Continua«. Walter wurde für seine Aktion mit dem Tod bestraft, er starb in der Viale Medaglie d'Oro an einem Schuss in den Nacken. Zwei Männer wurden als Täter ermittelt, Alessandro Alibrandi und Cristiano Fioravanti, beide Angehörige der neofaschistischen Terrororganisation »Nuclei Armati Rivoluzionari« (NAR). Alibrandi gestand zwar, dass er an der Aktion teilgenommen hatte, stritt aber ab, selbst geschossen zu haben. Da er selbst wenige Jahre später in einer Schießerei mit der Polizei zu Tode kam, wurde nur Fioravanti zur Rechenschaft gezogen und zu neun Monaten Haft und einer Geldstrafe verurteilt, allerdings nur wegen illegalen Waffenbesitzes. 2001 wurde die Mordanklage aus Mangel an Beweisen fallengelassen, sodass es bis heute keine Gerechtigkeit gibt für meinen Freund Walter, und für die, die ihn geliebt haben.

Wie immer, wenn ich fern von zu Hause bin, musste ich oft an Riace denken. Ich dachte an die Worte, die ich bei meinem Vortrag in der Casa Marimò benutzt hatte, um das »Villaggio Globale« zu beschreiben: »Ryakyon«, das antike Riace. In diesem Wort sind ein Bach und eine alte Geschichte verborgen, und es schwingen darin Stimmen und Bilder der Vergangenheit mit, die auch heute noch nachwirken. Wer weiß, warum uns das Leben in unserer Erinnerung immer viel schöner erscheint? Ich dachte aber auch an das Kalabrien von heute, am äußersten Rand Europas gelegen, das einer anderen Epoche zugehörig scheint, einer anderen Welt, und in dessen alten Gassen man noch die letzten Landarbeiter mit ihren Eseln antreffen kann und betagte, schwarz gekleidete Frauen, aber auch junge Frauen in Burkas und bunten Hijabs. Auch in New York, Tausende von Kilometern von zu Hause entfernt, auf einem anderen Kontinent, spürte ich die Last der verratenen Zukunft für eine ganze Generation. Ein Gedanke stellte sich ein, der mir nicht mehr aus dem Kopf ging: Die Politik und die Menschen schaffen es nicht mehr zusammenzukommen.

Für den Moment bleibt uns nur die Erinnerung an einen zerbrochenen Traum, zusammen mit der Hoffnung, dass eine andere Gesellschaft möglich ist. Vielleicht ist das nur eine Illusion, ein Wunsch, den wir nicht verwirklichen werden. Aber wenigstens werden wir sagen können, dass wir es versucht haben.

CAPITOLO 10

Auf die Straße

Manchmal glaube ich, dass nichts einen Sinn hat, außer der bedingungslosen Freiheit, die ohne Grenzen ist und ohne Beschränkung.

Ich war immer der Meinung, dass es in einem Wirtschaftssystem, das auf dem freien Markt basiert, nicht möglich sein wird, die Mafia zurückzudrängen. Das kapitalistische Wirtschaftssystem fördert die Entstehung von mafiösen Strukturen und umgekehrt, sie sind eine Art »Kollateralschaden«, während in einer Gesellschaft, in der soziale Gerechtigkeit herrscht, die Mafia keinen Daseinsgrund hätte. Der ungebremste Neoliberalismus kreiert weltweit massive Ungleichgewichte, und diese wiederum sorgen dafür, dass Wanderungsbewegungen entstehen. In der Praxis habe ich nie unterschieden zwischen den Menschen, die vor Armut, und denen, die vor Kriegen flüchten, und ich konnte auch in den Erzählungen der in Riace angekommenen Menschen keinen Unterschied wahrnehmen. Es gibt diese Kluft nicht zwischen den sogenannten »Wirtschaftsmigranten« und denen, die vor einem bewaffneten Konflikt flüchten, einfach weil es im Krieg auch Armut gibt und wirtschaftliche Probleme unausweichlich sind. Diese Unterscheidung, und den mir verhassten Begriff »Wirtschaftsflüchtling«, kann nur jemand erfunden haben, der noch nie reale Kontakte mit Migranten hatte.

Krieg, Elend und Tod, die von so vielen, zu vielen Regimes in aller Welt verbreitet werden, sind nur be-

---

#riacenonsiarresta (Riace verhaftet man nicht), Demonstration vom 6. Oktober 2018 gegen Lucanos Verhaftung

sonders dramatische Gründe, die Menschen zwingen, ihre Heimat zu verlassen. Meist müssen sie hierzu ihr Leben grausamen Menschenhändlern anvertrauen. Die Flucht ist für sie die einzige Rettung: Aus dem eigenen Land zu flüchten bedeutet, sich für immer von seinen Wurzeln, seiner Familie und geliebten Menschen zu lösen. Doch jedes Mal, wenn ein Mensch aus seinem Land vertrieben wird, jedes Mal, wenn jemand sein Leben riskiert, um eine Würde zu suchen, die keinen Preis hat, werden seine Rechte vernichtet und seine ganze Existenz infrage gestellt.

Die Rettung eines solchen Menschen kann auch die unsere sein. Dafür haben wir in Riace den Beweis geliefert, über Jahre hinweg. Indem wir denen, die wir in Riace beherbergt haben, die Gelegenheit zu einem neuen Leben gaben, haben wir auch unserer eigenen Gemeinde neues Leben eingehaucht.

Viele Menschen haben dazu beigetragen, dass das geschehen konnte. Ich mag es nicht, wenn meine Geschichte als die eines Helden erzählt wird, denn was ich bin, bin ich geworden durch die Begegnung mit Menschen aus aller Welt, die meinen Horizont immer mehr erweitert haben. Ich versuche bei jeder Gelegenheit, privat oder öffentlich, mit dem Herzen zu sprechen, und gelegentlich ist mein Kopf zu voll, um auszudrücken, was mich bewegt. In der Erzählung, die man uns aufzwingen will, ist aber nie die Rede von – auch politischer – Leidenschaft, von individuellem Einsatz, von der libertären Intelligenz, die auch von großen kalabrischen Philosophen wie Bernardino Telesio (1509–1588) und Tommaso Campanella (1568–1639) inspiriert ist.

*

Es ist überaus unangenehm, ja schmerzhaft, heute denen zuzuhören, die diese Region und ihre Einwohner immer schlechtgemacht haben, die sie mit ihrer gehässigen Propaganda gedemütigt und mit Gesetzen schikaniert haben, die nur darauf zielten, sie weiter verarmen zu lassen. Genau diese Leute marschieren jetzt über unsere Plätze und schreien: »Kalabresen zuerst!«

Im Januar 2020 fanden in Kalabrien die Wahlen für die regionale Präsidentschaft statt. Wenige Tage vor dem Ende der Wahlkampagne kam Matteo Salvini nach Riace – nach Riace Marina, um genau zu sein –, um das Fähnchen seiner Allgegenwart in die Landkarte zu stecken. Seine politische Überzeugung, genauso wie die Ideologie der Lega (Nord), deren Parteisekretär er ist, haben ihre Grundlage in einer ausgesprochenen Abneigung gegen Menschen, die zu den benachteiligten Schichten der Gesellschaft gehören. So hatte man bis vor wenigen Jahren die Süditaliener im Visier, vor allem die, die auf der Suche nach einem besseren Leben in den Norden gegangen waren. Später dann waren es die Roma, die verteufelt wurden, und schließlich, in den letzten Jahren, die Geflüchteten, vor allem die aus Zentralafrika. Die Dynamik ist immer dieselbe: Bestimmte Menschengruppen werden ausgegrenzt und diskriminiert, es wird ein Feindbild definiert, auf das man seinen Frust entladen kann, und die Menschen darin mit einem Etikett versehen, um eine auf groben Vereinfachungen gründende Propaganda über sie verbreiten zu können. Es gibt keine weiteren Themen, alles andere ist sekundär. Eine Politik, die feige ist, weil sie ausgerechnet die Schwächsten zu Sündenböcken erklärt.

Ich glaube, dass wir in den letzten Jahren eine Degeneration des kollektiven Bewusstseins erlebt haben, eine Art »antihumanitären Drift«. Es ist, als würden wir in einem Abgrund der Barbarei versinken, einer inneren Verrohung, die uns die Dimension des Menschlichen immer mehr vergessen lässt. Es ist ein Delirium der Angst, eine Art Verhaltensstörung. Die Lösung könnte in einer »Revolution der Normalität« liegen, dem Erleben eines friedlichen Miteinanders, wie wir es in Riace in die Tat umgesetzt haben.

*

Die Zustimmung zur Lega ist auch im Süden gewachsen, das haben wir bei den Europäischen Parlamentswahlen 2018 gemerkt. Schon damals hat Salvini den Sieg des neuen Bürgermeisters in Riace, der mit der Lega sympathisiert, zur Schau getragen wie eine Nelke im Knopfloch. In Wirklichkeit aber interessiert sich Salvini gar nicht für Riace, ihm ging es nicht darum, ein verlassenes Bergdorf zu gewinnen oder seinem Ex-Bürgermeister einen Denkzettel zu verpassen. Ich glaube, er verfolgt ganz andere Ziele.

Es ist offensichtlich, dass Riace in den Jahren zuvor so viel Bekanntheit erlangt hatte, dass es zu einem »Fall« geworden war, und »Fälle« können gut benutzt werden, um die öffentliche Meinung zu spalten. Wer eine politische Idee hat, schlägt sich auf eine Seite, und wer ein Unterstützer Salvinis und seiner Getreuen ist, stellt sich aus ideologischen Gründen, die nichts mit einzelnen Personen zu tun haben, gegen Riace.

Ich glaube nicht, dass es einen Vorsatz gab in seinen Angriffen auf meine Person, nicht mal als er mich etwa als »eine Null« bezeichnet hat. Doch klar ist, dass Salvini und die »Kommunikationsmaschinerie«, die er anführt, die Gleichung zwischen Einwanderung und sozialen Problemen auf jede nur erdenkliche Weise untermauern müssen. Es war daher ganz selbstverständlich, dass wir, die wir jahrelang bewiesen haben, dass die Aufnahme von Geflüchteten für eine Gemeinde auch eine gute und gewinnbringende Angelegenheit sein kann, zum Feind erklärt werden mussten. Denn wenn unser Beispiel Schule macht, dann droht das am Ende den Zauber der Angst zu brechen, mit dem Salvini Italien verhext hat. Mit dem Ergebnis, dass dieser Zauber sich einfach in Nichts auflösen und verschwinden würde.

Trotz allem müssen wir versuchen, langfristig zu denken, und wir dürfen uns nicht von der Hassmaschinerie vereinnahmen lassen. In einem Grenzterritorium, das so problematisch ist wie Kalabrien, hat die Lega nicht annähernd die Strukturen, wie sie etwa die Democrazia Cristiana in den Jahren ihrer großen Macht gehabt hat. Die Christdemokraten konnten damals ganz selbstverständlich auf die volle Kontrolle des sozialen Gefüges zählen, doch davon kann bei der Lega keine Rede sein. Ich glaube daher, dass die Lega in Kalabrien bald »in sich zusammenfallen« wird. Leider wird sie aber in der Zwischenzeit große Schäden verursacht haben: Sie hat gemeine und inkompetente Persönlichkeiten politisch legitimiert, den Mangel an Respekt und Empathie normalisiert und viele kulturelle Errungenschaften einfach »hinweggefegt«. Und all das ist schrecklich.

*

Ich bin Gott sei Dank nicht der Einzige, der so denkt. Es ist daher vielleicht kein Zufall, dass wir ausgerechnet an dem Tag, als Salvini sich in Riace Marina mit seinen kalabrischen Anhängern traf (die das meist erst in den letzten Jahren geworden sind, weil sie über seinem Wahlerfolg alles andere vergessen haben), im alten Borgo etwas anderes zu feiern hatten: Am Nachmittag des 6. Januar 2020 fand auf der Piazza Rosa, im Herzen des »Globalen Dorfs«, das »Festa della Diversità« (Fest der Unterschiede) statt, organisiert von der »Sardinen«-Bewegung.

Die Entstehung dieser neuen Bewegung habe ich mit großer Sympathie verfolgt. Vier junge Leute aus Bologna hatten am 14. November 2019 auf Facebook eine Wette lanciert, weil in der knapp 6000 Menschen fassenden Stadthalle von Bologna eine Wahlkundgebung Salvinis mit Lucia Borgonzoni als Lega-Spitzenkandidatin für die bevorstehenden Regionalratswahlen stattfand. Man wollte durch einen Flashmob beweisen, dass man mehr Menschen auf die Straße bringen würde als die Rechten. Letztendlich wurde der Abend ein triumphaler Erfolg, denn es waren sogar 15 000 Menschen, die sich auf der Piazza Maggiore versammelten.

Die »Sardinen« schrieben damals auf ihrer Website, dass »der Moment gekommen ist, die dumpfe populistische Rhetorik zu verändern, zu beweisen, dass Mehrheit mehr bedeutet als Anmaßung, dass der Kopf vor dem Bauch kommt und die Menschen vor den sozialen Medien. Und vor allem, dass der Moment gekommen ist zu zeigen, dass wir in Bologna mehr sind als sie.« Der spontane Appell dieser bunten Bewegung hat mich gerührt und beeindruckt, und ich teile ihre Forderung nach respektvolleren Tönen in der Politik. Im Grunde wollen ihre Anhänger nichts anderes als ich, nämlich menschlich bleiben.

Die Piazza Rosa war voller Menschen an diesem 6. Januar 2020. Es wurde eine wunderschöne Zusammenkunft, und wie mein Freund Peppino Lavorato, der ehemalige Bürgermeister von Rosarno, sagte, tat der frische Wind uns gut, den die neue Sardinenbewegung mit sich brachte. Ich nahm als einfacher Bürger teil und machte von den Stufen der Taverne aus, die zur improvisierten Bühne geworden waren, deutlich, dass ich mein politisches Engagement auch in Zukunft fortsetzen werde. Ich wüsste gar nicht, welches Leben ich sonst führen sollte, und mein Kampf für die Migranten und gegen die Einwanderungspolitik der italienischen Regierung muss weitergehen, wenn auch in anderer Form.

Obwohl zum damaligen Zeitpunkt die Fünf-Sterne-Bewegung im Partito Democratico einen neuen Regierungspartner gefunden hatte,[31] war es meiner Meinung nach schwerwiegend, dass der Ministerrat die Unmenschlichkeiten von Salvinis Sicherheitsdekreten weiterhin ignorierte. Während das erste dieser Dekrete das System des Willkommens zerschlagen und damit Menschenleben, jahrelange Integrationsarbeit und menschliche Beziehungen zerstört hat, hat das zweite das uralte »Seerecht« mit Füßen getreten, das seit Jahrtausenden die Basis unserer Gemeinschaft ist und jedes Schiff, das Menschen in Seenot entdeckt, zur Rettung verpflichtet. Ein Recht, das immer obsiegen muss, vor allem über inhumane Gesetzesdekrete. Und überdies hat das Dekret erlaubt, dass Menschen nach Libyen zurückkehren müssen und dort weiteren Folterqualen ausgesetzt werden.

*

Die Wärme und Zustimmung, die ich beim »Fest der Unterschiede« erfahren habe, hat mich an eine andere Demonstration der letzten Jahre erinnert, nämlich die gegen die Salvini-Dekrete am 10. November 2018 in Rom. Wir sind dort als »Volk der Nullen« aufgetreten, weil im Juni desselben Jahres das Video »viral« gegangen war, in dem Salvini mich als »eine Null« bezeichnet hat, an die er »nicht einmal einen halben Gedanken« verschwenden würde. Angesichts der vielen Gelegenheiten, bei denen er dem Projekt, das ich lange weitergetragen habe, und auch mir persönlich Gedanken und Worte im Überfluss gewidmet hat, scheint das nicht wirklich der Fall zu sein. Aber seine Äußerung war keine Beleidigung für mich, denn es ist ja richtig, dass ich mich der Klasse der »Letzten« zugehörig fühle, derer, die als »Nullen« definiert werden. Und mit all diesen Nullen aus aller Welt haben wir über Jahre hinweg unsere Schwächen vereint und in die notwendige Kraft verwandelt, um einen Traum konkret werden zu lassen. Dieser Traum ist das genaue Gegenteil der Ideologie eines Mannes, der schon im Juni 2018, kaum zum Innenminister ernannt, mit der ihm eigenen Grobheit angekündigt hat, dass er die für die Aufnahme und Integration von Flüchtlingen vorgesehenen fünf Milliarden Euro radikal zusammenstreichen wolle. Wortwörtlich sagte er damals: »Für illegale Einwanderer ist das schöne Leben jetzt zu Ende, macht euch daran, eure Koffer zu packen, in Ruhe und Anstand, aber sie müssen gehen.«

Erst einen Monat zuvor war Salvinis erstes Sicherheitsdekret in Kraft getreten, als wir »Nullen« uns auf der Piazza San Giovanni in Rom versammelten und Arm und Arm, als Gleiche unter Gleichen, auf die Straße gingen. Ich wollte damals nicht an der Spitze der Demonstration marschieren, denn ich habe mich nie als Avantgarde empfunden, sondern immer als einen von vielen, die sich aufbäumen gegen die Barbarei. Mein Anliegen war, die Werte unserer Verfassung zu bekräftigen, die aus dem Kampf der Partisanen gegen den Faschismus entstanden ist, im Namen eines solidarischen Menschentums, auf das gepocht werden muss, weil es ein Gegengewicht ist gegen die schwarze Welle, die die Welt durchquert. Sie ist ein globales Phänomen, ebenso wie die Existenz eines Volkes auf Reisen, das sich nach Menschlichkeit sehnt. Es ist ein Prozess, der in Afrika ebenso stattfindet wie im Mittleren Osten oder in Mittelamerika, wo Karawanen von Menschen sich auf die Vereinigten Staaten zubewegen, nur um sich Menschenhändlern, Gewehren und Hasspropaganda gegenüber zu finden. Es scheint, als wären solche historischen Prozesse nicht aufzuhalten. Als Konsequenz ist in der ganzen Welt eine Jagd auf Einwanderer im Gange, eine gigantische Vergewaltigung der Menschenrechte.

Noch einmal kommen mir Becky Moses und Soumaila Sacko in den Sinn, die sterben mussten, weil die italienische Regierung ein Klima des Hasses geschürt hat. Und dann all die Leben, die durch Salvinis Dekrete zerstört wurden, und auch vorher schon, seit langer Zeit, durch eine trostlose Bürokratie, die Menschen zu Nummern degradiert. Aber Menschen sind keine Gegenstände, sie sind lebendige Körper, mit ihren Augen, mit ihrem Lächeln, mit ihren schlagenden Herzen. Und all das hat keine Hautfarbe, hat keine Ethnie und Religion, sondern einzig und allein das Gesicht des menschlichen Wesens.

*

In den letzten Jahren hatte ich das Glück, ganz Italien bereisen zu dürfen, weil ich auf viele Konferenzen, Demonstrationen oder Buchvorstellungen eingeladen worden war. Allein den Sommer 2018 habe ich fast gänzlich auf Reisen verbracht und bin in vielen italienischen und europäischen Städten gewesen: Neapel, Rom, Palermo, Udine, Florenz, Pistoia, Latina, Turin,

Verona, Siracusa, Reggio Calabria, Cosenza, Lamezia Terme, Bologna, Cinisi (ein Ort, der mir besonders am Herzen liegt), Messina, Foggia, Mesagne, dem Susatal, aber auch Berlin und New York.

Mir ist dabei klar geworden, dass es in jeder Stadt Menschen gibt, die sich mit der Unmenschlichkeit und dem Ausverkauf des Gewissens nicht abfinden wollen. Ich habe verstanden, dass die »Idee Riace« lebendiger ist denn je. Das ist der Grund, warum wir so bald wie möglich einen »Protagonismus der Massen« brauchen, ein neues Selbstbewusstsein derer, die auf unserer Seite sind. Zwischen dem Cinisi des Jahres 1978, in dem die Straßen sich mit den Freunden und Unterstützern von Peppino Impastato füllten, und dem Riace der 2000er-Jahre verläuft ein roter Faden der Menschlichkeit, aber auch der Opposition gegen Mafia und Ungerechtigkeit, gegen Faschismus und Rassismus, die leider alle schrecklich aktuell sind und alle Seiten desselben Übels.

Meine afrikanischen Brüder, die in Riace leben und von denen viele aus den ehemaligen italienischen Kolonien Eritrea, Äthiopien, Somalia und Libyen kommen, sagen mir immer wieder, dass sie in den gesetzlichen Maßnahmen von Minniti und Salvini einen Sprung in die Vergangenheit sehen, eine Rückkehr zum Faschismus der Kolonialkriege. Genauso wie sie in den Baracken- und Zeltstädten von Rosarno und San Ferdinando ein Muster aus der Geschichte wiedererkennen, von dem sie gedacht hatten, dass es für alle Ewigkeit ausgelöscht sei.

Vielleicht ist auch das – die schwere Bürde der Geschichte mit ihrer Tendenz zur Wiederholung – der Grund, warum alles, wofür ich lebe und kämpfe, den Anschein hat, eine Utopie zu sein, ein Traum. Etwas, das naturgemäß nicht in die Vorstellungen einer politischen Partei eingezwängt werden kann. Wenn es überhaupt eine Partei gibt, die meinen Ideen nahekommt, dann ist das eine, die nicht mehr existiert: die Partei von Peppino Impastato, die Democrazia Proletaria.

Als ich kürzlich eine Einladung nach Mailand erhielt, hat es mir viel bedeutet, dass sie von Franco Calamida kam, dem Mann, der 1978 nach Impastatos Ermordung in Cinisi eine Kundgebung mit der Democrazia Proletaria zu seinen Ehren einberufen hat. Mit ihm fühle ich mich genauso verbunden wie mit Dino Frisullo, der sich für die Rechte der Kurden einsetzte, oder Alfonso di Stefano, dem Antirassisten aus Catania, der sich für die Palästinenser engagiert. Ihnen verdanke ich, dass ich mich in die Sache der Kurden, der Afghanen, der Palästinenser verliebt habe. Und ihnen verdanke ich auch meinen Entschluss, mein Leben dem Kampf gegen die Mafia zu weihen, dem Kampf für eine neue Menschlichkeit und gegen jede Art von Rassismus. Hier in diesem Territorium ist mein Einsatz entstanden, hier ist er motiviert und gewachsen, und mein Leben soll keines sein, das sich in abstrakten Theorien erschöpft, sondern das in der alltäglichen Praxis Veränderungen bewirkt.

CAPITOLO 11

Meine Freunde

»Wir sind das, was uns begegnet.« – Das ist ein wunderschöner Satz, eines der vielen Geschenke, die ich von Pater Alex Zanotelli bekommen habe.

Wir sind das, was uns begegnet. Pater Alex hat recht: Wir sind die Erzählungen der anderen, die Erinnerungen der anderen, aber auch die Erfahrungen, die wir mit ihnen teilen, das Vorbild, das sie uns schenken, der Einfluss, den sie auf uns ausüben. Jeder Mensch, dem wir auf unserem Weg begegnen, kann eine Spur hinterlassen, kann unser Leben verändern. Uns alle eint ein Band der Menschlichkeit, wir teilen dieselbe Erde, wir wärmen uns an derselben Sonne. In meinem Leben habe ich viele besondere Menschen getroffen, manche nur flüchtig, und jedem von ihnen habe ich etwas zu verdanken: ob das geschenktes Vertrauen ist, eine Geste der Zuneigung oder der Solidarität, ein Gedankenaustausch oder eine Gegenüberstellung unserer Ideale.

Manchen verdanke ich mein Leben selbst, die Art, wie ich geworden bin. Meine Mutter hat mich gelehrt, keine Vorurteile zu haben, ein freier Mensch zu sein, ganz und gar, schwächere und ärmere Menschen zu respektieren und zu lieben. Auch von meinem Vater habe ich viel gelernt, so unterschiedlich wir auch waren, oder vielleicht sogar genau deswegen, dank der Liebe, die er für mich hatte, und auch für das Leben, für die Welt.

Wandbild in Riace mit Vittorio Arrigoni, Peppe Valarioti, Che Guevara und Peppe Impastato

Noch jemanden gibt es in meiner Familie, der großen Einfluss auf mich ausgeübt hat, auch wenn ich selten von ihm spreche: mein Cousin, der wie mein Großvater väterlicherseits und wie mein Bruder Giuseppe hieß. Alle nannten ihn Peppino. Er war einer von den vielen, die Riace verlassen hatten, und er hatte in der kleinen Stadt Biella im Piemont ein neues Leben begonnen. Ab und zu, vor allem im Sommer, kam er zurück nach Kalabrien, um Verwandte und Freunde zu besuchen. Er war mir sehr zugetan, und ich ihm ebenso, und ich lauschte ihm verzaubert, wenn er mir von seinen anarchistischen Idealen erzählte. Er war es, der mich mit der Musik der chilenischen Musikgruppe Inti-Illimani vertraut machte, deren Mitglieder nach dem Militärputsch in Chile im italienischen Exil lebten. Gemeinsam besuchten wir das historische Konzert am 22. Juli 1976 im Stadion von Catanzaro, das die Kommunistische Partei organisiert hatte. Es war eine Erfahrung, die eine Wende in meinem Leben einleitete, weil es mir die Augen für die politischen Verhältnisse in Südamerika öffnete und meine Begeisterung für die Volksrevolution Salvador Allendes in Chile und den Internationalismus als Prinzip des politischen Handelns weckte.

Dieser Sommer 1976 ist mir in Erinnerung geblieben, weil Peppino mich in seinem alten Auto in ganz Kalabrien herumkutschierte. Er war nur wenig älter als ich, hatte aber viel mehr Lebenserfahrung, sicher auch, weil er schon ein Stückchen Welt außerhalb der geografischen und mentalen Grenzen unserer Heimat kennengelernt hatte. Er entführte mich auf die Insel Capo Rizzuto, wo einige seiner norditalienischen Gefährten einen FKK-Campingplatz gegründet hatten, den sie »die Kommune« nannten. Ich war 16 Jahre alt und fand mich plötzlich inmitten von splitternackten Frauen und Männern wieder, die über ihre Ideale und Träume diskutierten. Sie respektierten meine Verlegenheit, und ich durfte meine Badehose anbehalten, was auch meinen Cousin, der ein gewohnheitsmäßiger Besucher des Campingplatzes war, veranlasste, die seine aus Solidarität mit mir nicht auszuziehen.

Wenn ich heute die Augen schließe und an ihn denke, dann taucht mein Cousin aus dem Hintergrund meiner Erinnerungen auf und kommt mir vor wie einer der schönsten Menschen, in jeder Hinsicht, die ich je getroffen habe. Alles an ihm gefiel mir: sein trauriges Gesicht, seine tiefe Sensibilität für das Leid und die Ungerechtigkeiten der Welt, sein offenes, strahlendes Lächeln. Er hörte gerne den Liedermacher Fabrizio de André und las mit Leidenschaft Pier Paolo Pasolini. Wie ich hatte er eine besondere Faszination für libertäre Ideen und soziale Utopien. Seine Besuche im Winter sind mir unvergesslich geblieben, dank seines riesigen weißen Wollpullovers, der seinen dunklen Teint und die schwarzen Augen besonders betonte. Wir blieben über viele Jahre hinweg in Kontakt, und wenn er in Kalabrien war, besuchte er zusammen mit mir den Arbeitskreis der Democrazia Proletaria. Später dann, ab Ende der 1990er-Jahre, hielt ich ihn regelmäßig über die Entwicklungen in Riace auf dem Laufenden, und es hätte mir gefallen, ihn enger einzubeziehen in unsere kleine Utopie, zu der nicht zuletzt auch er einen zündenden Funken gelegt hatte.

In einem jener Sommer trafen wir bei einem Spaziergang im Borgo auf einen jungen Mann aus Riace, der sehr arm war. Er war mit einem Mädchen verheiratet, das ich kannte, Maria. Giuseppe sah, in welcher Lage er sich befand, zog mit einem Lächeln seinen Gürtel aus der Hose und schenkte ihn ihm. Der Junge dankte ihm, doch Giuseppe hatte das Gefühl, noch nicht genug getan zu haben. Er zog seine Brieftasche heraus und gab ihm alles Geld, das darin war. Anschließend sagte er zu mir: »Das wahre Geschenk der Linken sind nicht die wirtschaftlichen Theorien, sondern ihr Altruismus, ihre Menschlichkeit.«

*

Vielleicht habe ich seine Lehre allzu wörtlich genommen. Es ist mir oft passiert, dass meine Umgebung über mein Verhalten die Nase rümpfte. Zum Beispiel einmal, als ich mit einem Freund nach Mailand fuhr. Mein Vater wollte, dass ich mich »anständig präsentierte« und kaufte mir daher einen neuen grünen Mantel, bevor ich die lange Zugreise antrat. Am Mailänder Hauptbahnhof bot sich mir ein Elend dar, wie ich es noch nie zuvor gesehen hatte: Das war nicht die Armut auf dem Land, die ich kannte, die der bescheidenen Bauern und Erntehelfer, die seit Generationen von praktisch nichts lebten. Dies war das Elend der Großstadt, der »Letzten«, die an den Rändern der Gesellschaft lebten und es aus den verschiedensten Gründen nicht schafften, sich in sie einzufügen. Durch die Gleichgültigkeit ihrer Umgebung wurden sie zu Unsichtbaren, zu einer Art »Beilage« zum Leben derer, die glücklicher waren als sie. Was ist das nur für eine Welt?, fragte ich mich die ganze Zeit über bei meinem kurzen Aufenthalt.

Wieder zurück am Bahnhof, um die Heimreise anzutreten, sah ich einen Jungen an einer Säule lehnen und mit seiner verkrüppelten Hand um Almosen betteln. Ich zog meinen Mantel aus und gab ihn ihm. »Ich fahre jetzt weg, den brauch ich nicht mehr«, sagte ich zu ihm. Er sah mich ein wenig überrascht an und dankte mir mit einem Lächeln. Zu Hause angekommen, merkte mein Vater sofort, dass der Mantel fehlte, und fragte, was mit ihm passiert sei. Ich erwiderte, ich hätte ihn im Zug vergessen, denn ich wollte ihm nicht erzählen, dass ich ihn einem Obdachlosen geschenkt hatte. Vielleicht hätte er gar nichts dagegen einzuwenden gehabt, ich weiß es nicht. Als ich den Mantel weggab, dachte ich einfach nur, das sei eine gute Sache, ich befreite mich von etwas, das ich nicht mehr brauchte. Ich weiß nicht, ob mein Vater mir diese Lüge je wirklich geglaubt hat.

Das sind alles nur kleine Gesten, die zeigen, was ich am Anfang geschrieben haben: Wir sind die Menschen, die uns begegnen, und diese wiederum werden durch unsere Handlungen zu uns. Wie etwa auch damals, als ich im Zug nach Genua zwei jungen Leuten, die um Almosen baten, vor den Augen meiner überraschten Töchter mein Sandwich schenkte. Oder als Bürgermeister einen Personalausweis ausstellte, der einem Kind das Leben retten konnte. Wir sind die anderen, die anderen sind wir, und eine freundliche Geste kann all dies noch wahrer machen, kann uns alle näher zusammenbringen.

*

Eine unauslöschliche Spur auf meinem Weg hat Dino Frisullo hinterlassen, ein Journalist und Friedensaktivist, der in Foggia geboren und in Bari aufgewachsen ist. Auch er hat sich bei Democrazia Proletaria engagiert und ist einer von den wegweisenden Figuren, die es für den Kampf für Frieden, Umwelt und die Rechte der Migranten zu bewundern gilt. Dino verdanke ich viel Hintergrundwissen, das mir geholfen hat, die Situation der Kurden besser zu verstehen. Unter vielen anderen Dingen war er nämlich auch ein Aktivist für die Befreiung des kurdischen Volkes. Ich weiß noch, dass er einmal sagte: »Wir können uns nicht darauf beschränken, damit einverstanden zu sein oder auch nicht, sondern wir müssen es ihnen bis zu einem gewissen Grad auch nachtun. Wir müssen handeln.« Tatsächlich war sein Übergang in die Aktion so konkret, dass er sich auch selbst in Gefahr brachte. 1998 etwa reiste er mit einer Delegation von Pazifisten, Journalisten und Sympathisanten nach Dyarbakir im Osten der Türkei, um mit der PKK und der kurdischen Gemeinde Nawruz, das Neujahrs- und Frühlingsfest, zu feiern. Die Festlichkeiten gerieten zu einer Protestkundgebung gegen die verweigerten Rechte durch die türkische Regierung, gegen die Ungerechtigkeit und die erlittene Gewalt. Die türkische Polizei zerstreute die Demonstration, indem sie mit Schlagstöcken wahllos auf Männer, Frauen und Kinder einschlug. Etwa 100 Demonstranten wurden verhaftet, darunter auch Dino und zwei junge Italiener in seiner Begleitung, Giulia Chiarini und Marchello Musto. Die beiden jungen Leute wurden nach wenigen Tagen frei gelassen, doch Dino blieb 40 Tage im Gefängnis und wurde erst nach dem verhaltenen Druck des Europäischen Parlaments und der italienischen Regierung aus der Haft entlassen und am 16. Juni aus der Türkei ausgewiesen. Im Gefängnis hat er körperliche und seelische Schikanen bis hin zu Folter erlebt, auch bei anderen Gefangenen. Er hat mir viel über die Situation der Kurden in der Türkei erzählt, über ihre tragische Situation vor den Toren Europas, die zum Teil groteske Züge trägt. Eines der absurdesten Details, an das ich mich von einem Besuch Dinos in Riace erinnere, ist die Geschichte, dass die türkischen Behörden die Farben der Ampeln geändert hatten, damit sie nicht an die rot-grün-gelbe kurdische Flagge erinnert.

Dino, der mich gelehrt hat, die Welt durch die Augen der Letzten zu betrachten, ging 2003 nach einer unheilbaren Krankheit von uns, nach einem Leben, das im Dienst der Menschheit stand, vor allem der Sache der Kurden und der Palästinenser. Es ist seitdem kein Tag vergangen, an dem ich ihn nicht vermisst habe.

*

Viele Begegnungen, die für meinen Weg von grundlegender Bedeutung waren, habe ich ganz einfach als Leser auf dem Papier gemacht: Michail Bakunin, Pierre-Joseph Proudhon, Jean-Paul Sartre, die für die anarchistische Ideenlehre bahnbrechend waren, Pasolini mit seinem Film »Evangelium nach Matthäus«, der Psychiater Franco Basaglia mit seiner radikalen Psychiatrie- und Gesellschaftskritik, die Schriften und Gedichte von Peppino Impastato, das Leben von Pater Pino Puglisi, die Begründer der Befreiungstheologie wie Gustavo Gutiérrez, Leonardo Boff, Camilo Torres und Pedro Casaldáliga mit seinem prägenden Satz: »Der Sozialismus kann christlich sein, der Kapitalismus und der Neoliberalismus nicht.«

Als Jugendlicher musste ich mit den Büchern vorliebnehmen, die mir zufällig in die Hände gerieten, weil es in Riace weder einen Buchladen noch eine Bibliothek gab. In der Schule hatte ich Glück: Mein Italienischlehrer sorgte dafür, dass ich mich für Alessandro Manzonis Klassiker »Die Verlobten« begeisterte. Zwei Jahre lang habe ich den Roman immer wieder gelesen, und er hat mir sehr geholfen, die Gesellschaft besser zu verstehen. Ich begriff, wie unglaublich aktuell er immer noch war, und bis heute habe ich nicht vergessen, was für eine große Rolle das Klassenbewusstsein, der Kampf der Schwachen gegen die Mächtigen in dieser großartigen Geschichte spielen. Das Thema begleitet die Menschheit seit ihrem Anbeginn, es kehrt in der Geschichte und in der Literatur immer wieder, ebenso wie die Sehnsucht nach einer Gesellschaft, die auf echter Gleichheit gegründet ist. Auch wenn die Geschichte uns immer wieder gezeigt hat, dass diese Utopie voller Hinterhalte und Gefahren sein kann.

Riace ist ein wahrer Umschlagplatz der Begegnungen gewesen. Ich weiß nicht mehr, wie viele außergewöhnliche Menschen ich in all den Jahren kennengelernt habe, die sich eingebracht und dazu beigetragen haben, unseren Horizont zu erweitern und aus einer lokalen Erfahrung eine globale zu machen. Wie etwa auch Maria Ripamonti aus Norditalien, die die Idee hatte, die alten, verlassenen Kellergewölbe in Riace zu renovieren und Werkstätten für ethnisches Kunsthandwerk aus ihnen zu machen, Orte der Begegnung und der gegenseitigen kulturellen Bereicherung. Ihr ist es zu verdanken, dass Issà, ein Junge aus Afghanistan, zum »Töpfer von Kabul« werden konnte.

*

Als wir Kinder waren, verbrachten wir in Riace die Nachmittage nach der Schule damit, Fußball zu spielen, im Dorf herumzustreifen oder uns gegenseitig zu Hause zu besuchen. Zu uns kam damals oft ein Junge, der wie ich Domenico hieß und Mimmo genannt wurde, und der einer der besten Freunde meines Bruders war. Sein Vater hatte eine besondere Geschichte, die mir eine ganz neue Welt vor Augen führte. Als junger Mann hatte er die Locride verlassen, um als Bergarbeiter im Aostatal zu arbeiten, und er hatte sich dort eine Staublunge zugezogen. Die Silikose war die typische Krankheit der Minenarbeiter, sie war schrecklich und galt als unheilbar, und als Domenicos Vater nach Riace zurückkam, war klar, dass er nur noch wenige Monate zu leben hatte. Er starb eines traurigen Wintertags, an einer Krankheit, die eigentlich einem anderen Jahrhundert anzugehören schien.

Ich war damals sieben oder acht Jahre alt und fragte meinen Vater: »Du kannst diese Krankheit nicht bekommen, weil du in der Schule arbeitest, stimmt's?« Das kam mir vor wie ein Privileg, und die Antwort meines Vaters bestätigte meine Vermutung: »Natürlich nicht, ich habe ja studiert.« Ich war überzeugt, dass die Arbeit meines Vaters nicht nur eine Mühe war, sondern auch ein Vergnügen, denn ich hatte in der Schule ja auch meinen Spaß, und mir wurde klar, dass es einen Riesenunterschied macht, ob jemand in einem Bergwerk arbeitet oder in einer Schule. Zwei Berufe, zwei völlig unterschiedliche Lebenswelten: Mein eigener Vater hatte in seiner Heimat bleiben und einer sicheren und sauberen Arbeit nachgehen können, während der meines Freundes Kalabrien verlassen musste, um den ganzen Tag in einem engen, dunklen Bergwerk zu schuften, wo er sich zu allem Überfluss auch noch eine tödliche Krankheit eingefangen hatte. Das kam mir unendlich grausam vor. Obwohl ich ein Kind war, empfand ich tiefes Mitgefühl für meinen Freund und seinen Vater, auch wenn ich diesen kaum kannte. Ich war sehr traurig, als nach dem Tod des Mannes in der Kirche von Riace Superiore die Totenglocke läutete. Es war das erste Mal, dass ich bewusst einen solchen Schmerz empfand und begriff, dass unser Ende sehr oft auch mit den Entscheidungen zusammenhängt, die wir zuvor getroffen haben. Unser letztes Schicksal wird vielleicht von einem anderen entschieden, der höher steht als wir, aber an jenem Tag entdeckte ich das Drama, das seinen Ursprung in unserer Gesellschaft nimmt. Eine Gesellschaft, in der Menschen leiden und sogar sterben müssen für den Profit von wenigen anderen. Und in der es für viele gar keine Chance gibt, sich für ein anderes Leben zu entscheiden als das, das ihnen bestimmt zu sein schien.

Ich erinnere mich auch heute noch gut an diesen Mann, der immer einen roten Schal um den Hals trug, ein sanfter Mensch mit einem freundlichen Lächeln, das irgendwie ein Annehmen des eigenen Schicksals zum Ausdruck zu bringen schien. Durch seinen Tod habe ich verstanden, welche leidvollen Folgen ein falsches System hervorbringt. Das ist der Grund, warum mir dieser traurige Tag bis heute so klar im Gedächtnis steht.

*

In dieser »Kamerafahrt« über die Menschen, die ich auf meinem Weg getroffen habe, darf auch Wim Wenders nicht unerwähnt bleiben. 2010 hat der Regisseur von »Der Himmel über Berlin« einen Dokumentarfilm über Riace mit dem Titel »Il Volo«, »Der Flug«, gedreht. Er hat unser Dorf dafür mehrmals besucht, und die stärkste Erinnerung, die mir an einen seiner Aufenthalte geblieben ist, ist die, als er auf der Piazza mit irakischen und palästinensischen Flüchtlingen eine Tarantella getanzt hat.

Auf dem »Nobel Peace Summit« 2019 in Berlin, wo 15 Friedensnobelpreisträger forderten, die Mauern in aller Welt zu beseitigen, hat Wenders erklärt: »Ich habe ein Dorf gesehen, das es geschafft hat, durch die Aufnahme von Flüchtlingen nicht so sehr deren Probleme zu lösen, sondern sein eigenes: am Leben zu bleiben, nicht wegen Abwanderung und Entvölkerung sterben zu müssen. Diese Geschichte muss auch uns zum Nachdenken bringen, ob und wie es möglich sein kann, die Aufnahme von Geflüchteten mit der lokalen Entwicklung zu verbinden. Die wahre Utopie ist nicht der Fall der Mauer, sondern das, was in einigen Dörfern Kalabriens verwirklicht wurde, allen voran Riace.«

Es ist auch seinem Film zu verdanken, dass das internationale Interesse für Riace damals einen großen Schritt nach vorn gemacht und sowohl das Interesse der Medien als auch der solidarische Tourismus stark zugenommen haben.[32]

*

2016 hat mich die US-amerikanische Zeitschrift »Fortune« in die Liste der 50 einflussreichsten Persönlichkeiten der Welt aufgenommen und mich als einzigen Italiener in einer Reihe mit Namen wie Papst Franziskus, Angela Merkel, Aung San Suu Kyi und Bono von U2 genannt. Und bereits 2010 war ich Dritter in der Rangliste der besten Bürgermeister der Welt, die alle zwei Jahre von der City Mayors Foundation aufgestellt wird. Ich hätte mir nie träumen lassen, dass mein Name einmal auf so bedeutenden Ranglisten auftauchen würde, und muss zugeben, dass ich mich eines gewissen Unbehagens darüber nicht erwehren kann. Doch andererseits empfinde ich auch Freude und Stolz, dass die Botschaft der Menschlichkeit, obwohl sie von einem wirtschaftlich und sozial prekären und von der organisierten Kriminalität geprüften Ort wie Riace ausgeht, auch jenseits unserer nationalen Grenzen Widerhall findet. Diese Würdigungen ehren daher nicht nur mich, sondern alle Menschen, die hierhergekommen sind und ihren Beitrag für die Verwirklichung einer Utopie der Normalität geleistet haben.

CAPITOLO 12

Das Modell Riace

Um die letzten 20 Jahre der Geschichte unseres Landes zu verstehen, ist es nötig, einen Blick auf die Entwicklung der Asylpolitik zu werfen. Es war immer eine schwierige Aufgabe, dem Recht eine Form zu geben, und die Erfüllung dieser Aufgabe bringt eine große politische und moralische Verantwortung mit sich. Unsere Geschichte ist eine, die sowohl von mutigen Ideen als auch von schweren Fehlern erzählt. Und sie betrifft nicht nur Italien, sondern ganz Europa, und darüber hinaus jeden Einzelnen von uns.

Ende der 1990er-Jahre sind in Italien unterschiedlichste Strukturen entstanden, die das Ziel hatten, die Aufnahme und Unterbringung der Menschen zu bewältigen, die damals an unseren Küsten ankamen und um Asyl baten. Oft waren das zunächst relativ spontan entstandene Initiativen, die von einzelnen Gemeinden ins Leben gerufen wurden und vor allem auf dem Engagement von freiwilligen Helfern gründeten. Im Jahr 2000 wurde eine Einverständniserklärung zwischen dem UN-Flüchtlingskommissariat UNHCR, dem italienischen Innenministerium und dem »Nationalen Verband der italienischen Gemeinden« ANCI (Associazione Nazionale Comuni Italiani) unterzeichnet, die zur Entstehung des »Nationalen Asylprogramms« PNA (Programma Nazionale Asilo) führte. Dieses Programm gründete auf den Erfahrungen von 200 Gemeinden aus ganz Italien, zu denen schon sehr früh auch Riace gehörte: Nach der Ankunft der kurdischen Flüchtlinge

---

Nationalitäten in Riace

1998 war es eine der ersten Kommunen gewesen, die mit einer Form der dezentralen Aufnahme experimentiert hatten, die besonderen Wert auf Qualität und Aufmerksamkeit für den Einzelnen legte.

Damals schon lernte ich Gianfranco Schiavone kennen, der unsere Stadt besuchte, weil er neugierig auf das Projekt mit den kurdischen Flüchtlingen war. Im Grunde könnte man ihn als den ersten »solidarischen Touristen« in Riace bezeichnen. Schon seit Langem beschäftigte er sich intensiv mit dem Thema Migration, und als Triestiner hatte er während des Jugoslawienkriegs die Fluchtbewegungen an der italienischen Grenze beobachtet. Schiavone war nicht nur einer der Initiatoren des Nationalen Asylprogramms, sondern einer der wichtigsten Vordenker in Italien, die sich für die Entwicklung eines Asylsystems starkmachten, das geeignet wäre, den zunehmenden Herausforderungen auf innovative und strukturierte Weise zu begegnen. Schon vor vielen anderen hatte er verstanden, dass die Ankunft von Flüchtlingen bald ein alltägliches Phänomen werden würde.

Zu dieser Zeit hätten wir uns zwar noch nicht vorstellen können, welche Dimensionen das Thema annehmen würde, aber wir hatten immerhin begriffen, dass es dringend notwendig war, über den Aspekt der Notaufnahme hinauszugehen. Es galt, ein System zu entwickeln, das die Ebene des Staates, der die finanziellen Mittel bereitstellte, mit der Ausgestaltung vor Ort in den Gemeinden in Einklang brachte. 2002 wurde zu diesem Zweck das schon erwähnte »System zum Schutz für Asylbewerber und Flüchtlinge«, kurz SPRAR, eingerichtet. Paradoxerweise ist dies ausgerechnet dem Gesetz Nr. 189 von 2002 zu verdanken, besser bekannt als »Bossi-Fini-Gesetz«, das einen eigentlich gefährlichen und teils schizophrenen Charakter hat: Einerseits sieht es vor, dass Nicht-EU-Bürger nur mit einem Arbeitsvertrag nach Italien gelangen können, eine offensichtlich absurde Bestimmung, die jeden anderen Migranten automatisch zum illegalen Einwanderer macht. Andererseits hat es aber eine so sinnvolle Neuerung wie das SPRAR geschaffen und darüber hinaus erste, wenn auch noch unvollständige Hinweise für den Zugang zum Asylverfahren geliefert. Damals war das Asylrecht in Italien noch relativ ungeregelt, auch wenn dieses Recht im Artikel 10 unserer Verfassung immer garantiert war.

Absicht des SPRAR war eine möglichst rasche Anerkennung des Asylsuchenden, dem für die Dauer des Antrags der Verbleib im System zugesichert wurde. Anschließend sollte ein schneller Übergang in den Wohn- und Arbeitsmarkt gewährleistet sein. Die Betonung des Systems lag weniger auf der Erstaufnahme als auf dem nachhaltigen Schutz des Geflüchteten. Am Schluss des Verfahrens stand der »Flüchtlingsstatus«, oder auch der des »humanitären Schutzes«, den es schon in den Einwanderungsbestimmungen von 1998 gegeben hatte.

Die »Richtlinie zur Festlegung von Mindestnormen für die Aufnahme von Asylbewerbern in den Mitgliedstaaten« wurde 2003 erlassen, und sie verpflichtete die EU-Staaten grundsätzlich zur Aufnahme von Asylsuchenden und wurde in Italien zwei Jahre später per Gesetzesdekret übernommen. Zu der Zeit, als das SPRAR entstand, war also der Schutzstatus des Geflüchteten noch sehr vage und ungewiss, da er nur als Zugeständnis konzipiert war, nicht als gerichtlich einklagbarer Anspruch. Rein rechtlich gesehen hätte man den Asylbewerber sozusagen auch »auf der Straße sitzenlassen« können, laut EU-Recht waren wir nicht verpflichtet, ihn aufzunehmen.

Das SPRAR-System nahm seinen Anfang mit dem guten Willen einer Gruppe von Gemeinden, die besonders zupackend und mutig waren. Wenn das Asylverfahren mit einer Ablehnung endete, hatte man immer noch die Möglichkeit, humanitären Schutz zu erhalten, der bei der Interpretation der Gründe, die einen Migranten zum Verlassen des eigenen Land veranlasst hatten, einen größeren Spielraum bot. Es waren andere Zeiten damals: Die Gruppe der über ganz Italien verstreuten Gemeinden, die mit gutem Beispiel vorangingen, unter ihnen auch Riace, hatte zusammengenommen weniger als 2000 Asylbewerber aufzunehmen, was heute ungefähr dem entspricht, was eine einzige Provinz übernehmen muss. Aber das System bewährte sich und machte Schule.

*

Mit der Rezeption der europäischen Richtlinie im Jahr 2005 wurde es für Italien zur staatlichen Pflicht, Einrichtungen für die Aufnahme von Flüchtlingen zur Verfügung zu stellen. Das SPRAR war erst drei Jahre zuvor entstanden, doch schon jetzt genügte die Zahl der zur Verfügung stehenden Plätze nicht, um den Bedarf decken zu können. Eine Erweiterung war aber nach diesem kurzen Zeitraum nicht vorgesehen, weil sich das Projekt noch in der Experimentierphase befand. Statt nun ganz auf dieses System zu setzen, das sich eigentlich schon bewährt hatte, schlug der Staat ein Aufnahmemodell vor, das auf zwei unterschiedliche Lösungen setzte, die trotz aller Gegensätzlichkeiten parallel praktiziert werden sollten: Zu dem schon beschriebenen SPRAR sollten die »Aufnahmezentren für Asylbewerber«, kurz CARA (Centri di Accoglienza per Richiedenti Asilo), hinzukommen.

Wie man davon ausgehen konnte, dass die Koexistenz dieser ganz unterschiedlichen Systeme überhaupt möglich wäre, ist mir immer ein großes Rätsel gewesen. Es war nun jedenfalls so, dass ein Asylbewerber entweder in einem SPRAR oder in einem CARA landen konnte, wobei das Zuteilungssystem ziemlich willkürlich war, je nachdem, wie viele Plätze gerade zur Verfügung standen oder welches System das jeweilige Territorium anwandte. Es war also reine Glückssache, ob ein Geflüchteter in Riace landete, wo das SPRAR praktiziert wurde, oder in einem CARA in Mineo.

Ab 2010 wuchs die Zahl der CARA rasant. Zwar nahmen auch die SPRAR-Einrichtungen zu, doch nicht mit derselben Geschwindigkeit, sodass 2015 ein großer zahlenmäßiger Unterschied zwischen den beiden Systemen bestand. Dann allerdings verfügte die Regierung Renzi[33] mit dem Gesetzesdekret Nr. 142 von September 2015 – das später von Salvinis Sicherheitsdekret in Stücke gerissen wurde –, dass Italien in Zukunft nur noch nach einem einzigen Aufnahmesystem zu verfahren habe, und zwar dem SPRAR. Damit gab man endlich der dezentralen Organisation der Unterkünfte den klaren Vorrang, mit der Folge, dass die Einrichtungen des anderen Systems nach und nach geschlossen werden sollten. Gleichzeitig wurden die noch verbleibenden Aufnahmestrukturen des CARA-Systems in »Außerordentliches Aufnahmezentrum« CAS (Centro di Accoglienza Straordinaria) umbenannt und darüber hinaus festgeschrieben, dass sie nur noch in Notfällen – etwa bei Vollbelegung der SPRAR-Einrichtungen – zu benutzen seien, und auch dann nur für einen möglichst kurzen Zeitraum. Ziel war es explizit, die Strukturen in ein einziges Modell einzubinden, das SPRAR, dem dann die Sozialdienste des Territoriums unterstanden. Es gab eine ausführliche, von den Medien ignorierte politische und parlamentarische Diskussion über Probleme dieses Systems und mögliche Ausnahmen von der Regel. Vor allem auch, weil dies schon die Jahre waren, in denen die Propaganda der rechten Lega immer breiteren Raum einnahm. Offensichtlich hatte man nicht verstanden, dass die gleichmäßige Verteilung von kleineren Flüchtlingszahlen auf das ganze nationale Territorium die Zahlen pro Gemeinde beträchtlich verringern und damit auch eventuellen Polemiken einen Dämpfer erteilen würde.

Um den Konsens nicht zu gefährden und die Lega sozusagen mit ihren eigenen Mitteln zu bekämpfen, führte die Regierung Renzi ihre kleine Revolution damals nicht zu Ende. Es ist zwar richtig, dass das SPRAR-System zwischen 2015 und 2018 viel robuster geworden und die Zahl der Gemeinden, die sich für seine Anwendung entschieden haben, und damit auch die Zahl der zur Verfügung stehenden Plätze merklich gestiegen ist. Viele Territorien haben es geschafft, die CAS zu vermeiden. Aber die Entwicklung ging letztendlich zu schnell und die Zahl der ankommenden Menschen verzeichnete eine so deutliche Zunahme, dass die Anzahl der CAS trotzdem wesentlich stärker wuchs als die der SPRAR. Das Ziel, zu einer endgültigen Aufgabe des CAS-Systems zu gelangen, konnte daher nie verwirklicht werden. In ihrer weit überwiegenden Mehrheit wurden die ankommenden Asylbewerber in großen Aufnahmezentren von der Bevölkerung segregiert und so ein falscher, doch im Sinne der rechten Propaganda sehr erfolgreicher Mythos geschaffen: Italien wird überrannt von einer gigantischen Menge von Ausländern, einem Heer von Nichtstuern, die es in erster Linie zu kontrollieren und in Schach zu halten gilt. Dies hatte zur Folge, dass viele Gemeinden ihre Projekte schlossen, selbst wenn sie erfolgreich waren, und sich weigerten, weitere Menschen aufzunehmen, egal ob im CAS- oder im SPRAR-System. Sie überließen das Problem den kleinen Zentren vor allem im Süden, die nicht über das Glück einer starken politischen Vertretung auf nationaler Ebene verfügten.

Heute ist das SPRAR, »dank« Salvinis Sicherheitsdekret, kein Aufnahmesystem mehr, bei dem der große Schwerpunkt auf dem nachhaltigen Schutz liegt. Die Menschen haben keinen gesetzlichen Anspruch auf eine angemessene juristische Unterstützung mehr, die sie in ihrem Asylverfahren begleitet. In der weit überwiegenden Mehrheit müssen sie in großen, anonymen Strukturen leben, in denen sie einfach nur »abgestellt« werden – oder jedenfalls ist das die Absicht. Da es jedoch schlicht nicht möglich war, alle dezentralen Einrichtungen von einem Tag auf den anderen zu schließen, wurde folgende Strategie entwickelt: Das SPRAR-System (oder eigentlich Ex-SPRAR-System) bleibt exklusiv für die Menschen bestehen, die Anspruch auf internationalen Schutz haben und daher irgendwie integriert werden müssen. Für andere Bewerber jedoch ist es nicht mehr möglich, Zugang zu diesem System zu erlangen, und dies wiederum bedeutet: Wer nicht sofort einen Platz in einem SPRAR-Projekt erhält, landet in einem CAS, er kann aber nicht mehr in das andere System transferiert werden.

Das SPRAR hat so im Grunde die Funktion verloren, die es zu Beginn gehabt hat, und die Abkürzung war nicht mehr zutreffend. Man hat es daher umbenannt in SIPROIMI (Sistema di Protezione per Titolari di Protezione Internazionale e per i Minori Stranieri non Accompagnati), was für »System zum Schutz für international Schutzberechtigte und unbegleitete Minderjährige« steht: Wie der Name schon sagt, haben nur noch Minderjährige und Personen mit bereits zugesprochenem Flüchtlingsstatus einen Anspruch, in diesem System unterzukommen. Darüber hinaus wurde mit Salvinis Sicherheitsdekret der Status des sogenannten »humanitären Schutzes« gestrichen und das Asylsystem damit um 20 Jahre zurückgeworfen.

*

Mit der Zeit haben sich die verschiedenen, vor allem kleineren Gemeinden Italiens, die einen positiven Umgang mit der Aufnahme und Integration von Geflüchteten pflegten, in einem Netzwerk zusammengeschlossen, das sich seit 2003 »Netz der solidarischen Gemeinden«, ReCoSol (Rete dei Comuni Solidali), nennt. Für Riace war es eine Selbstverständlichkeit, diesem »System« beizutreten, das die lokalen Behörden, nicht nur in Italien, miteinander in Verbindung setzt und sich in besonderer Weise für Themen wie Frieden, Solidarität, Umwelt, Bürgerrechte und Migration engagiert. Der Kontakt zu ReCoSol kam durch Chiara Sasso zustande, die ich 2005 kennenlernte und die lange Zeit landesweite Koordinatorin des Netzwerks gewesen ist. Später traf ich sie auf der alljährlich den Sitz wechselnden Versammlung der solidarischen Gemeinden in Polizzi Generosa im Parco delle Madonie in Sizilien wieder. Dort habe ich auch den Bürgermeister des Gründungsstädtchens Carmagnola Angelo Elia kennengelernt, sowie Gandolfo Librizzi, der den eng mit ReCoSol verbundenen Kunst- und Kulturverein Anthropos leitet, der sich mit den Themen Umweltschutz, Solidarität und Nord-Süd-Beziehungen auseinandersetzt.

Die Jahre nach der Jahrtausendwende waren eine sehr fruchtbare Zeit für die dezentrale Zusammenarbeit, auch dank einer Reihe von regionalen und ministeriellen Ausschreibungen. Vor allem aber herrschte ein positives Klima, in dem die Grundlagen für eine jahrelange Zusammenarbeit geschaffen wurden. Die Menschen, die ich in jenen Jahren getroffen habe, haben eine besondere Verbindung zu Riace entwickelt und haben uns daher auch in den schwersten Momenten immer unterstützt. ReCoSol ist Mitbegründerin unseres alljährlichen Sommerfests »Riace in Festival« und hat durch den Austausch von Ideen und Praktiken dazu beigetragen, die Willkommensinitiativen zu unterstützen. Ich erinnere mich immer gern daran, wie im Mai 2018 die alljährliche Versammlung des Netzwerks bei uns in Riace stattfand.

*

Auch wenn in den letzten Jahren der politische Wind gedreht hat und es mir vorkommt, als würde diese Zeit einer anderen Epoche angehören, hat es doch eine Phase gegeben, in der Riace von den staatlichen Institutionen geradezu mit Wohlgefallen betrachtet wurde.

Im Juli 2013 kehrte Laura Boldrini noch einmal nach Riace zurück, aber diesmal nicht mehr als Sprecherin des UNHCR, sondern als Präsidentin der Abgeordnetenkammer. Es war ein besonderer Tag, denn es war das erste Mal, dass eine so hohe Amtsträgerin unser Dorf besuchte. Sie sagte damals Worte, die mich sehr beeindruckt haben: »Ich bin hier an einem Ort, der denen Hoffnung gegeben hat, die hier angekommen sind, aber darüber hinaus auch den Menschen von hier, vor allem den jungen Leuten, die verzweifelt versuchen, sich in ihrer Heimat eine Zukunft zu schaffen.«

CAPITOLO 13

Ein linker Bürgermeister

Die Wahlliste hieß »Ein anderes Riace ist möglich«, und der Name des Bürgermeisterkandidaten war meiner. Eine Gruppe von Menschen, die in dem noch neuen Jahrtausend auf die Aufnahme von Geflüchteten und die Wiederherstellung des historischen Borgo setzten, hatte sich in dieser Liste zusammengefunden. Es war 2004, und die Wahlen standen vor der Tür.

Unser Name orientierte sich an dem Slogan »Eine andere Welt ist möglich« des 1. Weltsozialforums im brasilianischen Porto Alegre von 2001, das den Bewegungen der Zivilgesellschaft, die sich gegen Neoliberalismus und Kapitalismus einsetzten, eine Stimme geben wollte. Für uns war dieser Slogan nicht nur ein leeres Versprechen, auch wenn die Bewegung noch im selben Jahr durch die gewaltsamen Auseinandersetzungen zwischen Globalisierungskritikern und Polizei beim Weltwirtschaftsgipfel der G-8-Staaten in Genua einen schweren Rückschlag erlitten hatte. Wir wollten mit dem Namen unserer Liste zum Ausdruck bringen, dass der Weg, den wir zuvor schon mit der Gründung und Vernetzung von Kooperativen und Vereinen eingeschlagen hatten, der richtige war. Der scheidende Bürgermeister konnte nicht noch einmal kandidieren, weil er schon im zweiten Mandat war und erst zehn Jahre später ein neues Gesetz für Gemeinden unter 3000 Einwohnern die Ausdehnung auf weitere Amtszeiten erlauben würde.

Es hatten sich vier verschiedene Listen zur Wahl gestellt, und es war wahrscheinlich auch dieser Zersplitterung zu verdanken, dass wir – ohne irgendwelche Förderer oder Sponsoren an der Seite zu haben – die

Wahl gewannen. »Ein anderes Riace ist möglich« erhielt 35,45 Prozent der Stimmen, und ich wurde zum ersten Mal Bürgermeister. Die Wahlniederlage von 1995 und die Tatsache, dass mir damals sogar enge Verwandte ihre Stimme versagt hatten, schienen fürs Erste vergessen.

Wir hatten uns ganz auf ein Bedürfnis der Wähler konzentriert, das für sie elementar, aber als Wahlthema neu war: Die Wiedergeburt des historischen Zentrums als identitätsstiftender Ort, der sich auf die traditionelle agropastorale Gemeinde gründet. Es war eine Strategie – wenn wir sie überhaupt so nennen wollen –, bei der es keinen Konsens in der Gesamtwählerschaft geben konnte: Ebenso wie der Ort waren die Wähler gespalten in Riace Superiore und Riace Marina, wobei jeder Ortsteil etwa die Hälfte der Gesamteinwohnerzahl ausmachte. In Marina konnten wir nicht damit rechnen, dass unsere Argumente auf fruchtbaren Boden fallen würden, weil es als Ort der Zweithäuser am Meer, der in den vergangenen Jahren eine ungeordnete Modernisierung und Urbanisierung erfahren hatte, viel mehr als der Borgo der Konsumgesellschaft verhaftet war und eine gewisse Distanz zu unseren Zielen hatte. Auch die Arbeit, die wir schon seit mehreren Jahren mit dem Verein Città Futura geleistet hatten, hätte nicht genügt, um Wähler zu mobilisieren. Wären unsere politischen Gegner vereint aufgetreten, hätte es durchaus passieren können, dass wir die Wahl verlieren, mit dem Ergebnis, dass wir viele unserer Pläne nie in eine konkrete Dimension hätten überführen können.

Die ersten Jahre von 2004 bis 2009 kämpften wir vor allem gegen die in Süditalien weit verbreitete Überzeugung an, dass die öffentliche Verwaltung sowieso eher im eigenen Interesse handelt als in dem der Gemeinde. Viele Menschen in Riace verstanden mit der Zeit, dass unser Engagement ehrlich war und wir wirklich etwas für die Bürger erreichen wollten. Doch auch die Opposition hatte aus der Wahlniederlage gelernt und präsentierte sich bei den Wahlen von 2009 kompakt mit einer einzigen Liste. Dennoch gewannen wir mit unserer neuen Liste »Das andere Riace – Am Licht der Sonne« auch diese Wahl, mit 51,7 Prozent der Stimmen. Der Sieg war allerdings erdenklich knapp: unsere Mehrheit betrug nur 44 Stimmen.

Ich erinnere mich noch gut an die Schlusskundgebung auf der gut gefüllten Piazza Bronzi von Riace Marina, in Anwesenheit des damals regierenden Präsidenten der Region Kalabrien, Agazio Loiero, der spontan gekommen war, um uns zu unterstützen. »Ich bin Präsident aller Bürger Kalabriens, daher müsste ich eigentlich neutral sein«, begann er seine Rede, als wolle er sich bei unseren politischen Gegnern entschuldigen. »Aber in dieser Gemeinde ist etwas Außerordentliches geschehen: Durch die Aufnahme von Menschen, die vor den Schrecken der Kriege geflüchtet sind, hat die Welt das ureigene Gesicht Kalabriens kennenlernen dürfen, einer Region, die schon durch ihre Geschichte wie dafür bestimmt ist, jeden aufzunehmen, der einen Traum für sein Leben hat. Das macht mich stolz, Präsident dieser Region zu sein. Ein solcher Schatz darf nicht weggeworfen werden, und mein Wunsch ist, dass diese Geschichte überlebt und weitergeführt wird, auch unabhängig von dem Ergebnis, das die bevorstehende Wahl bringen wird.«

Seine Worte berührten mich tief, auch weil sie zeigten, dass unser jahrelanges Engagement wahrgenommen wurde und nicht vergeblich war.

Mitten unter den Menschen, auf den Treppen eines Mäuerchens vor dem Podiumstisch, entdeckte ich

Ilario Ammendolia, damals Bürgermeister von Caulonia. Ilario war einer der ersten Bürgermeister, mit dem es für mich leicht war, politische Ideale und soziale Utopien zu teilen. In der Vergangenheit war er ein kämpferisches Mitglied der Kommunistischen Partei gewesen. Er hatte eine außergewöhnliche Fähigkeit, auch Angelegenheiten von einer gewissen Bedeutung mit Ironie zu nehmen. Bei unseren häufigen Reisen durch die Institutionen habe ich Hoffnungen und Enttäuschungen mit ihm geteilt, und oft auch das Gefühl, auf verlorenem Posten zu kämpfen. In meiner Erinnerung bleibt er einer der Bürgermeister hier im Süden, die sich Konformismus und Behördenwillkür widersetzt haben, ein Mensch, der auf der verzweifelten Suche ist nach einer Erlösung unserer Region.

*

Hinter vorgehaltener Hand gab es in Marina viel Kritik an unserer Arbeit, auch wenn es als unbestritten galt, dass der alte Borgo seit Jahren oder gar Jahrzehnten von der Politik vernachlässigt, ja vergessen worden war. Ich war aber stets der Meinung, dass die Entwicklung der Marina und die des historischen Zentrums in Ergänzung zueinander gesehen werden müssen. Die Aufwertung des Borgo und die Wiederherstellung seiner ursprünglichen Schönheit würde auch für die Marina eine Bereicherung sein. Die Verbindung von historischer Identität und urbanem Fortschritt war möglich, wenn die Wiedereröffnung der Handwerkstätten, die Restaurierung der alten Häuser und Gassen des Borgo, die schönen, alten Straßen, in denen Esel die Müllabfuhr erledigten, auch unten in der Marina wahrgenommen und begrüßt wurden. Und vor allem, wenn die Wiederbelebung des hohen Guts der Gastfreundschaft und die Abwesenheit von Vorurteilen zu Werten wurden, die die gesamte Gemeinde begeisterte und mit Stolz erfüllte.

Wer noch nie in einer Realität gelebt hat, in der alles allen zu gehören scheint, kann vielleicht nicht verstehen, was es bedeutet, den eigenen Raum als freier Mensch zu bewohnen. In unseren Dörfern benötigt man normalerweise auch heute noch keinen Haustürschlüssel, ja nicht einmal eine Türklingel. Es genügt, anzuklopfen und einzutreten, selbst ohne abzuwarten, bis man hereingebeten wird. Wenn in früheren Zeiten jemand krank wurde, liefen die Nachbarn herbei, um ihre Hilfe anzubieten, und wenn man etwas brauchte, dann half man sich gegenseitig aus. Auch auf kulinarischem Gebiet gibt es ein Wort, das mehr sagt als viele Erklärungen: »il levatu«, »das Aufgehobene«. Früher, wenn man Brot buk, legte man ein wenig Teig zur Seite, um ihn für Bedürftige aufzusparen. Es gab ein Sprichwort, dass man das »levatu« nicht einmal seinem schlimmsten Feind verweigert. Wenn man mit den Bauern und den einfachen Leuten spricht, dann findet man auch heute noch bestätigt: Je weniger die Menschen von der modernen Gesellschaft mit ihrem Konkurrenzdruck, ihrem Ehrgeiz und ihrem Konsumwahn kontaminiert wurden, desto eher stößt man auf die tiefe Menschlichkeit und die selbstlose Großmut, die für die Menschen in diesem Landstrich typisch ist.

All diese Nuancen habe ich im Lauf meines Lebens verinnerlicht, und daher war es für mich ein natürlicher Impuls, unsere Türen weit zu öffnen, als Menschen in Not über das Meer zu uns kamen. Sich zurückzuziehen wäre unmöglich gewesen. Ich kann es einfach nicht akzeptieren, dass unsere Region mit rechter Propaganda überzogen wird, mit Botschaften von Hass und Angst. Und ich kann auch nicht unbeteiligt zusehen, wenn Riace Superiore eines langsamen Todes stirbt, während Riace Marina zum Ziel eines verfehlten Tourismus wird, bei dem Zerstörung und Ausbeutung an erster Stelle stehen. Die Menschen, die Riace besuchen, wollen im Idealfall die Schönheit eines historischen Ortes mit dem Strandleben verbinden, und nur wenn auch die Marina im Zusammenspiel mit dem Borgo eine Verschönerung und Aufwertung erfährt, kann das Experiment eines anderen Tourismus gelingen.

*

Während meiner Zeit als Bürgermeister haben wir vor allem in Riace Superiore etwas sehr Einfaches gemacht: Wir haben die 35 Euro pro Tag, die wir vom Staat für jeden geflüchteten Neubürger bekamen, für die Wiederherstellung des Ortes verwendet. Konkret haben wir von diesem Geld die Häuser renoviert, das Amphitheater eingerichtet, die Ölmühle und die verschiedenen Werkstätten zum Laufen gebracht, das Festival finanziert und die Arbeitsstipendien von in der Regel 700 Euro im Monat gezahlt. Die zur Verfügung stehenden Beträge für die Versorgung von Geflüchteten sind in Riace dieselben wie andernorts in Italien, doch die Lebenshaltungskosten sind relativ niedrig. Wir waren der Meinung, dass unser Engagement weitreichender sein muss, als nur eine Grundversorgung, eine Art Sozialhilfe, für die Menschen zu bieten, und so überlegten wir, wie wir diese Gelder verwenden sollten. Genau das wurde uns später zum Vorwurf gemacht. Es mag sein, dass andere Gemeinden die Gelder etwa für eine intensivere Beratung der Geflüchteten verwendet haben, doch auch dafür gerieten sie nicht selten ins Visier der Politik.

Mit 35 Euro pro Tag und Gast ist es möglich, sowohl die Grundbedürfnisse zu decken als auch anspruchsvollere integrative Aufgaben zu finanzieren. Das Neue an Riace war, dass es mit seinen Projekten – die im Übrigen auch zu Integrationszwecken errichtet wurden – etwas gemacht hat, was anders und bis dahin unbekannt war. Es ist aber wahrscheinlich kein Zufall, dass über die Jahre hinweg so viele Menschen aus aller Welt zu uns gekommen sind, um ein »Modell« zu studieren, von dem viele sagten, dass es Vorbildcharakter hat. Wir hatten in unserem Dorf eine große Anzahl von Menschen auf der Flucht aufgenommen, und wir konnten uns unter keinen Umständen erlauben, auch nur einen einzigen von ihnen auf der Straße sitzenzulassen. Daher beschlossen wir, Möglichkeiten der Integration mit der Entwicklung des Orts zu verbinden, also genau dort aktiv zu werden, wo der Staat schon seit Langem abwesend war. Mit diesem Geld ist es zum Beispiel auch gelungen, die Schulen wieder zu öffnen, und dort die Kinder unserer Neubürger und die Kinder der Riacesi gemeinsam zu unterrichten.

Noch heute kommt mir gelegentlich der Verdacht, dass es eine Art Plan zur Zerstörung einer funktionierenden Realität gegeben hat. Es ist nur zu offensichtlich, dass es politisch nicht gewollt war, die Kunde zu verbreiten, dass die Aufnahme von Flüchtlingen auch zu einem friedlichen Zusammenleben führen kann, in dem es keine Angst gibt, keine Spannungen, keine Zusammenstöße und kein Misstrauen.

*

Bei den Kommunalwahlen von 2019 habe ich trotz meiner Absetzung und Kriminalisierung in der Bürgerliste »Der Himmel über Riace« für den Gemeinderat kandidiert, und wir hatten auch eine Kandidatin für das Bürgermeisteramt, Maria Spanò, die zuvor Assessorin für öffentliche Arbeiten gewesen war. Leider wurde unser Projekt bei dieser Wahl nicht angenommen. Ich weiß nicht, warum unsere Ideen nicht die Gunst der Wähler fanden, und ob wir selbst nicht in der Lage waren, sie angemessen zu vermitteln. In all den Jahren meines Engagements ist jede Kommunalwahl ein ganz eigenständiges Kapitel gewesen: Die Gruppierungen konstituieren sich immer anders, und jedes Mal herrscht eine andere Dynamik. Sicher hat das Gerichtsverfahren, mit dem ich mich konfrontiert sehe, eine gewisse Rolle gespielt, da es ein zweifelhaftes Licht auf das wirft, was wir in den vergangenen Jahren gemacht haben. Auch die starke Medienpräsenz in einem so kleinen Ort mit der intensiven – positiven wie negativen – Berichterstattung hat sicherlich manche verstört. Und nicht zuletzt hat es uns natürlich geschadet, dass die Lega auch hier im Süden stark an Boden gewonnen hat.

Noch vor gar nicht langer Zeit wäre es undenkbar gewesen, dass eine ehemalige Regionalpartei des industrialisierten Nordens ausgerechnet hier im Süden mit seinen ganz anderen Bedürfnissen Fuß fassen könnte. Doch heute ist die Lega in vielen Orten Kalabriens und Siziliens die stärkste Partei. Ich bin kein Politologe, aber man muss nur wenige Jahre in die Vergangenheit schauen, um sich daran zu erinnern, dass sie sich einst aus der offenen Gegnerschaft zu den nach Norden gewanderten Süditalienern konstituiert hat. Oder dass sie der »Roma ladrona«, der »diebischen« Zentralregierung in Rom, in heftiger Abneigung gegenüberstand und sich nach der Unabhängigkeit von »Padanien«[34] sehnte. Jahrelang haben die »Leghisti«, die Anhänger der Lega, in alle Welt hinausposaunt, dass sie nichts mehr zu tun haben wollen mit Neapolitanern, Sizilianern und Kalabresen, als ob diese eine ansteckende Krankheit hätten. Das war eine tiefe Demütigung für die Menschen des gemarterten Südens. Und heute kommen sie zu uns und klopfen scheinheilig an unsere Türen.

*

Einige der größten Schäden in der Flüchtlingspolitik wurden allerdings schon von den sogenannten »Mittelinks«-Regierungen angerichtet. Schon diese Regierungen (nur dem Namen nach links) sind den Menschen, die nach Italien kamen, um politisches Asyl zu erbitten, mit Ablehnung und Gewalt begegnet. Sie behandelten sie wie menschlichen Abfall, während sie andererseits Hände schüttelten, um die libyschen Lager zu öffnen. Salvini hat nur eine weitere Grenze übertreten, indem er seine Verachtung ganz offen zur Schau trug und die volle Verantwortung für Operationen wie die Schließung der Häfen übernahm, ja nicht einmal davor zurückschreckte, die Verzweifelten, die auf den Schiffen ausharren mussten, vor den Augen der Weltöffentlichkeit vorzuführen wie ein Westernheld, der den Skalp des besiegten Feindes präsentiert. Die zweite Regierung Conte, die sich aus Partito Democratico und Fünf-Sterne-Bewegung konstituierte – wobei Letztere kurz zuvor noch Komplizin von Salvinis Übeltaten gewesen war –, ließ die beiden Sicherheitsdekrete unverändert und den von Salvini zum Ressortchef für Einwanderung im Innenministerium nominierten Michele Di Bari in Amt und Würden. Es sieht also fast so aus, als wollte das System die Dinge genau so haben, wie sie sind, als wäre es einer Mehrheit in diesem Land lieber, dass Migranten in einem libyschen Lager gefoltert werden, als dass sie mithelfen, ein verlassenes Dorf wiederzubeleben.

In den Momenten der Verzweiflung habe ich das Gefühl, bei diesem Thema einer verschwindend kleinen Minderheit anzugehören, aber das darf ich mir, das dürfen wir uns nicht erlauben. Genauso wie wir uns nicht erlauben dürfen, halbherzige oder zweideutige Positionen einzunehmen, und das habe ich auch als Bürgermeister versucht zu beweisen. Wie auch der peruanische Priester Gustavo Gutiérrez, einer der Begründer der Befreiungstheologie, gesagt hat, gibt es keine Zwischenposition, wenn im Evangelium von Gerechtigkeit die Rede ist. Wenn unser Leben ein Ja zu Gott ist, dann ist es auch ein Ja zur Brüderlichkeit, zu gegenseitigem Verständnis, zu Toleranz, zu Respekt, zu Würde, zum Wert der Menschlichkeit, zur Fähigkeit, die Ungerechtigkeit, die von einem anderen erlitten wird, am eigenen Leib empfinden zu können.

Das ist es, was es bedeutet, links zu sein: Es ist ein existenzielles Leiden, das man in der Seele trägt, ein Band, nicht mit einer politischen Partei, sondern mit einer Idee, die niemand unterdrücken kann. Ich weiß, dass ich nicht alleine bin, dass wir nicht wenige sind, dass wir vielleicht bei Wahlen schwach abschneiden mögen, aber unsere Werte wie Menschlichkeit und Gerechtigkeit niemals sterben werden.

*

Als Bürgermeister habe ich diese Werte zur Grundlage meines Programms gemacht und versucht, sie mit Visionen zu verbinden. Wenn man sich in einer Region wie Kalabrien darauf beschränkt, das Land einfach zu verwalten, dann wird es einem nicht gelingen, dem Labyrinth der Bürokratie zu entkommen. Am Ende ist jede Mühe umsonst, es bleibt keine andere Wahl, als in Resignation zu verfallen und in die üblichen Klagen über die Politik, die Regierung, die Verwaltung einzustimmen.

Hier im Süden tragen wir schwer an diesem Erbe, dieser Last der enttäuschten Hoffnungen, die oft zu Resignation und Selbstmitleid führt. Es ist, als gäbe es ein Schicksal, das uns unbedingt so haben will: immer ganz hinten in der europäischen Entwicklung, immer im Zentrum der »meridionalen Frage«. Wir müssen daher die Ideen und die Kraft finden zu sagen, dass wir in dieser Region geboren sind und hier bleiben wollen, dass wir uns dem Zwang zur Emigration nicht beugen, sondern eigene Zukunftsperspektiven entwickeln wollen.

Ich träume gern mit offenen Augen. Zwar hatte ich auch Respekt vor der Bürokratie und den Verwaltungsaufgaben meines Amtes, aber ich habe sie immer auch als Grenze für die Vorstellungskraft begriffen. Die »Struktur« der Gemeindearbeit, mit ihren verschiedenen Rollen und Funktionären, war für mich ein gutes Experimentierfeld, um zu verstehen, was wirklich machbar ist. Oft sind die Grenzen so eng gesteckt, dass es einem vorkommt, als gäbe es keinen Handlungsspielraum, als würde alles erstickt von der Bürokratie, von den Beschränkungen, von der Angst. Ich war zuvor fünf Jahre lang Gemeinderat gewesen und hatte schon in dieser Zeit aus dem Verwaltungsapparat gelernt. Als Bürgermeister hatte ich das Glück, Mitarbeiter zu finden, die mich unterstützten, allen voran der Gemeindesekretär Gesualdo Bova. Immer wieder ertappte er mich dabei, wie ich Fantasiereisen unternahm und mir im Kopf die tollsten Dinge ausmalte; oft hat er zu mir gesagt: »Diese Fähigkeit darfst du nicht verlieren.« Also habe ich einfach weitergeträumt.

CAPITOLO 14

Wasser und Esel

Wasser ist Leben, heißt es. Aber Wasser ist auch Freiheit, und vor allem ist Wasser auch ein Recht. Daran muss man immer wieder diejenigen erinnern, die es privatisieren wollen. Es ist nicht recht, aus einer unverzichtbaren Sache wie der Luft, die wir atmen, oder dem Wasser, das wir trinken, Profit zu schlagen. Und doch liegt dieses lebensnotwendige Gut heute in den Händen von wenigen multinationalen Konzernen, die es als verkäufliches Gut betrachten, mit dem sie Gewinne erzielen, Verbindlichkeiten aufbauen und Vereinbarungen für seine Vermarktung schließen können.

In Kalabrien wird das Wasser fast gänzlich von der »Gesellschaft für Kalabriens Wasserressourcen« SoRiCal (Società Risorse Idriche Calabresi) verwaltet, einem Mischunternehmen, das zu 53,5 Prozent der Region Kalabrien und zu 46,5 Prozent einer Aktiengesellschaft namens Acque di Calabria s.p.a. (Wasser Kalabriens) gehört, die wiederum unter dem Dach der französischen multinationalen Veoliam agiert. Seit 2004 betreibt SoRiCal die Wasserversorgung von fast allen kalabrischen Gemeinden. Sie entscheidet autonom über die Preise und kümmert sich um die ganze Versorgungskette, einschließlich der Verwaltung und der Modernisierung der Wasserleitungen – eine Mammutaufgabe, die nie wirklich zu Ende gebracht wurde. Wasser ist unverzichtbar, und die Wasserpreise des Unternehmens sind meiner Meinung nach eine grundlegende Ursache für die finan-

Liedtext von Francesco Guccini auf einem Wandbild in Riace: »Die ›Macht‹ ist der Müll der Geschichte der Menschheit ...«

ziellen Engpässe, mit denen sich Hunderte von kalabrischen Gemeinden herumschlagen müssen.

Einerseits reduziert der Staat Jahr für Jahr die finanziellen Mittel für die Kommunen, während andererseits die sowieso schon überhöhten Preise der SoRiCal immer weiter steigen. Für die Gemeinden wird es daher zunehmend schwieriger, die Rechnungen zu bezahlen, was wiederum das Defizit in den kommunalen Kassen erhöht. So konnte es geschehen, dass 2012 Dutzende von zahlungssäumigen Gemeinden von der Wasserversorgung abgeschnitten wurden, unter ihnen auch Riace, das damals etwa 180 000 Euro im Jahr für seine Wasserversorgung zu bezahlen hatte.

Das Wasser als Produkt, die Gemeinden als Betriebe: So wird das System der Wasserversorgung von vielen gesehen. Das ist ein Paradox gerade in einer Region, die am Meer gelegen ist und über wasserführende Schichten verfügt, deren stille Zeugen auch heute noch die von unseren Vorfahren benutzten Brunnen sind.

In Riace gibt es keine Brunnen von SoRiCal, und es war von jeher ein Traum von mir, uns von einem System zu befreien, das ich aus vielerlei Gründen für ungerecht halte. Ich wollte, dass das Wasser umsonst ist, für alle und dauerhaft. Wie kann es sein, dass die SoRiCal oder welches Unternehmen auch immer über unser Trinkwasser gebietet? Wasser ist ein Element, das für die Versorgung und Entwicklung einer Ortschaft unabdingbar ist, und es hat daher auch eine schützende Funktion für das Territorium. Die Bedeutung des Wassers in der Geschichte Riaces zeigt sich schon in seinem griechischen Namen: Ryakyon bedeutet nichts anderes als »kleiner Bach«.

Um mein Vorhaben in die Tat umzusetzen, war es notwendig, die Gemeindesatzung mit Ratsbeschluss zu modifizieren (Nr. 17, 26. Oktober 2010), und zwar durch Einführung des Artikels 36 mit der Überschrift »Definition der öffentlichen Dienstleistungen der Gemeinde, die keine wirtschaftliche Relevanz haben«: Die Gemeinde Riace erkennt darin das menschliche Recht auf Wasser als universal, unteilbar und unveräußerlich und den Status des Wassers als öffentliches Gut offiziell an. Es ist für mich undenkbar, dass zum Beispiel eine mittellose alte Frau, die ihre Wasserrechnung nicht bezahlen kann, diese lebenswichtige Dienstleistung vorenthalten bekommt, oder dass ganze Gemeinden durch ihre Schulden bei einem multinationalen Unternehmen darniederliegen. Heute kann das in Riace nicht mehr passieren. Das Wasser gehört allen, und es gibt eine Urkunde, in der das schwarz auf weiß geschrieben steht. Um diese für nichtig zu erklären, müsste sich der Gemeinderat neuerlich zusammenfinden und die Satzung mit qualifizierter Mehrheit ändern.

Nachdem wir also die verwaltungsrechtlichen Grundlagen geschaffen hatten, um unser moralisches und ideologisches Prinzip verwirklichen und das daraus resultierende Recht einfordern zu können, machten wir uns auf die konkrete Suche nach dem Wasser.

*

Es sind vor allem zwei Menschen, die mich in meiner persönlichen Überzeugung bei diesem Thema besonders bestätigt und inspiriert haben. Der eine war wieder einmal Pater Alex Zanotelli, der ein wunderschönes Buch mit dem Titel »Acqua: diritto alla vita« (Wasser, Recht auf Leben) geschrieben hat, einen Appell, der daran erinnert, dass Wasser ein lebensnotwendiges Element und die Versorgung damit unter anderem auch durch den Klimawandel gefährdet ist. Der andere war

Giovanni Di Leo, Fachingenieur für Hydraulik aus Lamezia Terme, durch den ich erst richtig verstanden habe, wie Wasser zum Spekulationsobjekt gemacht wird und welche Ungerechtigkeiten damit verbunden sind. Er setzte sich seit Langem und oft ohne jede Unterstützung dafür ein, dass Wasser in Kalabrien zum öffentlichen Gut wird, und er ist einer der Gründer der Initiative »Coordinamento Calabrese Acqua Pubblica ›Bruno Arcuri‹« (Koordinierungsstelle für Wasser als öffentliches Gut in Kalabrien). Bruno Arcuri, den die Initiative als Namensgeber führt, war Bürgermeister von Carlopoli, einer kleinen Gemeinde in der Provinz Catanzaro, und daneben Pazifist, Antimafia-Aktivist und einer der Initiatoren des Referendums »Wasser als öffentliches Gut«. Er hat unser Projekt von der ersten Stunde an geschätzt und gefördert und hat uns oft besucht, um, wie er immer sagte, wenn ich ihm in Riace begegnete, »dem Wunder des Willkommens« beizuwohnen. Leider kam er 2009 bei einem Autounfall ums Leben.

Wir wussten also, dass es in Riace Wasser gab. Wieder einmal begaben wir uns auf die Suche nach der Vergangenheit, denn es gab in der Geschichte Riaces viele Erzählungen von Brunnen und kleinen Wasserläufen. Gleichzeitig vertrauten wir uns einem Experten an.

Die Begegnung mit dem Geologen Aurelio Circosta war wahrscheinlich eine der wichtigsten in meiner Zeit als Bürgermeister. Wir waren sofort auf einer Wellenlänge. Auch er verfolgte einen Traum, um nicht zu sagen eine »Mission«, nämlich die Wasserversorgung in den von Trockenheit bedrohten Ländern des globalen Südens zu sichern. Für unsere Gemeinde war seine Mitwirkung fundamental, denn wir hatten keine finanziellen Ressourcen, die wir in die Suche nach Wasser hätten investieren können. Letztlich war seine Leidenschaft für die Tiefen der Erde und für den Reichtum, der in ihnen schlummert, für uns viel wertvoller als alle Mittel, die wir vielleicht hätten auftreiben können.

Ich hatte Circosta schon viele Jahre zuvor kennengelernt. Er hatte damals von einer Agrarfirma den Auftrag erhalten, einen Brunnen zu graben, um die Erde in der Gegend bewässern zu können, in der zufällig auch mein Schwiegervater sein Vieh weiden ließ. In ihren Arbeitspausen unterhielten sie sich oft miteinander, und es entstand eine spontane und ungewöhnliche Freundschaft. Der Ingenieur war fasziniert von Franci, so hieß mein Schwiegervater, einem Mann, der noch lebte wie in lang vergangenen Zeiten, seinen Arbeitstag nach dem Kreislauf der Natur gestaltete und die Uhrzeit nach der Länge der Schatten maß, die die Sonne auf das Getreide warf. Doch auch Franci entwickelte eine tiefe Bewunderung für den Geologen. Für beide war die Erde Arbeit und Freude; während der eine sie von außen betrachtete und mit seinen wissenschaftlichen Kenntnissen und technischen Instrumenten erforschte, war der andere quasi ein Teil von ihr und selbst das Instrument. Die Früchte seiner Arbeit, die er mit eigener Hand erntete, erwartete mein Schwiegervater jede neue Saison wieder fast wie ein Weltwunder.

Eines Tages, als sie nach Ende eines langen Arbeitstages zusammen in Riace Marina ankamen, wollte der Geologe seinen Freund zu einem Getränk einladen. Es war August, aber Franci trug sein altes Cordsamthemd, die typische Kleidung der kalabrischen Bauern. Es war ganz sicher etwas völlig Ungewohntes für ihn, eine Pause am Meer einzulegen, und noch dazu in einer Strandbar. Als Circosta ihn fragte: »Was nehmt Ihr denn? Ich möchte gern ein Eis«, war seine verblüffende Antwort: »Ich möchte zwei, eines bringe ich meiner Signora mit.« Circosta hat mir diese Geschichte oft erzählt, gerührt über das Zartgefühl eines Mannes, der jeden Abend bei Sonnenuntergang auf seinem Esel nach Hause ritt, stolz auf sein Tagwerk, ohne zu wissen, dass man ein Speiseeis nicht aufheben kann.

Es war also kein Zufall, dass Circosta sich später bei uns meldete, weil er erfahren hatte, dass wir in Riace den Plan verfolgten, unsere Wasserressourcen offen zu legen und dem ganzen Dorf kostenlos zugänglich zu machen. Bei diesem Unterfangen wollte er unbedingt dabei sein. Wie ein »Missionar des Wassers«, der mit seinen Bohrern bis nach Afrika gelangt war, um auch dort den Menschen ihr Grundrecht auf Wasser zu gewährleisten, kam er jetzt nach Riace, um uns bei der Verwirklichung unseres Traums beizustehen. Er wollte damit ein wichtiges Zeichen setzen und uns ein Geschenk machen, das in seiner langen Karriere und vielleicht seinem Leben einen besonderen Platz einnehmen würde.

Tatsächlich stießen wir im Mai 2016 im Bezirk »Nesci l'acqua« schon beim ersten Versuch auf eine wasserführende Schicht, eine natürliche, wohl vier Millionen Jahre alte Quelle. Der Name der Gegend enthielt schon die Antwort auf unsere Frage, denn er bedeutet in kalabrischem Dialekt nichts anderes als »das Wasser kommt daraus hervor«. Wir bohrten 160 Meter tief in die Erde und stellten fest, dass das Wasser durch eine Lehmschicht geschützt war, die es gegen verschmutzende Substanzen abdichtete. Mithilfe einer Elektropumpe gelang es uns tatsächlich, das Wasser mit einem Druck von 25 Litern pro Sekunde an die Oberfläche zu befördern. Ich kann gar nicht beschreiben, was ich empfand, als ich zum ersten Mal diesen durchsichtigen Strahl erblickte: Dieses Wasser hatte eine unendlich lange Zeit in der Erde verbracht, und nun kam es zum Vorschein, ein Symbol des Lebens, aber auch unserer Unabhängigkeit. Circosta, eine Assessorin für öffentliche Arbeiten, Maria, die jeden Tag mit uns auf der Baustelle war, und ich fielen uns auf der Baustelle vor Freude in die Arme. Ich werde diesen Moment für immer im Herzen tragen.

Um diese außerordentliche Ressource voll nutzen zu können, brauchten wir Geld. Es mussten Experten bezahlt werden, wir benötigten Arbeiter, Maschinen und Ausrüstung, um das Wasser zu erforschen und eine Verbindung zum Gemeindeaquädukt zu legen. Es war eine echte Investition in die Zukunft, und wenn sie gelang, würde die Gemeinde es ihren Bürgern tatsächlich ermöglichen, keine horrenden Rechnungen der SoRiCal oder auch jeder anderen Privatfirma mehr zahlen zu müssen. Ich wandte mich an Domenico Arcadi, unseren Gemeindebuchhalter, wie jedes Mal, wenn ich eine Idee hatte und hoffte, dass sie sich realisieren ließ. Doch er musste mir zu seinem Bedauern eröffnen, dass kein Geld in der Kasse war. Aber es gab eine andere Möglichkeit: Wenn wir es schafften, die Arbeiten bis Ende Juni 2016 zu beenden, dann würden wir uns die Hälfte der 180 000 Euro für den Wasserverbrauch des ganzen Jahres sparen, die wir an die SoRiCal zu zahlen hatten. Diese konnten wir dann stattdessen in das Budget für unser Vorhaben stecken.

Tatsächlich arbeiteten alle Beteiligten so unermüdlich, dass das Unternehmen gelang. Damit wurde das Wasser in Riace praktisch kostenlos, für den Anfang wenigstens für die Einwohner des oberen Dorfs, die bis auf die kleineren Beträge für das Funktionieren der Elektropumpen und Rohrleitungen keine Wasserrechnungen mehr zahlen mussten. Die Gesundheitsbehörde der Provinz Siderno hatte inzwischen die Trinkbarkeit des Wassers zertifiziert, und in den darauffolgenden Monaten wurden weitere drei Proben entnommen, eine in jeder Jahreszeit. Darüber hinaus stand im Bericht der kalabrischen Umweltschutzbehörde Arpacal (»Agenzia Regionale per la Protezione dell'Ambiente della Calabria«, Regionale Agentur für Umweltschutz Kalabriens) zu lesen, dass keinerlei Schwermetalle, Schädlingsbekämpfungsmittel, Kohlenwasserstoffe, Bakterien und organische Verbindungen in dem Wasser nachweisbar waren.

Der Brunnen war also geprüft, es waren Wasserproben in großem Umfang entnommen worden, und auch die Genehmigungen waren da. Doch wie so oft erwiesen sich auch hier die bürokratischen Hemmnisse als schier unüberwindlich, und es kam zu einer Verzögerung nach der anderen. Nach langem Warten gelang es uns, zum Preis von 50 000 Euro eine Trafostation des Stromversorgungsunternehmens ENEL (»Ente Nazionale per l'Energia Elettrica«, Nationale Körperschaft für elektrische Energie) zu erhalten, aber bis heute brauchen wir einen Motor, um das Wasser in die Wasserversorgung zu pumpen.

Es steht zu hoffen, dass unsere Bemühungen und Investitionen nicht vergeblich waren. Die Gemeinde Riace könnte es immer noch schaffen, zum Selbstversorger zu werden und damit den Weg zur Unabhängigkeit einzuschlagen.

*

Wenn man dem Verlauf des Bachbetts folgt, gibt es einen weiteren Ort in unmittelbarer Nähe des alten Borgo, an dem das Wasser eine besondere Rolle spielt. Schon vor Jahren hatte man Maßnahmen unternommen, um diesen Hügelrücken vor der Erosion zu retten, die zum einen durch klimatische Verhältnisse, zum anderen aber durch die Hand des Menschen verursacht worden war. Das gerade in südlichen Ländern so begehrte Wasser kann auch zur Verdammnis werden, etwa wenn es zu Überschwemmungen kommt, die ganze Dörfer mit sich reißen, wie es etwa in Africo geschehen ist. Auch dieser idyllische Winkel Riaces war auf dem besten Weg, so schwere Schäden zu entwickeln, dass es bald zu hydrogeologischen Problemen kommen würde.

Wir haben dieses Gebiet innerhalb weniger Jahre saniert, indem wir einen Bachlauf wiederherstellten und natürliche Terrassen anlegten, um den Fortgang der Bodenerosion zu stoppen. Dabei stießen wir auf die alten Steinpfade, die einst vom Dorf hinunter zum Bach führten. Das Gebiet war in der Gemeinde bekannt als der alte Platz, an dem sich einst die Wasserträgerinnen und Wäscherinnen zusammengefunden hatten. In diesem in Gras und Stein eingebetteten Winkel wurden vor langer Zeit Freundschaften geschlossen und Verlobungen arrangiert, er war eine natürliche Agora, ein Markt- und Versammlungsplatz. Auch hier setzten wir uns die Aufgabe, die Geschichte und die Identität des Territoriums wieder hervorzuholen und offenzulegen, wo sich das Leben des Volkes früher abgespielt hat. Die Herren, die Großgrundbesitzer, ließen sich in ihren Häusern ihre eigenen Brunnen graben und hatten mit diesem öffentlichen Wasserzugang nichts zu tun. Es waren vielmehr die einfachen Leute, die dieses abgelegene Areal nutzten und mit Leben füllten. Ganz bewusst haben wir daher dem Tor, durch das man das Dorf verlässt, um über einen Steinweg zu den Terrassen zu gehen, den alten Namen »Porta dell'Acqua« (Tür zum Wasser) wiedergegeben und das ganze Gelände »Parco delle Fontane« (Park der Brunnen) getauft und einer Frau namens Sara gewidmet, die früher als Wasserträgerin hierherkam.

An diesem terrassierten Hang haben wir auch den didaktischen Bauernhof eingerichtet und die Esel der Sozialkooperative »L'Aquilone« (Der Drachen) untergebracht, die die Müllabfuhr im alten Borgo zu übernehmen hatten. Auch das war ein Projekt, das sich in unsere Idee einer neuen Gesellschaft einfügte, in der die Gemeinschaft mit dem vorhandenen Raum eine harmonische Verbindung eingeht. Die Esel passen perfekt in das wunderschöne Panorama mit den zum Meer hinuntergleitenden Hügeln, die sich je nach Jahreszeit und Wetter in immer anderen Farben präsentieren, als würde sich die Erde stets neu einkleiden.

In den großen Städten, wo die Konsumgesellschaft regiert und die Menschen sich wie die Ameisen tummeln, bleibt kaum Gelegenheit, innezuhalten und die Schönheit der Welt zu betrachten. Ich frage mich oft, wie es gelingen kann, die Welt wieder in ein menschengerechteres Tempo zu bringen. Daher habe ich versucht, in Riace eine Art zu leben vorzuschlagen, die langsamer ist und weniger besessen von der Sucht nach immer neuen Reizen.

*

Schon in jungen Jahren war ich mit dieser Art zu leben in Kontakt gekommen, weil meine Frau aus einer Landarbeiterfamilie kam, die noch ganz im Rhythmus der Jahreszeiten lebte, in völliger Harmonie mit der Erde und den Tieren. Ich glaube, es war eine der ärmsten Familien in Riace. Mein Schwiegervater besaß ein paar Kühe, Ziegen und Schafe, und dazu noch einen Esel mit langem Fell, wie es bei der hier heimischen Sorte eigentlich nicht üblich ist. Als dieser Esel starb, nach einem Leben voller Arbeit und Mühen, aber auch voller Respekt, weinte Franci wie ein Kind.

Mein Schwiegervater hat nie auch nur ein Moped besessen, geschweige denn ein Auto, und dieser Esel war der Mittelpunkt seiner Arbeitswelt. Dem Geld maß er keine Bedeutung bei, und Gefühle wie Hass oder Missgunst waren ihm fremd. Die meisten Tage seines Lebens ging er vor dem Morgengrauen aus dem Haus und kam nach Sonnenuntergang zurück, und wie spät es war, sagte ihm nicht die Uhr, sondern die Sonne. Sein ganzer Stolz war das bescheidene Stück Land, das er bewirtschaftete, und auf das er lange hatte warten müssen. Es lag auf einer Landzunge in Meeresnähe, nur wenig entfernt von dem Strandabschnitt, wo die Bronzi gefunden wurden.

Ich weiß noch, wie ich eines Tages Pina traf, seine Tochter, die dann meine Frau wurde. Ich ging in der Gegend spazieren, in der ihr Vater seine Herde weidete, und da stand sie, auf einem Feld über die Arbeit gebeugt. Als sie mich erblickte, schreckte sie hoch und versteckte schnell ihre schmutzigen Hände hinter der Schürze. Sie sah mich an und lächelte, und es kam mir in dem Moment vor, als hätte ich eine unsichtbare Grenze zu einer anderen, unberührten Welt überschritten. Der Wind strich ihr durchs Haar und ließ auch das Getreidefeld wogen, in dem sie stand. Ich war einen Moment lang sprachlos, von Bildern und Gefühlen überwältigt, wie ich sie nie mehr in meinem Leben empfinden würde. Sie war die letzte Weberin Riaces und arbeitete mit Ginsterfasern, eine Tradition, die in den bäuerlichen Gemeinschaften Kalabriens früher sehr verbreitet war. Sie hat mir beigebracht, wie die Erde beim ersten Septemberregen duftet. Was wir miteinander teilten, war der Traum von Freiheit und sozialer

Gleichheit, für die Landarbeiter, Schäfer, Kleinbauern und Weberinnen.

*

Mein Plan war, auch die Müllabfuhr in unser Projekt einzubinden, also die Schaffung von Beschäftigungsmöglichkeiten mit der Tradition und der Integration von Geflüchteten zu verknüpfen. Die große Frage bei diesem Thema war allerdings, wie man in den engen, steilen Gassen Riaces Mülltrennung und Tür-zu-Tür-Sammlung überhaupt ermöglichen konnte.

Eines Tages fiel mir eine alte Quittung des Gemeindekassierers in die Hände, auf der wortwörtlich zu lesen stand: »für Straßenreinigungsdienste im Dorf mit Esel und Besen«. Ich fragte meinen Vater, was das zu bedeuten hatte, und er erklärte mir, dass man vor dem Zweiten Weltkrieg im Borgo den städtischen Reinigungsdienst mit Eseln gemacht hatte. Dann erinnerte ich mich, gelesen zu haben, dass der Bürgermeister von Castelbuono – einem mittelalterlichen Dorf in der Provinz Palermo, das auch zum Netz der solidarischen Gemeinden gehört –, vor noch gar nicht langer Zeit dieselbe Methode eingeführt hatte. Die Esel zogen dort aber keine Karren, wie mir das vorschwebte, sondern hatten Körbe auf dem Rücken. Mir schien, dass die Idee gut zu meinen Vorstellungen von einer langsameren, weniger hektischen Gesellschaft passte und die Esel mit ihrem sanftmütigen, friedlichen Wesen eine wohltuende Ausstrahlung in unsere Gemeinde bringen würden.

Auch bei dieser Erfahrung spielte die Integration eine zentrale Rolle. Wir bezogen die Gemeinschaft der Roma mit ein, um die Karren zu bauen, denn sie beherrschten dieses alte Handwerk, bei dem man ein wenig Schreiner und ein wenig Schmied sein muss, besser als jeder andere. Damit die Eisenräder auf den steinernen Gassen nicht kaputtgehen, muss man sowohl mit Holz als auch mit Eisen umgehen können und wissen, wie man die beiden Materialien miteinander kombiniert. Eine Expertise fanden wir bei Gianni, der »u' Zingaru«, »der Zigeuner« genannt wurde und dessen Augen jedes Mal glänzten, wenn er von seiner Arbeit sprach. Dann kauften wir Esel einer in Kalabrien einheimischen Rasse, die eigentlich eine alte Mischung aus einer apulischen und einer sizilianischen Sorte war. Von den Roma lernte ich viele Dinge über diese Tiere, und es gefiel mir, dass sogar unsere Esel Mischlinge waren.

Die Kooperativen, denen wir später die Müllsammlung direkt anvertrauten, setzten sich vor allem aus den ärmsten Leuten von Riace zusammen. Einer von ihnen war Biagio, ein Mann mit einer unglaublichen Geschichte. Viele Jahre lang hatte er für einen Großgrundbesitzer geschuftet, von dem er nicht mit Geld, sondern mit Sozialbeiträgen bezahlt wurde, die er nie ausbezahlt bekam. Biagio ist also ein Mensch, der nie Rechte hatte und sein Leben lang umsonst gearbeitet hat. Dank der Sozialkooperative hatte er zum ersten Mal in seinem Leben einen Arbeitsvertrag, der ihm das Gefühl gab, ein vollwertiges Mitglied der Gesellschaft zu sein. Er erfüllte seine Aufgabe jeden Morgen mit großer Hingabe, und er hütete seine Esel wie seinen Augapfel und entwickelte einen völlig unabhängigen Arbeitsstil.

Neben Biagio waren noch andere Menschen an der Organisation der Müllabfuhr beteiligt, sowohl Einheimische als auch Neubürger aus Somalia, Ghana und Gambia. Darüber hinaus hatte das Projekt eine didaktische und touristische Dimension, denn wir hatten viele Schulklassen zu Gast, die mit Begeisterung beobachteten, wie diese Dienstleistung funktionierte, oder die einfach nur die Esel sehen und streicheln wollten. Ich fand es traurig, dass es heute Kinder gibt, auch in Kalabrien, die diese Tiere gar nicht kennen und jedenfalls noch nie von Nahem gesehen haben.

*

Die Organisation der Müllabfuhr war eine intensive und außergewöhnliche Erfahrung, aus der ich viel gelernt habe. Leider ist einer der Anklagepunkte, die die Staatsanwaltschaft von Locri gegen mich vorgebracht hat, die direkte Auftragsvergabe an die zwei Kooperativen, die nicht im Handelsregister der Region verzeichnet waren. Das System, das wir geschaffen hatten, wurde durch die Anklage zerschlagen, und die Menschen, die daran beteiligt waren, haben ihre Arbeit wieder verloren. Im April 2019 hat das Kassationsgericht[35] diese Anklage zwar demontiert und den Beschluss zurückgenommen, der meine zeitweilige Verbannung aus Riace verfügt hat. Für das Oberste Gericht war es demnach nicht unrechtmäßig, den Auftrag für die Müllabfuhr an die Kooperativen zu vergeben, im Gegenteil: Die direkte Übertragung von Aufträgen an Sozialgenossenschaften mit dem Zweck, benachteiligte Menschen in den Arbeitsprozess einzubinden, ist nicht nur erlaubt, sondern sogar ausdrücklich erwünscht – unter der Bedingung, dass der Preis für die Dienstleistung geringer ist als der, den die Gemeinde dafür verlangen würde. Das Kassationsgericht stellte überdies fest, dass der Verweis auf Unregelmäßigkeiten und Undurchsichtigkeiten, die es laut Staatsanwaltschaft in Riace gegeben habe, zu allgemein gehalten und die Argumente zur Belegung dieser Vorwürfe »widersprüchlich« und »unlogisch formuliert« waren. Letztlich konnte das Gericht bei der Übertragung der Dienstleistung an die zwei Kooperativen kein betrügerisches Verhalten feststellen und gab zudem zu bedenken, dass auch wegen der Beschaffenheit des antiken Borgo kein anderes Unternehmen diese Leistung hätte übernehmen können.

Heute wird die Müllabfuhr unter der neuen Verwaltung von einer Holding betrieben, die diesen Dienst in etwa 50 Gemeinden der Region anbietet. Es gab wohl von Anfang an ein Interesse daran, das von uns entwickelte System zu zerschlagen, vielleicht auch, weil man fürchtete, dass es in der Region Schule machen könnte. Solche Holdings arbeiten ganz anders als etwa unsere Kooperative: Ihnen geht es allein um den Profit, während eine Kooperative an der Aufgabe an sich und am Wohl aller interessiert ist. Wir waren in Riace auf einem guten Weg, das Abfallsystem in eine Ressource zu verwandeln, und wir waren nicht die Einzigen, die sich ein solches Ziel gesetzt hatten. In Kalabrien gibt es in den letzten Jahren einige Initiativen, die versuchen, sich neue Perspektiven zu eröffnen, vor allem was die öffentlichen Dienstleistungen wie Müllabfuhr, Wasser, Aufnahme und Integration von Geflüchteten, Sozialgenossenschaften, Steuern und Abgaben betrifft.

Wenige Monate nach dem Urteil des Kassationsgerichts wurde dem Projekt auf andere Weise der endgültige Garaus gemacht: Man entzog uns kurzerhand die Nutzungserlaubnis für die Hütten auf den Terrassen des didaktischen Bauernhofs, in denen auch die Esel untergebracht waren. Paradoxerweise wurde uns die betreffende Mitteilung vom Gericht in Locri zugestellt, wo weder das Krankenhaus noch die Carabinieri-Kaserne, noch das Gericht selber eine solche Nutzungserlaubnis besitzen. Der Unterschied ist wahrscheinlich, dass in unserem Bauernhof keine Menschen untergebracht waren, sondern Esel.

CAPITOLO 15

Solidarisches Geld

Es ist nicht leicht, ohne Geld zu regieren. Es ist nicht leicht, nein, es ist unmöglich, den Bürgern Dienstleistungen und Rechte zu garantieren, wenn die Gemeindekasse leer ist und zudem durch Schulden belastet, etwa bei denen, die der Gemeinde das Wasser verkaufen. Das Geld, das der Staat uns für die Aufnahme von Geflüchteten zur Verfügung stellte, durfte streng genommen nur genau dafür verwendet werden, auch wenn das die Schaffung eines Standards blockierte, der die Menschen, die wir beherbergt haben, wirklich respektiert hätte.

Nach einem Jahr des vergeblichen Wartens, mürbe gemacht und erschöpft, als die Auszahlung der Gelder zum x-ten Mal aufgeschoben worden war, entschloss ich mich am 18. Juli 2012, einen Hungerstreik zu beginnen. Ich war damit nicht allein: Die demonstrative Geste wurde mitgetragen von Giovanni Maiolo, einem Sozialarbeiter aus Caulonia, der auch ReCoSol-Referent von Kalabrien war (und heute landesweiter Präsident des Netzwerks ist), und von Giovanni Manoccio, dem Bürgermeister von Acquaformosa (Provinz Cosenza), einer Gemeinde, die ähnliche Ziele verfolgte wie wir und mit ähnlichen Problemen zu kämpfen hatte.

Zu jenem Zeitpunkt waren in Riace 120 erwachsene Migranten und 30 Kinder untergebracht. Seit Monaten warteten die Sozialarbeiter vergeblich auf ihre Gehälter, wir konnten Mieten und Stromrechnungen nicht bezahlen, und die lokalen Gewerbetreibenden, die so-

---

Lokale Banknote für Riace

wieso schon durch die Konkurrenz der großen Supermärkte in der Umgebung zu leiden hatten, warteten vergeblich auf die Begleichung ihrer Waren bzw. fuhren fort, Kredite zu gewähren.

Es waren die Jahre des Dekrets »Emergenza Nordafrica« (Notfall Nordafrika) der Regierung Berlusconi, das im April 2011 in Kraft getreten war. Die Maghrebstaaten waren wegen des arabischen Frühlings und wegen des Libyen-Konflikts in großem Aufruhr. Die Menschen flüchteten vor den Aufständen in Ägypten und vor allem in Tunesien, wo der tragische Selbstmord des jungen Straßenhändlers Mohamed Bouazizi eine Revolte losgetreten hatte. Bouazizi hatte sich selbst angezündet, nachdem die Behörden immer wieder seine Waren beschlagnahmt und seinen Gemüsestand geschlossen hatten. Aber die »Nordafrikaner« (eine viel zu allgemeine Bezeichnung) flohen auch vor den Raketen, die seit März desselben Jahres auf Libyen herniederregneten, und zwar von Feldbombern, die in Italien gestartet waren. Mit dem Dekret unternahm die Regierung Berlusconi den Versuch, die Aufnahme von Flüchtlingen dem Zivilschutz anzuvertrauen, mit der Folge, dass die bürokratischen Verfahren noch komplizierter wurden und die Auszahlung von finanziellen Mitteln noch länger auf sich warten ließ. Überdies führte das zu einer Verschiebung der Perspektive, da die Aufnahme von Flüchtlingen in den Bereich einer kurzfristigen »Nothilfesituation« gerückt wurde, wie alles, was in den Bereich des Zivilschutzes fällt, während die SPRAR-Projekte eher auf Dauer und Nachhaltigkeit angelegt waren.

Erst ein Jahr zuvor hatte Berlusconi in Begleitung des damaligen Lega-Innenministers Roberto Maroni das CARA von Mineo eröffnet, ein Aufnahmelager, das sich später zu einem veritablen Ghetto entwickeln würde. Lange Zeit ist Mineo, dem Berlusconi höchstpersönlich den Namen »Dorf der Solidarität« verliehen hat, nichts anderes gewesen als eine Haftanstalt für Asylsuchende, eingerichtet gegen den ausdrücklichen Willen der lokalen Gemeinden, überwacht von Polizei und Carabinieri. Über Jahre hinweg stand das Lager im Mittelpunkt zahlreicher Ermittlungen, vor allem was Fragen der Finanzierung und der Sicherheit betrifft. Doch offensichtlich war genau dies das von der Regierung bevorzugte Modell. Was umso nachdenklicher stimmt, wenn man bedenkt, dass es sich damals schon in Riace und vielen anderen Gemeinden gezeigt hatte, dass eine andere Form der Unterbringung sehr wohl möglich und unbedingt sinnvoll ist.

Im November 2011 war zwar eine neue Regierung mit Mario Monti als Ministerpräsidenten an der Spitze in Kraft getreten, aber für uns hatte das bisher nichts geändert. Die uns zustehenden Mittel waren uns von Rom schon ein Jahr zuvor in Aussicht gestellt worden, doch sie kamen auch mit der neuen Regierung nicht an. Wir waren also schon seit Längerem gezwungen, den Gürtel empfindlich enger zu schnallen.

Ende Juli 2012, acht Tage nach dem Beginn unseres Hungerstreiks, gaben wir eine Pressemitteilung mit folgendem Appell heraus: »Helft uns, eine Alternative zu den CARA-Zentren am Leben zu erhalten, eine Alternative zu den Pushbacks, zu den Massenlagern und zur automatischen Transformation unserer geflüchteten Brüder und Schwestern in ›Illegale‹. Für ein humanes und solidarisches System der Aufnahme von Unterschiedlichen! Wir bekräftigen hiermit, dass wir unseren Hungerstreik fortsetzen werden, falls keine vollständige Lösung des Problems zustande kommt.«

Die Situation war inzwischen sehr angespannt: Einige Migranten hatten mit umgeworfenen Müllcontainern den Verkehr auf der Jonica blockiert. Ich selbst ließ mich dabei fotografieren, wie ich meine Bürgermeisterschärpe mit den Farben der Trikolore in meinem Büro an einen Nagel hängte. Nun bekundete auch die überregionale Presse ihr Interesse, und endlich meldete der Chef des Zivilschutzes, Franco Gabrielli, seinen Besuch an, um mich und die anderen Streikenden zu treffen. Am 28. Juli 2012 erhielten wir von Gabrielli die Versicherung, dass der Zivilschutz nur noch auf grünes Licht vom Rechnungshof wartete, um die uns zustehenden Gelder auszahlen zu können. Nach viel Wirbel und einer weiteren, schier unendlich scheinenden Wartezeit, kam endlich die erste Tranche an.

*

Leider ist die verspätete Auszahlung von staatlichen Geldern ein Problem, das mit großer Regelmäßigkeit immer wiederkehrt. Im Frühling 2011 versuchten wir diesem Problem vorzubeugen, indem wir nicht nur einen Blick in die Zukunft, sondern auch in die Vergangenheit warfen. Seit der Antike und bis ins 19. Jahrhundert hinein war es nämlich immer wieder vorgekommen, dass kleinere regionale Territorien ihr lokales Geld gedruckt haben. Es hatte in der Regel einen geringeren Wert als das, das im Austausch mit anderen Gemeinden, Herrschaftsbereichen oder Fürstentümern benutzt wurde, und es war allein für den internen Handel reserviert. Wir beschlossen, dieses alte Konzept wiederzubeleben und eine eigene Währung für Riace einzuführen. Indem wir diese regionalen Banknoten als Gutscheine in die Hände der Gäste legten, boten wir ihnen eine »Kaufkraft« an, mit der sie frei über ihre Einkäufe bestimmen konnten. Die Betreiber von kleinen, lokalen Geschäften, die es sich nicht leisten konnten, Monate auf die Zahlungen der Regierung zu warten, würden diese Gutscheine in Zahlung nehmen und sie dann später, nach Ankunft der staatlichen Mittel, von der Gemeinde in Euro umgetauscht bekommen. Wir legten diese regionalen Banknoten in sieben Stückelungen im Wert von 1, 2, 5, 10, 20, 50 und 100 Euro auf und ließen sie mit den Porträts von einigen unserer wichtigsten politischen und kulturellen Bezugspersonen bedrucken: Freiheitskämpfer wie Mahatma Ghandi, Che Guevara, Martin Luther King und Nelson Mandela, oder Mafiaopfer wie Peppino Impastato, Rocco Gatto und Gianluca Congiusta, ein junger Unternehmer aus Siderno, der 2005 von der 'Ndrangheta ermordet wurde, weil er sich geweigert hatte, Schutzgeld zu zahlen. Es war eine praktische und überdies sehr nützliche Methode, die auch das Ziel hatte, das, was sich in Riace entwickelt hatte, zu »normalisieren«. Es verlieh den Leuten Unabhängigkeit, erlaubte ihnen die Teilnahme am gesellschaftlichen Leben und gab ihnen die Möglichkeit, Erfahrung zu sammeln, wie sie ihr Geld ausgeben wollten. Unsere Gäste wurden in Verantwortung gesetzt und wie erwachsene Menschen behandelt, nach einem Modell, das dem reinen Fürsorgesystem diametral zuwiderlief. Es war also etwas ganz anderes als diese schrecklichen Einkaufstüten, die den Leuten übergeben wurden wie ein Almosen. Überdies vermied man mit diesem Bonussystem, die Banken zu subventionieren, da die Gäste ihre Einkäufe direkt verwalteten. Und nicht zuletzt förderte es die lokale Wirtschaft.

Viele Kommunen sind ständig gezwungen, Kredite aufzunehmen, um während der Wartezeit auf die staatlichen Mittel nötige Ausgaben vorschießen zu können. Oft werden diese Kredite zwar zu vergünstigten Zinssätzen vergeben, aber ich halte es trotzdem für falsch, öffentliche Gelder für die Zahlung von Bankzinsen zu verwenden. Das System, das wir uns ausgedacht hatten, wurde jedenfalls bald auch von anderen Gemeinden übernommen, die dieselben Probleme mit verzögerten Auszahlungen hatten wie wir, so etwa Gioiosa Jonica, Caulonia, Camini und Acquaformosa.

Unsere Initiative, die entstanden war, um ein Versäumnis des Staates auszugleichen, wurde jedoch vom Staat selbst nicht gutgeheißen: Die für das SPRAR zuständige Zentraldirektion des Innenministeriums schickte mir eine förmliche Aufforderung, die Verteilung unserer solidarischen Banknoten einzustellen. In ihrer Mitteilung stand zu lesen, dass »in Italien die Emission einer Währung oder eines Ersatzes für diese verboten ist, wenn sie nicht konform geht mit dem, was in den Verträgen der Europäischen Union und in der nationalen Gesetzgebung vorgesehen ist«. Alles andere wurde als Straftat eingestuft.

Im Oktober 2017 wurde ich von der Staatsanwaltschaft Locri als Beschuldigter registriert, und ebenso erging es Fernando Antonio Capone, dem Präsidenten unseres Vereins Città Futura. Die Anklage lautete auf besonders schweren Betrug zum Zwecke der Erlangung öffentlicher Mittel zum Schaden des Staates und der EU, und weiter auf Erpressung im Amt und Amtsmissbrauch. Zusätzlich zur Benutzung der regionalen Banknoten wurde mir vorgeworfen, dass ich die 35 Euro, die wir pro Tag und Flüchtling vom Staat für dessen Versorgung genehmigt bekamen, für Arbeitsstipendien verwandt hatte, die eine wahre Integration erlaubten.

Ein Jahr später stellte der Ermittlungsrichter von Locri fest, dass »die Missstände, die im Lauf der Ermittlungen ans Tageslicht gekommen waren, in keiner der strafrechtlichen Hypothesen zum Ausdruck gekommen sind«. Missstände. Vielleicht die eine oder andere Leichtfertigkeit, aber sicher keine Straftat.

*

Ich war viele Jahre lang Bürgermeister, und in dieser Zeit habe ich versucht, meinen kalabrischen Landsleuten, aber auch denen, die von außen auf unsere Region blicken, zu vermitteln, dass in diesem Landstrich nicht alles und jeder mit der ’Ndrangheta in Verbindung steht, dass es hier mehr gibt als die Zerstörung des Territoriums und das organisierte Verbrechen. Ich habe versucht, eine alternative Botschaft zu übermitteln, eine Botschaft der Menschlichkeit, der Hoffnung, der Wiedergutmachung und Befreiung einer Region, die immer eine Gefangene gewesen ist, eine Gefangene ihrer selbst, aber auch eines Schicksals, das ihr generell keine anderen Möglichkeiten zuzugestehen scheint. Schon vor meinem Amtsantritt war Riace ein Ort, an dem Abwanderung und Emigration seit Langem die alltägliche Normalität darstellten. Ich habe nichts anderes versucht, als eine andere Vision anzubieten, eine neue Hoffnung.

CAPITOLO 16

Der Gesetzlose

Am 21. Juli 2016 führte die für das SPRAR zuständige Zentraldirektion des Innenministeriums in Rom eine Inspektion in Riace durch. Eine Routinekontrolle, die in den Monitoring-Bestimmungen vorgesehen war. Der Bericht, der daraus hervorging und der an unsere Gemeinde, die Präfektur in Reggio Calabria und das Innenministerium übermittelt wurde, zeigte einige kritische Punkte auf, die überwiegend administrativen Charakters waren. Es handelte sich dabei vor allem um Vorschriften und technische Fragestellungen, die mehrheitlich keine strafrechtliche Relevanz besaßen.

Am 1. September 2016 trat der neue Präfekt von Reggio Calabria, Michele Di Bari, sein Amt an, und schon wenige Tage später ließ er der Gemeinde Riace eine Mitteilung zukommen, die in der Anlage den Bericht der Zentraldirektion enthielt und um Aufklärung bat, wie wir die kritischen Punkte zu lösen gedächten. Ich reagierte zunächst schriftlich und begab mich im Anschluss zu einem persönlichen Gespräch in die Präfektur, bei dem Di Bari mir Fragen zum Inhalt des Berichts stellte, mich zu Erklärungen und Korrekturen aufforderte und mich nochmals einlud, die kritischen Punkte zu lösen.

Ich erinnere mich noch gut an mein Gefühl der Empörung. Wie war es möglich, dass aus diesem Monitoring ausschließlich kritische Punkte hervorgegangen waren? Wie war es zu erklären, dass von einem Projekt, das vielen Menschen als »Modell« galt, alle As-

---

Mimmo Lucano im Hausarrest, während auf der Straße eine Demonstration für seine Befreiung vorbeizieht

pekte getilgt worden waren, die es für ganz Italien und darüber hinaus zu einem solchen gemacht hatten?

Die kritischen Anmerkungen in dem Bericht betrafen auch die Rolle der Gemeinde als ausführendes Organ eines SPRAR-Projekts. Das kam mir sehr seltsam vor. Ich war mir zwar bewusst, dass Kritik durchaus berechtigt war, aber ebenso war ich von den Stärken und positiven Aspekten überzeugt. Und damit war ich nicht allein.

Bei dem Treffen mit dem Präfekten in Reggio Calabria hatte ich die Ansicht geäußert, dass ich eine weitere, tiefer gehende Inspektion für angemessen hielt. Die verantwortliche Referentin der letzten Untersuchung hatte in den Tagen, als sie zu Besuch in Riace gewesen war, ausdrücklich darauf hingewiesen, dass die Prüfung nur »stichprobenartig« erfolgte, und daraus war unschwer abzuleiten, dass sie viele Einzelheiten außen vor ließ und ihr Bericht daher notgedrungen unvollständig war. Di Bari lud mich ein, einen formalen Antrag zu stellen, und so formulierte ich unmittelbar nach meiner Rückkehr nach Riace einen Antrag auf einen umfassenden Inspektionsbesuch.

Ohne polemischen Unterton wies ich darauf hin, dass von unserer Seite aus einer Lösung der bürokratischen Unregelmäßigkeiten nichts im Wege stand. Ich war der festen Überzeugung, dass eine neuerliche und vor allem detailliertere Inspektion auch die positiven Aspekte aufzeigen würde, die im Bericht der Referentin fehlten. Am 4. Oktober 2016, so geht es aus den Akten hervor, schickte ich den Antrag an den Präfekten, nicht ohne ihn auf die besondere Dringlichkeit des Anliegens hinzuweisen.

Schon wenige Tage später, also Mitte Oktober 2016, kam es dann zu der neuen Inspektion, die ich erbeten hatte. Eine Delegation traf in Riace ein, die aus den drei Präfekturbeamten Salvatore Del Giglio, Francesco Iannò und Salvatore Gullì bestand. Insbesondere Gullì, Gemeindekommissar von San Luca, wurde in den wenigen Tagen seines Besuchs nicht müde, mir gegenüber seine Begeisterung über das, was er vorfand, wortreich auszudrücken. In den Tagen, die auf die Inspektion folgten, war ich ungeduldig, ihren Ausgang zu erfahren, und konnte es daher kaum erwarten, den neuen Bericht in Händen zu halten. Ich begab mich sogar persönlich in die Präfektur, um auf die baldige Zustellung des Berichts zu drängen. Schon im November musste ich aber bemerken, dass sich Gullìs Haltung mir gegenüber verändert hatte und dass er mir mit einem gewissen Misstrauen zu begegnen schien und sich zudem allgemein kritisch über das dezentrale Aufnahmesystem SPRAR äußerte. Schon zu diesem Zeitpunkt hätte ich Verdacht schöpfen müssen, dass meine persönliche Wahrnehmung der Inspektion sich nicht mit dem decken würde, was ich später auf dem Papier vorfand.

Dann geschah etwas Unangenehmes: Noch bevor ich ihn lesen konnte, landete der Bericht in den Händen eines Journalisten von »Il Giornale«, einer im rechten politischen Spektrum hinlänglich bekannten Tageszeitung. In seinem Artikel nahm er den kritischen Inhalt des Berichts vorweg und machte ihn öffentlich. Bis heute ist es mir nicht gelungen zu erfahren, wie dieses Dokument in die Hände der Presse gelangen konnte, noch bevor diejenigen Parteien den Bericht lesen konnten, die ein legitimes Interesse daran hatten. Ich habe zwar in der Präfektur um Auskunft über diesen Punkt gebeten, aber man konnte mir auf meine Frage keine Antwort geben. Einige Zeit später, im Juli 2017 – ich war gerade nicht in Kalabrien, sondern in Buenos Aires, um an den »Diálogos Globales« teilzunehmen – würde der Präfekt eine Demonstration der rechtsextremen Partei »Forza Nuova« (Neue Kraft) in Riace genehmigen, bei der sich wenige Teilnehmer mit ihren schwarzen Fahnen vor dem Rathaus in Riace einfanden und mit diesem Bericht wedelten wie mit einer Trophäe.

Als der Bericht im Dezember 2016 endlich in Riace ankam, las ich ihn in einem Atemzug. Nach einer Vorbemerkung, in der auch einige positive Elemente der SPRAR-Aktivitäten der Gemeinde Riace erwähnt wurden, folgte auch diesmal wieder eine Liste mit kritischen Punkten, von denen mir bei einigen schien, dass man sie so oder so ähnlich nicht nur in Riace, sondern in den allermeisten SPRAR-Projekten in ganz Italien vorgefunden hätte. Ich reagierte auf den Bericht daher mit dem Hinweis, dass diese Punkte nicht Riace zur Last gelegt werden konnten, sondern auf objektive Mängel des italienischen Asylsystems zurückzuführen waren. Sie zeigten die Grenzen und die Oberflächlichkeit eines Prüfungswesens auf, das die Tendenz hatte, ausschließlich administrative und ökonomische Aspekte zu analysieren.

Was in dem Bericht jedoch mit keinem Wort erwähnt wurde, war die außergewöhnliche Innovationskraft, die aus einem spontan und in Harmonie mit dem Territorium entstandenen Aufnahmesystem entstanden war, und die positive Entwicklung, die schon die Ankunft der ersten Kurden auch für die Gemeinde Riace gehabt hatte. Durch die Nutzbarmachung von verfallenden Häusern und die Wiederbelebung des traditionellen Werts der Gastfreundschaft hatten wir eine soziale Regeneration in Gang gebracht, und wir hatten gezeigt, dass das Zusammenleben von Menschen unterschiedlichster Herkunft zu einem gemeinsamen Ziel für alle werden kann. Diese Konstellation war einzigartig in der Geschichte der Einwanderung in Italien, vielleicht in der ganzen Welt.

In den folgenden Tagen empfand ich eine große Enttäuschung, weil das Dorf des Willkommens zum ersten Mal verunglimpft worden war, und damit auch das Modell Riace. Man kann sich darüber streiten, ob der Begriff korrekt ist, und auch ich habe ihn im Grunde immer für unpräzise und ungerechtfertigt gehalten, weil weder ein Bürgermeister noch eine andere öffentliche Institution sich anmaßen darf, über das Schicksal von Menschen zu bestimmen und ihr Leben in ein »Modell« zu pressen. Ich habe mich in meinem Amt beschränkt auf die Pflicht, die Arme zu öffnen für die, die in Schwierigkeiten sind, nach dem einzigen, unvollkommenen »Modell«, das ich kenne: dem der Menschlichkeit. Doch Riace stand auch für eine Idee und ein Werk, das wir geschaffen hatten, und ich konnte mich daher nicht einfach mit den Dingen abfinden. Ich spürte intuitiv, dass hier Kräfte aktiv waren, die die offensichtliche Absicht hatten, dem Dorf des Willkommens die Legitimation zu nehmen, einfach weil sie nicht damit einverstanden waren, dass man in Kalabrien daran arbeitete, den Traum von einer sozialen Befreiung der »Nullen« wahrzumachen, einer Befreiung der Menschen, die ohne Zahl sind und denen ich mich schon immer zugehörig fühle.

*

Anfang Januar 2017 plante die Präfektur von Reggio Calabria eine weitere Inspektion, die unser CAS-Projekt betraf. Tatsächlich verliefen die Aufnahme-Aktivitäten der Gemeinde Riace zweigleisig, weil wir parallel mit beiden Systemen arbeiteten: Wir hatten sowohl Menschen aufgenommen, die in SPRAR-Projekte des Innenministeriums integriert waren, als auch solche, die über die CAS-Zentren der regionalen Präfektur liefen. Bei Letzteren handelt es sich wie schon beschrieben normalerweise um große, anonyme Strukturen, die allein dem Zweck der Unterbringung dienen und in denen ein Eingehen auf die individuellen Bedürfnisse der Menschen unmöglich ist. Doch in einem kleinen Dorf wie Riace ist so etwas glücklicherweise undenkbar. Hier wurden die Menschen immer in kleinen Häusern aufgenommen, egal über welches Projekt sie finanziert wurden. Naturgemäß waren auch die sozialen Dienstleistungen, das Pro-Kopf-Budget, die Wohlfahrtsverbände und die Kooperativen, die die Projekte führten, dieselben. In den Rundschreiben des Innenministeriums war immer wieder angekündigt worden, dass die CAS-Zentren nur eine außerordentliche Maßnahme waren, die baldmöglichst auslaufen und der ausschließlichen Anwendung des SPRAR-Systems Platz machen sollte. Riace hatte also im Grunde nichts anderes getan, als diese Entwicklung zu antizipieren und von vornherein allein auf dezentrale Unterbringung zu setzen.

Die Arbeitsgruppe dieser neuen und dritten Inspektion bestand aus Francesco Campolo, dem Ressortchef für Immigration der Präfektur, sowie den Beamten Alessandra Barbaro, Carmela Marazzita und Pasquale Crupi. Die Inspektoren hielten sich mehrere Tage in Riace auf, besuchten alle wichtigen Orte und Projekte und sprachen mit vielen Menschen. Ich konnte nur hoffen, dass die Kontrollen diesmal mit der größtmöglichen Objektivität durchgeführt würden, doch die Inspektoren gaben während ihrer Anwesenheit keinerlei Kommentare ab, die auf eine Bewertung des Gehörten und Gesehenen schließen ließen. Die vorhergehende Inspektion hingegen war von einem großen Medienrummel begleitet gewesen, der dazu beigetragen hatte, dass so gut wie keine neuen Geflüchteten in Riace mehr aufgenommen werden konnten und für die bereits anwesenden weiterhin die Gelder fehlten.

Ich erwartete den Ausgang dieser dritten Inspektion mit Spannung und hoffte, dass sie die Wahrheit ans Tageslicht bringen und uns nach den erfahrenen Verdächtigungen und Verzerrungen Gerechtigkeit widerfahren lassen würde. Die ersten beiden Untersuchungen hatten einen dunklen Schatten auf das Willkommensprojekt Riace geworfen und uns mit Unregelmäßigkeiten in der Anwendung der gültigen Gesetze in Zusammenhang gebracht. Ich war aber überzeugt, dass die Realität eher dem entsprach, wie Anthropologen, Soziologen oder auch Filmemacher über die Jahre hinweg Riace beschrieben hatten: als einen Ort, in dem man versuchte, eine andere Menschlichkeit zu leben; einen Ort, der davon erzählt, was es bedeutet, in einer Welt auf der Flucht zu sein, die behauptet, keine Grenzen mehr zu haben; einen Ort, der sich nicht gescheut hat, sich auch den Tragödien zu stellen, die mit den Menschen in unsere Mitte kamen. Einen Ort jedenfalls, der Tausenden von Geflüchteten, egal welcher Ethnie und Herkunft, Obdach geboten und ihnen Schutz gewährt hatte.

Riace hat seine Geschichte aus einem Stoff gebaut, der kostbarer nicht sein könnte: der Gastfreundschaft. Doch kann sich die Aufnahme von Menschen nicht darin erschöpfen, Gastfreundschaft und Integration müssen immer zusammen gedacht werden. Ebenso kann eine Gemeinschaft nur wachsen, wenn sie ihr

Territorium bewohnbar macht und damit interagiert, wenn es ihr gelingt, vitale und dauerhafte Dynamiken zu schaffen. Auch von staatlicher Warte aus gesehen sollte das eigentlich wünschenswert sein, da es allen Nutzen bringt. Stattdessen werden die Menschen, die zu uns gekommen sind, nach dem Ende ihrer Zeit in den staatlichen Aufnahmelagern allzu oft zu Sklavenarbeit gezwungen und zu Handlangern der Mafia degradiert. Wenn es aber gelingt, dass die kleinen, lokalen Regierungen ihre Türen öffnen und eine wirkliche Beteiligung der Menschen ermöglichen, dann kann das zu einer großen Chance für alle werden.

In unserer Region dominiert ein niederdrückendes Szenario des Stillstands, das ein wunderbarer Nährboden für die Mafia ist: Resignation und Schweigen sind allgegenwärtig, auch wenn sich unter der Oberfläche Groll und Gewalt verbergen. Viele Menschen leben in Armut, aber Armut ist nicht nur, wenn materieller Besitz verweigert wird, sondern auch, wenn man keine Rechte hat, etwa auch das Recht, nichts zu besitzen, und trotzdem als freier Mensch respektiert zu werden.

Wie kann man dafür sorgen, dass junge Menschen und Familien in einem so feindseligen und schwierigen Territorium bleiben wollen? Seit wir in Riace angefangen haben, Flüchtlinge willkommen zu heißen, habe ich versucht, sie in verschiedenste Aktivitäten mit einzubinden: Gegenseitige Bereicherung kommt erst zustande, wenn auch die Neubürger das gesellschaftliche Leben mitgestalten und zu Protagonisten der sozialen Dynamik der Gemeinschaft werden. Je intensiver und lebendiger der Austausch zwischen den Geflüchteten und der einheimischen Gemeinde ist, desto mehr reduzieren sich zum Beispiel auch die Möglichkeiten für die Interferenzen der Mafia. Das Licht der Sonne ist die einzig mögliche Barriere zwischen einer Welt, die die Menschen im Stich lässt, und einer anderen, die mutig widersteht und hell leuchtet.

*

Am 6. Februar 2017 schrieb ich an die Präfektur, mit der Bitte um Zustellung des Berichts über die CAS-Inspektion. Es war die erste von vielen Anfragen, die ich in der darauffolgenden Zeit an sie richtete und die alle im Nichts verliefen. Am 2. Oktober desselben Jahres wurde mir stattdessen der Ermittlungsbescheid zugestellt, mit dem der Prozess gegen mich seinen Ausgang nahm. Dann kam die Finanzpolizei nach Riace und durchsuchte die Büroräume der Gemeinde, mit der Begründung, dass mir Erpressung im Amt, Amtsmissbrauch und Betrug zur Last gelegt würden. Die Nachricht verbreitete sich im Handumdrehen in allen Medien. Ich befand mich von einem Tag auf den anderen in einer Situation, wie ich sie mir in meinen schlimmsten Albträumen nicht hätte ausmalen können.

Die Anklage, die mir am sonderbarsten vorkam, war die der »concussione« (Erpressung im Amt), denn ich hatte nicht die geringste Ahnung, was der Begriff zu bedeuten hatte. Wie ich herausfand, handelte es sich um einen Vorwurf, den ich als besonders abscheulich empfand: Er meint, wenn ein öffentlicher Amtsträger, wie es ein Bürgermeister ja ist, seine Funktion missbraucht, um ungesetzlicherweise an Geld oder andere Nutzwerte zu kommen. Eine Anschuldigung, die ein schweres Stigma hinterlässt.

Wenige Tage später, immer noch unter Schock, beschloss ich, den damaligen Präsidenten der Region Kalabrien Mario Oliverio zu kontaktieren. Ich hatte ihn ein paar Monate vorher persönlich kennengelernt, als mein Name als einer der 50 einflussreichsten Menschen der Welt in der Zeitschrift »Fortune« erschienen war. Er hatte mich dazu beglückwünscht und sich gefreut, dass ein Kalabrese eine so wichtige Anerkennung erhalten hatte. Ich rief also in seinem Sekretariat an, und Oliverio zeigte sich sofort bereit, mich zu empfangen. Ein paar Tage später fuhr ich nach Catanzaro.

Ich kam am frühen Nachmittag an, weil wir uns gleich nach dem Mittagessen treffen sollten. Es war aber schon eine lange Besucherschlange da, und ich wartete geduldig, bis ich an die Reihe kam. Es war schon dunkel, als ich endlich mit Oliverio sprechen konnte, und er war von dem langen Tag müde und erschöpft. Ich fürchtete, dass er unsere Verabredung verschieben würde, doch zu meiner Erleichterung lud er mich ein, mich zu setzen und zu erzählen, was in Riace vor sich ging. Er hörte aufmerksam zu, was ich ihm zu sagen hatte. Ich fühlte mich von ihm sofort verstanden, und vielleicht weckte ich in ihm auch die Erinnerung an seine alte Zugehörigkeit zur kämpferischen Linken. Er sagte mir, dass in den kommenden Wochen Innenminister Marco Minniti zu Besuch nach Kalabrien kommen und er ihn bei dieser Gelegenheit bitten würde, mich im Palazzo del Viminale, dem Innenministerium in Rom, zu empfangen.

Oliverio zeigte sich überrascht, dass Giulio Manfredonias Spielfilm »Tutto il mondo è paese« (Die ganze Welt ist ein Dorf) mit Beppe Fiorello in der Hauptrolle immer noch nicht gesendet worden war, obwohl der staatliche Fernsehsender Rai ihn schon mehrmals angekündigt hatte. Den ganzen Sommer 2017 über war Riace ein einziges großes Filmset gewesen, und der Film, der daraus entstanden war, hätte einmal mehr der Welt über das Dorf des Willkommens erzählen sollen. Doch dann stellte Maurizio Gasparri, Senator und Mitglied der rechtsgerichteten Forza Italia, in einer Parlamentsbefragung den Antrag, die Ausstrahlung auszusetzen. Der Film stand bei der Rai, die ihn koproduziert hatte, für Januar 2018 im Programm, und als einer der Gründe für die Aussetzung wurden die bevorstehenden Parlamentswahlen im März 2018 genannt. Oliverio war damals der Erste, der die Absetzung des Films als Versuch sah, Riace zu diskreditieren und in den Augen der Öffentlichkeit mit kriminellen Machenschaften in Verbindung zu bringen.[36]

Ich fuhr nach Hause im Bewusstsein, in Oliverio dem bisher einzigen Vertreter der Staatsmacht begegnet zu sein, der sich dafür entschied, sich auf die Seite eines Bürgermeisters zu stellen, der auf der vergeblichen Suche nach Wahrheit und Gerechtigkeit war. Er hatte mir versichert, dass er meine Ideale teilte und uns nach Kräften dabei unterstützen würde, einen Ausweg aus dem Dunstkreis der kriminellen Erzählung zu finden, in die man uns offensichtlich zu drängen suchte.

Tatsächlich ist es ihm zu verdanken, dass wenige Tage später, am 19. Oktober 2017, in Riace nichts Schlimmes passiert ist. Die Präfektur von Reggio Calabria hatte – ohne Vorankündigung und plausible Erklärung – die sofortige Schließung des CAS-Projekts verfügt und die Anordnung getroffen, die etwa 150 Menschen, die sich innerhalb dieses Projekts befanden, aus Riace wegzuschaffen. Sie sollten dem sozialen Netzwerk, das sie sich mühevoll geschaffen hatten, entrissen und in eines der riesigen Sammellager deportiert werden, in denen Menschlichkeit ein Fremdwort ist. Unter ihnen waren viele Kinder, der Kleinste, Gabriel, war gerade einmal sechs Tage alt.

Das wollte ich unter keinen Umständen zulassen, in meiner Verzweiflung rief ich Oliverio an, der sich schockiert zeigte von meinem Bericht. Er versprach zu helfen, und tatsächlich rief er mich kurz darauf zurück und forderte mich auf, am nächsten Tag nach Reggio Calabria zu kommen, ausgestattet mit unserem Gemeindestempel. Wie er herausgefunden hatte, hatte Michele Di Bari die Verlegung der Flüchtlinge verfügt, weil in der Vereinbarung zwischen Gemeinde und Präfektur offenbar meine Unterschrift fehlte.

Oliverio hielt auch sein Versprechen, mir einen Termin im Innenministerium in Rom zu ermöglichen, und so begab ich mich am 25. Oktober 2017 mit dem Zug in die Hauptstadt. Innenminister Minniti selbst war zwar verhindert, aber zugegen waren Salvatore Gullì, den ich ja schon als einen der Beamten kennengelernt hatte, die bei der zweiten Inspektion dabei gewesen waren, ferner Präfekt Di Bari und ein paar weitere Präfekten. Die Spitzen der politischen Institutionen waren zusammengekommen, um ein Gespräch mit dem Vertreter einer kleinen kalabrischen Gemeinde zu führen, die unversehens zu einem Fall von nationaler Tragweite geworden war. Es herrschte eine sonderbar gespannte Atmosphäre am Versammlungstisch. Nach einer kurzen Einführung lud man mich ein, den Sachverhalt aus meiner Sicht darzulegen, und ich berichtete, dass uns sowohl die Präfektur als auch das Ministerium völlig unerwartet und aus nicht nachvollziehbaren Gründen die Mittel gestrichen hatten, was für die etwa 400 Menschen, die zu diesem Zeitpunkt bei uns untergebracht waren, zu einer Situation extremen Unbehagens geführt hatte.

Di Bari wies mich auf die Unregelmäßigkeiten hin, die sich aus dem Monitoring und den daraus resultierenden Berichten ergeben hatten, und forderte mich auf, diese zu überprüfen und zu korrigieren. Überdies wies er mich in verärgertem Ton an, weitere Nachfragen nach der Zustellung des letzten Inspektionsberichts zu unterlassen. »Ich kann Ihnen jedenfalls schon so viel mitteilen«, fügte er hinzu, »dass er schlimmer ist als die anderen.«

Ich fuhr mit dem Gefühl nach Kalabrien zurück, dass meine Reise nach Rom umsonst gewesen und meine Worte ins Nichts gefallen waren. Spätestens jetzt war mir klar, dass eine Zeit noch größerer Probleme und Unsicherheiten auf uns zukam. Offenbar verfolgte man kein wichtigeres Interesse, als mich davon abzubringen, weiter die Zusendung des letzten Berichts zu erbitten. Ich war nie so vermessen gewesen, bei den Präfekturbeamten um informelle Auskünfte oder Vorwegnahmen ihres Berichts zu ersuchen, auch weil ich großen Respekt vor ihnen hatte. Meines Erachtens waren wir alle gemeinsam, jeder in seiner spezifischen Rolle, an der »Mission« beteiligt, Menschen auf der Flucht bei uns aufzunehmen. Aus diesem Grund war ich insgeheim überzeugt, dass der Präfekt mich mit seinen Worten, der Bericht sei schlimmer als die vorhergehenden, in die Irre führen wollte. Ich konnte ihm einfach nicht glauben.

*

Im Dezember 2017 nahmen die Spannungen in Riace weiter zu. Es gab einen Streik, die Flüchtlinge besetzten eine Straße, wir bekamen keine Medikamente und keine Milch für die Kinder mehr, die Geschäfte wechselten die Gutscheine nicht mehr ein. Es fehlte am Allernötigsten, und schließlich wurde in den Häusern der Strom abgestellt. Es hatte den Anschein, als gäbe es so etwas wie eine koordinierte Strategie, mit dem Ziel, alles in die Luft fliegen zu lassen. Das Dorf, das zum Symbol für Integration und ein friedliches multiethnisches Zusammenleben geworden war, in ganz Italien und vielleicht der Welt, sollte ein für alle Mal ausgelöscht werden. Wir beschlossen, Widerstand zu leisten. Es stand etwas auf dem Spiel, das es zu verteidigen galt: ein politisches Ideal, unsere internationale Sichtbarkeit, das Ziel, eine Antwort auf die globale Migrationskrise zu finden. Wir hatten eine Hoffnung entzündet, einen Lichtstrahl geschickt in eine Realität, die sonst nur aus Schatten zu bestehen schien – jedenfalls in der Erzählung derer, für die die Ankunft von Fremden das »absolute Übel« ist. Wir hatten eine Vision der Welt vorgeschlagen, die anders war, frei von der Angst, die als Rechtfertigung für die Politik der Verteidigung des Territoriums und der geschlossenen Grenzen diente, frei von der Manipulation mit dem Sicherheitsbedürfnis der Wähler, mit der schon ein Innenminister Minniti eine Bresche geschlagen hatte, durch die die Rechte Salvinis nur noch zu gehen brauchte.

*

Am 22. Dezember 2017 kam Becky Moses in die Gemeinde, um mich zu bitten, ihr einen Personalausweis auszustellen. Vielleicht hätte ich sie zu den Carabinieri schicken sollen, um wegen ihres Verlusts Anzeige zu erstatten. Stattdessen gab ich ihr den Ausweis. Ich war inzwischen so weit, dass ich die Formalitäten als Zumutung empfand und die Kälte dieser bürokratischen Prozeduren nicht mehr ertrug. Es war mir eine Last geworden, Bürgermeister zu sein. In meiner Seele hatte sich ein Gefühl der existenziellen Revolte breitgemacht. Becky war in Panik, weil draußen das Klima des Hasses zunahm, sie hatte Angst, abgeschoben zu werden, und sie hatte wegen des Minniti-Orlando-Dekrets keine Chance, ihrer Ablehnung nochmals zu widersprechen. Sie beschloss, nach San Ferdinando zu gehen, weil sich alles gegen sie gewandt hatte. Es war ein stetiges Tröpfeln, das den Krug nun zum Überlaufen gebracht hatte. Ende Dezember 2017 war das CAS-Projekt in Riace an der Endhaltestelle angelangt.

Am 26. Januar 2018 ist Becky in der Barackenstadt San Ferdinando bei lebendigem Leib verbrannt. Die Flammen reduzierten ihren Körper auf eine unkenntliche Masse. Einige Tage später fand jemand in der Asche den noch intakten Personalausweis. Er war alles, was von ihrer Existenz geblieben war, von ihrer verrückten Jagd nach Leben, das sie unter verzweifelten Bedingungen durch Afrika und endlich nach Europa geführt hatte, das verheißene Land, das ihr in einer eiskalten Winternacht die Rechnung präsentierte.

Am 20. Februar 2018, fünf Tage, nachdem ich über die Staatsanwaltschaft von Reggio Calabria nochmals darum gebeten hatte, kam endlich der Bericht der CAS-Inspektion. Ich muss zugeben, mir kamen die Tränen, als ich ihn las. In den Büros, die Riace mit so viel Kritik bedacht hatten, hatte offensichtlich jemand seine Bedeutung erkannt und ihm Gerechtigkeit widerfahren lassen. Ich rief sofort meine Anwälte Antonio Mazzone und Andrea Daqua an, um nach all der Verzweiflung und dem langen Warten meine Freude und meine neu aufkeimende Hoffnung mit ihnen zu teilen.

Andrea Daqua hatte ich einige Jahre zuvor kennengelernt. Er war wegen einer Mandantin in mein Büro gekommen, um mir einen Vergleich vorzuschlagen, der einen schwelenden Rechtsstreit friedlich gelöst hätte. Ich war sofort beeindruckt von seiner Freundlichkeit und seiner Art, sich direkt und ohne Umschweife auszudrücken. Genau wie ich empfand er eine tiefe Liebe zu den alten Dörfern im Landesinneren der Region, und so schien es mir nur richtig, mich an ihn zu wenden, als der erste Inspektionsbericht über unsere SPRAR-Aktivitäten für Unmut gesorgt hatte. Er zeigte sich sehr besorgt darüber, dass man offensichtlich plante, gerichtlich gegen uns vorzugehen, und stellte mir daher Antonio Mazzone beim Gericht in Locri vor, den er in enthusiastischen Worten als einen der besten Anwälte Kalabriens beschrieb.

Diesen Anwalt stellte ich mir als einen strengen und unnahbaren Mann vor, doch er entpuppte sich als »ganz normaler« und sehr zugänglicher Mensch, dessen Büro nichts Verstaubtes oder Künstliches an sich hatte. Da waren viele Papiere, Bücher und Aktenstöße, und mittendrin das Lächeln auf seinem Gesicht, das immer dasselbe blieb, all die Male, die wir uns getroffen haben. Er scherzte und machte ironische Bemerkungen über Sinn und Unsinn von Gerechtigkeit, über Politik und unsere Region mit all ihren Widersprüchen. Auch er zeigte sich jedoch besorgt, als wir auf das Gerichtsverfahren zu sprechen kamen, auch aus Respekt für das, was ich durchmachen musste. Genau wie Andrea hatte er eine Ausstrahlung, in der sich Heiterkeit mit außergewöhnlicher Kompetenz vermischte.[37]

Ich werde immer dankbar dafür sein, dass ich auf meinem unruhigen Weg stets auf Menschen getroffen bin, die spontan beschlossen haben, meinen Traum von Gerechtigkeit und Menschlichkeit zu teilen, ohne irgendeine Gegenleistung dafür zu verlangen.

*

Im Folgenden möchte ich einige Passagen aus dem letzten Inspektionsbericht zitieren, um verständlich zu machen, was ihn so grundsätzlich von den anderen unterscheidet. Der Bericht wollte, so steht es ausdrücklich darin zu lesen, sich nicht auf die Überprüfung von bürokratischen oder administrativen Kriterien beschränken, sondern er verfolgte das erklärte Ziel, ein Instrument zum Verständnis des »Phänomens Riace« zu liefern, zu erklären, was in Riace gemacht (oder nicht gemacht) wurde, und vor allem auch, wie es gemacht wurde und wie die beteiligten Personen, unabhängig von ihrer Hautfarbe und Nationalität, in das Projekt eingebunden und zu Protagonisten wurden:

»Riace ist wie ein Nest aus verschachtelten Häusern, das kurz vorher noch versteckt daliegt und nach der Kurve ganz plötzlich zum Vorschein tritt, eingebettet in die Hänge und Täler des wilden Aspromontegebirges. So ist Riace: Man sieht es und sieht es doch nicht. Da liegt es auf seinem Hügel und weist dieselben Paradigmen auf wie andere Dörfer der Region, mit all ihren Mängeln (und Vorzügen): Verschlossenheit, Misstrauen, Verfall, Armut. Und Gastfreundschaft. Denn die Dörfer Kalabriens sind gastfreundlich, die Leute sind gastfreundlich. Trotz ihrer (jüngeren) Vergangenheit von Not und Entbehrung, trotz einer staatlich verordneten Almosenpolitk, trotz der immer wiederkehrenden Gewalt und der Schandtaten der ’Ndrangheta. Wenige Kilometer entfernt von Riace regieren ein paar der mächtigsten und gefährlichsten Mafiafamilien, die heute in Italien und im Rest der Welt aktiv sind. Riace ist unzweifelhaft Tochter der blutigen Locride und kann sich von seinen Wurzeln nicht lossagen.

[…]

Beginnen wir mit der Schule, wo eine beträchtliche Anzahl von fremdländischen Gästen, großen und kleinen, unterschiedlichster Herkunft und Sprache, in zusammengesetzten Klassen unterrichtet werden, in einer bunten Mischung aus Hautfarben, Idiomen, Diademen und Zöpfchen. In einem größeren Zimmer spielen vier kleine afrikanische Kinder, die die Besucher mit großen Augen anstaunen. Das Zimmer, erklärt der Bürgermeister, das heute als Kinderkrippe dient, wird bald von ganz neuen Räumlichkeiten im nahen Ortsteil Marina ersetzt werden, die sich derzeit noch im Umbau befinden. Die junge Frau, die sich liebevoll um die Kleinen kümmert, auch sie afrikanischen Ursprungs, musste sich, so wird uns erzählt, bei ihrer Ankunft in Italien prostituieren, um zu überleben. An den Wänden der Klassenzimmer hängen Plakate, die die Grundlagen der italienischen Sprache erklären, und wir treffen hier auf Menschen aus Gambia, Mali, Syrien (ein nicht mehr ganz junges Ehepaar, dem noch die Angst in den Gesichtern steht), Pakistan und dem subsaharischen Afrika. Kinder und Erwachsene, Jugendliche mit ihren Smartphones und halbe Babys, die noch an ihren Müttern hängen, drücken hier gemeinsam die Schulbank. Zwei Kinder aus Riace lachen und scherzen mit Gleichaltrigen aus Afrika oder dem Nahen Osten, bis sie auf Aufforderung der Lehrerin alle für ein Gruppenfoto zusammenlaufen. Hier kommen sie alle zusammen, Kinder aus vielen Teilen der Welt, die fern voneinander geboren sind.

[…]

Die Schule, sagt uns der Bürgermeister, war aus Mangel an Schülern geschlossen. Jetzt ist sie von Neuem geöffnet, die Lehrerinnen arbeiten und beziehen ihr Gehalt. Eine Schule ohne Kinder ist das ruhmlose Ende einer Welt, eines Universums ohne Zukunft. Riace hat jetzt wieder eine Schule, Lehrer, lernende Kinder.

[…]

Die Gäste in den Häusern machen ihre Einkäufe mit Gutscheinen, die nur in Riace benutzbar sind und außerhalb seiner Grenzen keinen gesetzlichen Wert haben. Aber so ist Riace, ein seltsamer, zusammengewürfelter Mikrokosmos, der eine eigene Möglichkeit erfunden hat, wie man Menschen aufnehmen und gleichzeitig in die eigene Zukunft investieren kann.

[…]

Wir gehen die Gassen des Dorfs hinauf und hinunter und besuchen Häuser, in denen wir auch Menschen wiedererkennen, die wir schon zuvor in der Schule gesehen haben. Unsere Begleiter erklären ihnen, dass wir von der Präfektur sind, und alle lassen uns eintreten, erlauben uns zu schauen, wie sie leben und was sie machen. Trotz der bescheidenen Mittel fällt auf, mit welcher Würde man hier dem Leben gegenübertritt. Die Menschen, die wir antreffen, sind auf der Suche nach einem Neuanfang, sie haben Lust, die Vergangenheit zu vergessen, und sie sind froh, eine neue Chance zu bekommen. Auch das ist Riace: Ein Dorf, das zum ersten Mal seit Langem viele Dinge wieder tut. In der Nähe der Schule fällt uns ein wunderschöner Spielplatz auf, wie man sie selten sieht in den nackten und schmucklosen Dörfern der Provinz Reggio Calabria. Momentan spielte hier zwar niemand, aber es war nicht schwierig, sich vorzustellen, wie er von Dutzenden Kindern aller Hautfarben wimmelt, wie sie herumtollen und durcheinanderlaufen, das Gerüst erklettern, vielleicht hinfallen und sich die Knie aufschlagen, um dann am Abend erschöpft, aber glücklich nach Hause zurückzukehren.

[…]

Wir folgen unseren Begleitern weiter und kommen dabei an einigen Geschäften und Werkstätten vorbei. Es sind die schon bekannten Manufakturen von Riace, wo man mit Holz arbeitet, mit Glas, mit Wolle, mit Stoffen und vielen anderen Dingen. In jeder von ihnen finden wir eine junge Frau oder einen jungen Mann aus Riace und mindestens einen oder eine Migrantin vor, die, oft in Arbeitskleidung, konzentriert bei der Sache sind. Geduldig haben sie die alten Berufe gelernt, Tätigkeiten von einer nie erloschenen Schönheit. In einem schmalen, engen Kämmerchen, das mit allerlei Holzspielzeug angefüllt ist, treffen wir auf einen Mann mittleren Alters (er sei 50 Jahre alt, sagt er), der aus Kurdistan kommt und erzählt, er sei 1998 nach Riace gekommen. Man berichtet uns, er sei einer der ersten Fremden gewesen, die nach Riace kamen, und seitdem sei er nie mehr weggegangen. Während er spricht, ist er dabei, ein Püppchen aus Holz zu bemalen. Sein Pinselstrich ist präzise, nur einmal hält er inne und hebt den Blick, als wir ihn nach seiner Heimat befragen. ›Es geht nicht gut dort‹, sagt er, ›es geht nicht gut …‹, und malt dann gleich weiter, fast wie um Distanz zu den Ideen und Erinnerungen vergangener Zeiten zu wahren.

[…]

Weiter unten sehen wir einen Hang mit einige Terrassen, über denen sich ein Hof mit weidenden Eseln befindet. Die Esel werden für die getrennte Müllsammlung verwendet, erzählt man uns, die hier von Tür zu Tür organisiert ist, da man in den engen Gassen mit Autos nicht durchkommt.

Auf den Terrassen stehen in gleichmäßigen Abständen Hütten, jede mit einem kleinen Stück Land davor. Der Bürgermeister erläutert uns die Pläne, sie den Migranten zur Benutzung zu überlassen, die dort ihre eigenen Nutztiere halten sowie Obst und Gemüse anbauen können (für den Fall, dass die solidarischen Banknoten nicht reichen sollten). Auch das ist Riace: Erfindungskraft verbunden mit Tradition, die Idee, Räume sicherzustellen, auf denen zur Not die Familie versorgt werden kann mit dem, was man mit eigener Hände Arbeit hervorbringt. Sicher, wir hätten den Bürgermeister nach Einzelheiten bezüglich der Befolgung von behördlichen Vorschriften befragen können, etwa ob die Hütten von Firmen gebaut wurden, die ins Handelsregister eingetragen sind, oder ob vor Auftragserteilung die Ausschreibung bei mindestens fünf Konkurrenten erfolgt ist, oder ob die Maße der Terrassen mit den Vorschriften des Agrargesetzes von 1982 korrespondieren. Aber wir befanden uns in Riace, um das CAS-Projekt zu prüfen, und hatten daher dem uns anvertrauten Auftrag nachzukommen.

[...]

Der Ortsteil Marina unterscheidet sich von dem historischen Ortskern durch die deutlich städtischere Ausrichtung, mit anonymen Gebäuden, in denen den Migranten einige Wohnungen zum Gebrauch überlassen wurden.

[...]

Nur im Eingangsbereich von einem dieser Gebäude bemerken wir einen Schaltkasten mit ungeschützten Drähten und geben den Fall zur Kenntnis, auch weil wir wissen, dass in der Wohnung darüber eine Familie mit zwei kleinen Kindern wohnt. Wir überprüfen auch diese Wohnung, die einladend und sauber ist, das Kinderzimmer in bunten Pastelltönen ausgestaltet, wie es jedes Kinderzimmer sein sollte.«

*

Es hörte sich an wie ein Märchen. Das sollte also der Bericht sein, den man mir monatelang vorenthalten hatte, fest verschlossen in einer Schublade? Jetzt verstand ich, warum der Präfekt angeordnet hatte, ihn weder der Gemeinde Riace noch dem Innenministerium zu übermitteln, und warum meine ständigen Nachfragen immer unbeantwortet geblieben waren. Es schien mir nun alles klarer, auch der Versuch, mich bei meinem Besuch im Innenministerium zu überreden, auf weitere Nachfragen zu verzichten, da der Bericht sogar schlimmer als die vorhergehenden sei. Wenn man gerichtlich gegen mich vorgehen wollte, passte er schlicht nicht ins Konzept.

»Wir haben beschlossen, die streng bürokratische Ebene zu verlassen und einen Überblick über das alltägliche Leben in Riace zu vermitteln, weil wir es für dringend geboten halten, die Geschichte der Einwanderung in dieses Dorf zu erzählen, das erst wegen seiner Bronzestatuen und dann wegen des Engagements seines Bürgermeister Lucano berühmt geworden ist. Dieser ist ein Mann, der der Aufnahme von Geflüchteten einen großen Teil seines politischen Lebens gewidmet und dabei nicht nur schwere persönliche Kämpfe bestritten, sondern auch große internationale Anerkennung erlangt hat. Er lebt in einer wiedererbauten Realität, die in der Geschichte des Dorfes neu ist und die er mit viel Mühe und Einsatz geschaffen hat, indem er sprichwörtlich Stein auf Stein setzte. Bei der Entwicklung des Projekts hat es immer wieder Schwierigkeiten gegeben, die man nicht vorausgesehen hatte, und es ist anzunehmen, dass das auch eine strenge Kontrolle der unternommenen Aktivitäten unmöglich gemacht hat. So sind sicherlich Mängel des Systems ans Tageslicht getreten, die bereits in den vorhergehenden Inspektionsberichten herausgestellt worden sind. Um diese zu beheben, sollten daher schnellstmöglich geeignete Mittel im Sinne einer gemeinsamen Unterstützung und Förderung des Projekts bereitgestellt werden, die geeignet sind, die Standards an Effizienz, Sicherheit und Gesetzesmäßigkeit zu erhalten und verbessern. Abschließend sind wir jedenfalls der Überzeugung, dass die Erfahrung von Riace für die Region Kalabrien von großer Bedeutung ist und dass die dort angewandten guten Praktiken dazu angetan sind, das Ansehen der Region zu steigern. Es gilt hier auch noch herauszustellen, dass der Bürgermeister Lucano immer eine vorbildliche Zusammenarbeit mit dieser Präfektur gepflegt hat, wenn es in der Vergangenheit zu Anlandungen von Flüchtlingsbooten gekommen ist. Während dies von anderen Gemeinden der Provinz zunächst oft verweigert wurde, hat er uns seine Gastfreundschaft immer zweifelsfrei zugesichert und hat zudem häufig in kritischen Situationen mit eigenen Sprach- und Kulturvermittlern interveniert.«

Als wäre das nicht schon fast zu viel des Guten, ging der Bericht am Schluss auch noch auf die Schwierigkeiten ein, die im italienischen Asylsystem begründet lagen und vor allem auch auf die Zurückhaltung der finanziellen Mittel zurückzuführen waren, die wir über Monate hinweg zu erdulden hatten: »Der Umstand, dass die Zahlungen für das System Riace seit etwa einem Jahr blockiert werden, obwohl seine Fortführung auch heute noch ausdrücklich erlaubt ist, hat beträchtliche Schwierigkeiten mit sich gebracht. Man ist daher der Ansicht, dass unverzüglich eine Anzahlung auf die Gesamtsumme zu leisten sei, um die Zeit bis zu den Korrekturen und Anpassungen in Struktur und Verwaltung, die dem Bürgermeister seitens des zuständigen Ministerialbüros signalisiert werden, zu überbrücken. Dies wird die Weiterführung eines Willkommensmodells gewährleisten, das (als Phänomen) in vielen Teilen der Welt als vorbildhaft studiert wird, mindestens bis zur natürlichen Amtsniederlegung von Bürgermeister Lucano, die in etwa zwei Jahren erfolgt.«

Wenige Tage später, am 4. März 2018, fanden die Parlamentswahlen statt. Von da an überstürzten sich die Ereignisse: Das Wahlergebnis führte innerhalb von wenigen Wochen zu einem Bündnis zwischen der Fünf-Sterne-Bewegung und der Lega. Damit wurde die Situation für uns noch komplizierter als vorher, denn jetzt waren die politischen Kräfte an der Macht, die das Ansehen von Riace schon vorher besudelt hatten.

Es folgte ein Sommer der Kämpfe und Forderungen. Ich verlegte mein Bürgermeisterbüro vom Rathaus ins Herz des Villaggio Globale auf der Piazza Donna Rosa, um gegen die Entscheidung des Innenministeriums zu demonstrieren, Riace ohne jede Rechtfertigung aus der Liste der Gemeinden auszuschließen, die von den SPRAR-Mitteln profitierten. Für eine gewisse Zeit war die Piazza das Symbol des sozialen und politischen Kampfs gegen den eiskalten Wind, den die neue Regierung mit sich brachte.

*

Am 2. Oktober 2018 wurde ich unter Hausarrest gestellt, was uns zutiefst erschütterte. Es folgten stürmische Tage, und am 6. Oktober fanden in vielen italienischen Städten Solidaritätsbekundungen statt. Auch in Riace gab es eine Demonstration, und der lange Zug von Menschen, die unter lauten Protesten unter meinem Fenster vorbeizogen, ist eine Erinnerung, die ich mein Leben lang im Herzen behalten werde.[38] Das Bild der roten Fahnen, die an jenem regnerischen Nachmittag vor dem grauen Himmel leuchteten, war ein Zeichen, dass der Mut und die Kraft uns nicht verlassen hatten. Auch wenn ich selbst nicht hinaus auf die Straßen durfte, in denen sich noch kurz zuvor mein alltägliches Leben abgespielt hatte, waren da doch an meiner Statt die Gefährten, die mich nicht verlassen hatten. Später, auf der übervollen Piazza, waren unter den Rednern auch Menschen, die ich gar nicht kannte. Ich konnte nicht bei ihnen sein, aber ich konnte sie aus der Ferne hören, und ihre Stimmen überwanden die Entfernung, die mich von ihnen trennte. Ein großes Wort lag an diesem Tag in der Luft: »Freiheit!«

Am Abend, als meine Tochter Marina und ich dann allein in unserem Haus waren und die Demonstration sich aufgelöst hatte, zeigte mir Marina auf ihrem Handy eine Zeichnung des Karikaturisten Mauro Biani, auf der die afroamerikanische Bürgerrechtlerin Rosa Parks abgebildet war. Sie war 1955 festgenommen worden, weil sie sich geweigert hatte, ihren Sitzplatz im Bus für einen Weißen freizugeben, und auf der Karikatur hält sie sich mit herausforderndem Blick ein Schild mit einer Identifizierungsnummer vor die Brust, und darüber steht: »Solidarität unter Sträflingen. Go Mimmo go!« Wir mussten lachen, denn als Martina noch ein kleines Mädchen war, hatte ich ihr einen Comic geschenkt, in dem die Geschichte von Rosa Parks und Martin Luther King erzählt wurde.

Zwei Wochen später widerrief das Überprüfungsgericht meinen Hausarrest. Stattdessen wurde mir auferlegt, die Gemeinde Riace zu verlassen und bis auf Weiteres nicht mehr zu betreten. Darüber hinaus wurde ich wegen Amtsmissbrauchs und Förderung der illegalen Einwanderung angeklagt. Der Prozess ist bis heute nicht abgeschlossen, und es bleibt mir nichts anderes übrig, als geduldig abzuwarten, bis das Gericht meine Unschuld anerkennt.

Auf Antrag meiner Anwälte und trotz der ablehnenden Haltung der Staatsanwaltschaft wurde am 5. September 2019, nach elf Monaten schmerzhaften und kräftezehrenden Exils, die Anordnung des Überprüfungsgerichts widerrufen. Ich werde nie vergessen, wie ich am Abend in Riace ankam, wo ich von vielen Bürgern auf der vollen Piazza willkommen geheißen wurde, und wie schön es war, wieder den Duft der Freiheit zu atmen.

In all diesen Monaten habe ich nicht kapituliert. Nicht einmal in der Zeit, in der ich gezwungen war, fern von Riace zu leben, das Gewicht der Einsamkeit zu ertragen. Schon im Mai 2019 hatte das Verwaltungsgericht der Region Kalabrien die Maßnahme Salvinis, Riaces Teilnahme an neuen SPRAR-Projekten auszuschließen, zurückgenommen. Das Urteil wurde im Juni 2020 vom Staatsrat in Rom bestätigt. Auch wenn es zu spät ist, die Zeiger der Uhr zurückzudrehen, wurde immerhin diese Maßnahme des Innenministers für unrecht erklärt. Die Richter des Staatsrats scheuten sich nicht, in ihrer Urteilsbegründung zu vermerken: »Dass das Modell Riace in seinen Absichten uneingeschränkt lobenswert gewesen ist, und dass es auch beachtliche Erfolge in der Integration erzielt hat, ist ein Umstand, der selbst in den kritischsten Punkten der Monitorings zum Ausdruck kommt.«

*

Schon immer fühle ich mich denen verbunden, die in existenzieller Not leben und deren Alltag fragil ist, die sich an den Rändern unserer Gesellschaft bewegen, und das erfüllt mich mit Stolz. Nur wenn wir die Schwäche von uns allen vereinen, kann eine neue Kraft entstehen, die den Traum von Freiheit für unsere Gemeinden, für unsere Welt weiterverfolgt.

Gesetz und Gerechtigkeit stehen manchmal im Widerspruch. Wo keine Gleichheit herrscht, gibt es auch keine Gerechtigkeit. Tief in meinem Inneren, wo Wirklichkeit und Imagination aufeinandertreffen, war ich immer der Überzeugung, dass die Botschaft des Evangeliums und die Ideale der utopischen Linken zu einem einzigen Horizont hin verschmelzen.

Riace war eine schon fortgeschrittene Verwirklichung der Idee von Inklusion und Solidarität, und gerade deshalb war es eine Herausforderung für den repressiven Staat der Ordnung, der Sicherheit, der Grenzen und geschlossenen Häfen. Unsere Art des Willkommens war wie ein Wind, der Barrieren überwindet, das anthropologische Konzept einer Gemeinde, in der die Grenzen durchlässig sind und Migranten nicht als Flüchtlinge betrachtet, sondern als authentische und wertvolle Bürger Teil des alltäglichen Lebens sind. Eine echte Provokation. Dieses eine Mal hat die Linke an der Regierung einer kleinen Gemeinde bewiesen, in Kohärenz zu sein mit ihrer ureigenen sozialen und ethischen »Mission«, die viel mehr ist als politische Relativitäten. Und sie hat mit dem Glaubenssatz gebrochen, dass Regieren immer bedeutet, mit den Normen der bürokratischen und autoritären Praxis konform zu gehen.

Als die ersten Beschuldigungen gegen mich eintrafen, hatte ich zunächst den Impuls, meine Gefährten, mit denen ich den Traum von Freiheit und einer neuen Menschlichkeit geteilt hatte, um Verzeihung zu bitten. Ich empfand aber auch Enttäuschung und Bitterkeit, und manchmal hatte ich das Gefühl, dass alles was wir erzählen, nur reine Rhetorik ist.

All das, was in den letzten Jahren geschehen ist, hat seine Gründe. Es ging nicht einfach nur darum, ein SPRAR-Projekt zu schließen. Es ging um die Entwertung einer politischen Botschaft, um die Bestätigung, dass Riace und sein Bürgermeister nichts anderes sind als das, was in der Politik Gemeinplatz ist. Ich kann mir nicht vorstellen, wann das Wort ENDE unter diese Geschichte geschrieben wird. Manchmal frage ich mich: Was habe ich nur getan? Warum habe ich es getan? Die Antwort darauf ist nicht einfach. Es gibt nicht nur eine Antwort. Vielleicht ist alles Zufall, die Menschen, die das Meer überquert haben auf ihrer verzweifelten Suche nach Rettung, und die hier bei uns angekommen sind.

Der Wind hat meine Geschichte geschrieben.

Auch die Ziegen sind in Kontemplation

In den Jahren, in denen ich durch Italien gereist bin, um von den Erfahrungen in Riace zu erzählen, habe ich immer wieder die schmerzliche Erfahrung gemacht, dass das Gerede um »Willkommenskultur« oft leere Rhetorik ist, reiner Selbstzweck, und nicht von Idealen getragen. Mich interessiert vor allem die Freiheit, meine Freiheit und die der anderen, derjenigen, die nach ihr dürsten. Das kann gar nicht anders sein, das schulde ich den Menschen, denen ich begegnet, und dem Landstrich, in dem ich aufgewachsen bin.

Wenn man sich in den Anblick der Landschaften meiner Heimat versenkt, mit ihren unverwechselbaren Panoramen, den Bergen, die sich vor dem Hintergrund des Meeres erheben, dann fallen einem gelegentlich Ziegen auf, die die steilsten Hänge entlangstaksen und sich manchmal über Schluchten beugen. Das Gelände ist hart, oft kahl und felsig, arm an Nahrung, arm an Leben. Der Tod ist nur einen Schritt entfernt, das Leben liegt hinter einem, und alles ist so langsam, dass es unbeweglich erscheint.

Die Tiere stehen mitten in einer uralten Schönheit, die seit Jahrhunderten unverändert ist, und sehr still. Die Ziegen sind frei und lebendig, aber sie bewegen sich nicht, sie fressen nicht, sie tun nichts anderes als – so sieht es aus – ins Leere zu starren. Wie ein Freund von mir einmal gesagt hat: »In Kalabrien sind sogar die Ziegen in Kontemplation.«

EPILOGO

Solidarität vor Gericht

Von Giovanna Procacci
(Universität Mailand)

Dieses Buch erzählt die Geschichte eines kleinen Dorfs am südlichen Ende Kalabriens, sowie die eines Mannes, der 15 Jahre lang sein Bürgermeister war und es zu seiner Lebensaufgabe gemacht hat – zwei Geschichten, die eng miteinander verknüpft sind. In »Das Dorf des Willkommens« erzählt Domenico Lucano von den Synergien, die das Experiment Riace ins Leben rief, von den Menschen, die aus unterschiedlichsten Orten und Situationen zusammengekommen waren und mit ihm zusammen an innovativen Lösungen gearbeitet haben, und er erzählt von seinem innigen Wunsch, seinem Heimatort eine Zukunft zu schaffen, die in Einklang steht mit seinen Idealen von Menschlichkeit, Solidarität und Frieden. Er erzählt aber auch von dem Gefühl der Bitterkeit, angesichts der politischen Angriffe, mit denen er sich konfrontiert sah, und angesichts der Zerstörung all dessen, was er geschaffen hat – obwohl er nach wie vor überzeugt ist, dass es alles die Mühe wert war. Worüber er nicht viel sagt, ist der Strafprozess, dem er sich seit über zwei Jahren ausgesetzt sieht, und so bleibt dieser nur angedeutet, im Hintergrund. Es ist ganz bestimmt nicht leicht, als Angeklagter über einen Prozess zu sprechen, der noch im Gange ist.

Ich möchte daher in diesem Nachwort den Prozess ins Zentrum rücken. Denn die Geschichte, die dieses Buch erzählt, bleibt unvollständig, wenn wir nicht nach dem Gerichtsverfahren fragen, das beide getroffen hat, Lucano und Riace. Bereits seit zwei Jahren ist im Gericht von Locri ein Verfahren anhängig, das Solidarität und Menschlichkeit unter Anklage stellt und mit strafrechtlichen Anschuldigungen in Zusammenhang bringt. Damit weist dieser Prozess gegen Lucano Parallelen zu denen auf, die etwa in Frankreich gegen Cédric Herrou[39] oder Pierre Alain Mannoni[40] stattfanden, oder auch zu den diversen Versuchen, Menschenrechtsaktivisten vor Gericht zu stellen, die im Mittelmeer für die private Seenotrettung oder an den europäischen Grenzen im Einsatz sind. Von dieser Warte aus betrachtet, sagt dieser Prozess etwas aus über die Widersprüche der Flüchtlingspolitik an den Toren Europas. Es gab in den letzten Jahren eine deutliche Tendenz, die Rechtsprechung zu nutzen, um humanitäre Einsätze zugunsten von Migranten zu blockieren und zu diffamieren, was einer Art Erneuerung von politischen Verfahren Raum gegeben hat. Wir alle wissen, dass politische Prozesse gefährlich sind für die Demokratie: Dieser Prozess erzählt uns daher auch etwas über die Fragilität unserer Demokratien angesichts der Herausforderung der Migration.

Riace als Experiment der Willkommenskultur

Um die Herausforderung des Locri-Prozesses gegen Lucano und Riace besser zu verstehen, soll hier kurz auf die wichtigsten Eigenschaften verwiesen werden, die das sogenannte »Modell Riace« bei der Aufnahme von Flüchtlingen so besonders machen. Riace ist ein kleines Dorf in der Locride, einer kalabrischen Provinz an der Küste des Ionischen Meeres, die einst die Wiege der Magna Graecia war und heute eher bekannt ist für das tyrannische Regime der schrecklichen ’Ndrangheta, der kalabrischen Mafia. Die alten Dörfer in der Region sitzen hoch über dem Meer auf ihren Hügeln, und sehr oft haben sie einen neueren Ortsteil, der unten an der Küste gebaut wurde. Auch Riace ist zweigeteilt, in das alte Dorf, sieben Kilometer vom Meer entfernt, und das moderne Riace Marina unten am Strand. Die Einwohnerzahl beläuft sich im Ganzen auf etwa 1700 Menschen, wobei die Dorfgemeinschaft sich in den vergangenen Jahrzehnten durch Emigration stark reduziert hat. Die Menschen gingen nach Süd- und Nordamerika, Australien und Norditalien, hinterließen leere Häuser und eine Geisterstadt. Als in den späten 1990er-Jahren zunehmend Flüchtlinge aus verschiedenen Ländern an dieser Küste strandeten, schien es eine naheliegende Idee, die verlassenen Häuser den ein neues Heim suchenden Migranten zur Verfügung zu stellen. Man kontaktierte die ausgewanderten Eigentümer, und viele stimmten zu, ihre Häuser zu vermieten; so begann eine ungewöhnliche Art der Flüchtlingsaufnahme, die sehr spontan war, und bei der die Menschen in normalen, im Dorf verstreuten Häusern unterkamen, statt in großen, eigens dafür eingerichteten Sammelunterkünften, und durch die sich zudem die unverhoffte Gelegenheit bot, die Dörfer der Region wiederzubeleben und eine Zukunft für sie zu entwerfen. Das Dorf Badolato hatte bereits 1997 ein solches Projekt gestartet, das jedoch nur ein paar Jahre dauerte. 1998 schloss sich das Experiment Riace an, das dank des Engagements von Domenico Lucano, der 2004 auch Bürgermeister wurde, bis Ende 2018 am Leben blieb, um dann durch eine politische und juristische Intervention, die in Lucanos Verhaftung kulminierte, gewaltsam beendet zu werden.

Zwanzig Jahre lang erlebte das Dorf Riace eine Wiedergeburt. Häuser wurden wieder bewohnt, es herrschte neues Leben im Ort, nach und nach kamen öffentliche Betriebe und Dienstleistungen in Gang: die Schule, traditionelle Werkstätten und Gewerbebetriebe wie die

Ölmühle der Gemeinde, ein kostenloser medizinischer Dienst, und natürlich die für die Versorgung der Geflüchteten relevanten Wohlfahrtsdienste. Jobs wurden geschaffen, und junge Leute konnten sich erstmals wieder vorstellen, nicht zur Emigration gezwungen zu sein. Immer weitere Häuser wurden restauriert und das Dorf einer Generalüberholung unterzogen, Mülldeponien wurden saniert und eine getrennte Müllsammlung organisiert, biologischer Landbau betrieben, eine neue Quelle für die Wasserversorgung erschlossen und in öffentliche Eigentümerschaft überführt.

Einige Häuser wurden für eine Art »Solidarischen Tourismus« zur Verfügung gestellt, der weitere Jobs kreierte und über die Jahre hinweg zahlreiche Touristen anzog, die die besondere Atmosphäre des sogenannten »Globalen Dorfs«, das das Herz des Experiments war, kennenlernen wollten. Künstler reisten an, um überall im Dorf die Wände mit Wandbildern zu verschönern, die sehr oft Menschen und Szenen aus der lokalen Geschichte oder auch aus den Herkunftsländern der Neubürger zum Thema hatten. Kurz und gut, Riace wurde wieder ein lebendiges Dorf, und fast zwei Jahrzehnte lang lebten und arbeiteten hier Einheimische und Geflüchtete in einer organischen Gemeinschaft zusammen.

So wuchs Riaces Ruhm. Es wurde zu einem Pilotprojekt für ganz Italien, das zu Beginn des neuen Jahrtausends die ersten offiziellen Programme für die Aufnahme von Asylbewerbern inspirierte. Auch war es maßgeblich beteiligt am Zustandekommen eines kalabrischen Regionalgesetzes von 2009, das die Verbindung von Zuwanderung und lokaler Entwicklung zum Inhalt hatte. Lucano wurde immer häufiger zu Expertengruppen und Konferenzen eingeladen.

Auch international wurde Riace ein Begriff: Bücher, Dokumentationen, Filme sowie Auszeichnungen und Preise für seinen Bürgermeister lockten immer neue Besucher an. Als die Ankünfte von Flüchtlingsbooten in Italien massiv zunahmen (2014–2016), wurden dem kleinen Dorf von den Behörden wiederholt sehr hohe Zahlen von Menschen zugeteilt und in den beiden in Italien gängigen Aufnahmesystemen CAS und SPRAR[41] untergebracht. Die Behörden wussten sehr gut, dass Riace niemals Neuankömmlinge ablehnte, was dazu geführt hatte, dass seinem Bürgermeister in der Präfektur von Reggio Calabria der Spitzname »Santo Lucano« (heiliger Lucano) verliehen worden war. Der Begriff »Modell Riace« war in aller Munde, und in der Umgebung entstanden verschiedenste Flüchtlingsprojekte, die sich an seinen Richtlinien orientierten.

Sturm zieht auf über Riace

Dann, ganz unvermittelt, wurden Ende 2016 Inspektionen der Willkommensdienste in Riace durchgeführt, die zu unterschiedlichen Ergebnissen kamen, manche sehr kritisch, andere voller Lob. Auch die Finanzpolizei begann gegen Riace zu ermitteln und scheute weder formale noch administrative Mühen, um es von den Füßen auf den Kopf zu stellen. Am 2. Oktober 2018 wurde Lucano verhaftet und wegen Begünstigung illegaler Einwanderung unter Hausarrest gestellt; spontan fanden sich mehrere Tausend Menschen in der kleinen Gemeinde zusammen, um gegen seine Verhaftung zu protestieren. Zwei Wochen später wurde der Hausarrest durch die gerichtlich verfügte Verbannung aus seinem Heimatort ersetzt.

Seitdem ist ein gewaltiger Sturm über das kleine kalabrische Dorf hereingebrochen, der noch lange nicht vorüber ist: Die Folge davon waren staatliche Aufsichtsmaßnahmen und ein elfmonatiges Exil für Lucano, mehrere Prozesse an unterschiedlichen Gerichten, die zu ebenso unterschiedlichen Urteilen kamen, eine massive Diffamierungs- und Deligitimierungskampagne auch durch die Medien, störende und destruktive Maßnahmen der Behörden. Einrichtungen und Betriebe wurden geschlossen, Willkommensdienstleistungen für beendet erklärt, Geflüchtete weggeholt und in andere Orte transferiert. Das Dorf verfiel wieder in die gewohnte Stille. Am 11. Juni 2019 schließlich wurde in Locri ein Strafprozess auf der Basis von sehr ernsthaften Anschuldigungen eröffnet, die von der Bildung einer kriminellen Vereinigung über Unterstützung von illegaler Einwanderung, Betrug, Veruntreuung, Falschbeurkundung im Amt, Amtsmissbrauch, Erpressung etc. reichen. Lucano wurde vorgeworfen, sich mehrere Millionen Euro aus öffentlichen Mitteln unbefugt angeeignet zu haben. Der Prozess dauert immer noch an.

Von Anfang an hatte ich das Gefühl, dass der Sturm, der Riace ergriffen hatte, etwas höchst Unverhältnismäßiges an sich hatte. Man muss sich hierzu ins Gedächtnis rufen, dass wir uns im Herzen der Locride befinden, einer Gegend von Kalabrien, in der seit Langem die 'Ndrangheta zu Hause ist. Ausgerechnet hier stehen Domenico Lucano und weitere 26 Menschen seit über zwei Jahren vor Gericht, weil sie sich bei der Aufnahme von Geflüchteten angeblich schwerwiegende Straftaten zuschulden haben kommen lassen …

Es ist diese Unverhältnismäßigkeit, die uns vermuten lassen muss, dass diese Geschichte nicht nur Kalabrien angeht. Die Anzeichen dafür sind deutlich:

Neben der Natur und dem Umfang der strafrechtlichen Anschuldigungen ist das etwa auch die Tatsache, dass über ein Jahr lang intensive Ermittlungen gegen Lucano und sein Umfeld durchgeführt wurden, die auch vor Telefon- und sogar Videoüberwachung nicht zurückschreckten. Wenngleich der Ermittlungsrichter[42] von Anfang an den Großteil der Anschuldigungen zurückgewiesen und befunden hatte, dass sie verlässlicher Beweise entbehrten, wurde im Prozess die Anklage in allen Punkten unverändert aufrechterhalten. Auch die angeordneten Aufsichtsmaßnahmen wirkten allzu demonstrativ und ungerechtfertigt. Es war einfach alles eine Nummer zu groß für eine Angelegenheit von nur lokaler Bedeutung. Der Prozess gegen Lucano und Riace ist eine Geschichte von nationaler Tragweite. Und darüber hinaus machen ihn die Parallelen mit anderen Prozessen, die in mehreren europäischen Ländern gegen Menschen im Gange sind, die sich für Menschlichkeit und die Aufnahme von Migranten einsetzen, zu einer europäischen Geschichte.

In der Tat, von Anfang an schien der Prozess gegen Lucano und seine Mitstreiter ein ganz »besonderer« zu sein. Am Tag der Eröffnung war Locri eine Stadt, die unter fast militärischer Besetzung zu stehen schien, so imposant war das Aufgebot an Sicherheitspolizei, die das Gericht beschützte. Etwas Ähnliches hatte man nicht einmal bei den größeren ’Ndrangheta-Prozessen gesehen. Überdies nehmen das italienische Innenministerium und die Präfektur der Provinz Reggio Calabria selbst an der strafrechtlichen Verfolgung teil,[43] auch das etwas Ungewöhnliches, selbst in Prozessen gegen die ’Ndrangheta. Es drängte sich mir förmlich der Eindruck auf, dass in diesem Strafprozess etwas viel Größeres auf dem Spiel stand als eventuelle Unregelmäßigkeiten bei der Befolgung der administrativen Richtlinien der SPRAR- und CAS-Systeme für die Aufnahme von Flüchtlingen. Ich vermutete, dass man bestrebt war, die Wendung, die die italienische Flüchtlingspolitik zunächst durch Innenminister Marco Minniti und dann, noch offensichtlicher, durch die Regierung aus Lega und Fünf-Sterne-Bewegung mit Matteo Salvini als Innenminister genommen hatte, in strafrechtliche Begriffe zu überführen. Die Strategie der Kriminalisierung der Willkommenskultur hätte durch einen »Schauprozess«, in dem die Missetaten eines Mannes ins Visier genommen wurden, der weithin als Architekt eines positiven Willkommenmodells galt, einen vorläufigen Höhepunkt erreicht. Wie auch immer, was hier vor sich ging, sah mir aus wie ein politischer Prozess.

Falls dem so war, war es wichtig, dieses Ereignis nicht dem Halbdunkel eines Provinzgerichts in Locri zu überlassen. Für Nicht-Italiener ist es wahrscheinlich schwer nachvollziehbar, wie »ab vom Schuss« Kalabrien im Dafürhalten der italienischen Öffentlichkeit ist, doch muss man wissen, dass keine landesweit erscheinende Zeitung regelmäßig über die Region berichtet. Ein politischer Prozess sollte jedoch nicht allein der Berichterstattung der lokalen Presse überlassen werden, und darüber hinaus nicht ausschließlich den »Experten«. Es war wichtig, auch einer anderen Perspektive eine Stimme zu geben, nämlich der der »einfachen Bürger«. Denn kein Bürger, der Werte wie Solidarität, Toleranz und Wahrung der Menschenrechte mit Lucano teilt – das genaue Gegenteil von Salvinis »Italiener zuerst« –, kann gleichgültig sein gegenüber dem, was in diesem Gerichtssaal passiert. Der Prozess brauchte eine Art »Bürgermonitoring«, das ihn ans Licht des Tages befördern, das die Öffentlichkeit informiert halten und ihre Aufmerksamkeit sichern würde, da es nicht von sich aus garantiert war, dass er adäquate Sichtbarkeit und Medienberichterstattung bekommen würde. Daher begann ich, nach Locri zu reisen und an den Verhandlungen teilzunehmen, jedenfalls solange Covid-19 es erlaubte, und dank der internationalen Online-Nachrichtenagentur Pressenza[44] gelang es mir, meine Monitoringberichte zu veröffentlichen. Ich schreibe daher hier auf der Basis dieser persönlichen Erfahrung, ohne einen Hehl aus der Subjektivität meiner Einschätzungen zu machen, die ich über lange Monate der Beobachtung gewonnen habe.

Unabhängig davon, wie das endgültige Urteil lauten wird, ist es mein Ziel, eine öffentliche Diskussion zu fördern, darüber, was genau der Gegenstand dieses Strafprozesses ist, was genau man zu delegitimieren versucht, welche Handlungen man als Verbrechen benennt, welche Ideen man als illegal stigmatisiert, weil ich der Überzeugung bin, dass diese Handlungen und Ideen wesentlich für unsere Freiheit sind.

Der Locri-Prozess

Wie schon gesagt, nimmt der Prozess seinen Anfang mit den Inspektionen, die ab Ende 2016 durch Beamten der zuständigen Asylbehörden in Riace durchgeführt wurden, und mit den darauf folgenden strafrechtlichen Ermittlungen der Finanzpolizei, die über ein Jahr gedauert haben, nämlich bis Ende 2017.

In den ersten Monaten des Gerichtsverfahrens berichteten die SPRAR- und CAS-Beamten dem Gericht von den Ergebnissen ihrer Untersuchungen, die sich vor allem dafür interessierten, inwieweit in Riace die

Richtlinien der Behörden bei den Aufnahmeaktivitäten respektiert wurden. Wie bereits erläutert, waren die Ergebnisse gemischt, manche Berichte waren sehr kritisch, einer dagegen ausgesprochen positiv. Jedoch ging es bei allen Untersuchungsergebnissen ausnahmslos um Themen wie einen unvollständigen Datenbestand, eine mangelhafte Unterscheidung zwischen den beiden Programmen (CAS und SPRAR) bei der Bereitstellung der Leistungen, die Überschreitung der Aufenthaltsdauer von Migranten und Ähnliches – genauer gesagt, um Abweichungen von den Richtlinien. Darüber hinaus waren sich alle Beamten in zwei wichtigen Punkten einig: Riace hatte sich nie geweigert, Flüchtlinge aufzunehmen, die ihnen die Behörden geschickt hatten, und die Unregelmäßigkeiten waren in keinem Fall Quelle persönlicher Bereicherung. Auch erkannten alle übereinstimmend an, dass Lucano sich nur aus humanitären Gründen geweigert hatte, Menschen wegzuschicken, wenn die Laufzeit des staatlich geförderten Projekts zu einem Ende gekommen war.

Anschließend beschäftigte sich der Prozess ein Jahr lang mit der Erläuterung der beim Management der Aufnahmeprojekte festgestellten Straftatbestände, die von der Staatsanwaltschaft vorgebracht und insbesondere durch den verantwortlichen Beamten der Finanzpolizei, Oberst Nicola Sportelli, der die Inspektion koordiniert hatte, bezeugt wurden. Es gibt hier jedoch eine klaffende Lücke zwischen den beiden Ebenen – Verwaltungsinspektion und strafrechtliche Anschuldigung –, die die ganzen Verhandlungen über ungelöst blieb.

Tatsächlich ist genau dies das Dilemma, in dem der Prozess von Anfang an gefangen zu sein schien: Haben wir es hier mit Verwaltungsunregelmäßigkeiten oder mit schwerwiegenden Straftaten zu tun? Das Thema, das Inhalt des Prozesses ist – also die Organisation der Unterbringung und Integration von Flüchtlingen –, ist durch administrative Richtlinien bestimmt, die an sich schon Vorsorge treffen für eine interne Supervision sowie für Maßnahmen, die im Fall von Versäumnissen zu treffen sind, bis hin zur Anwendung von Strafen und Sanktionen. Falls es also in Riace Verstöße gegen diese Regeln gegeben hat, wie manche der Inspektoren feststellen, hätten diese als Angelegenheit der Verwaltungsebene behandelt werden müssen. Maßgeblich bestätigt wird dies vom italienischen Staatsrat:[45] Sein Urteil von April 2020 fällt zugunsten von Lucano aus und erklärt die Schließung des SPRAR von Riace durch das Innenministerium für illegitim, insbesondere auch, weil die Verwaltungsrichtlinien alle Instrumente geboten hätten, um Unregelmäßigkeiten bei der Führung des SPRAR entgegenzuwirken. Die Einstellung des Projekts aber war nach dieser Deutung als Lösung nicht angemessen; eine loyale Kooperation, wie es solche der öffentlichen Verwaltung unterstehenden Projekte normalerweise sind, hätte angemessene Maßnahmen treffen müssen, um Unregelmäßigkeiten anzugehen. Dieser Hinweis des Staatsrats hat allerdings im Strafprozess nicht das notwendige Echo bekommen.

Im Gegenteil, die Staatsanwaltschaft präsentierte einige »ernsthafte Verstöße« gegen die Richtlinien als Straftatbestände, so etwa die Bereitstellung von Arbeitsstipendien und Gutscheinen sowie die Überschreitung der Aufenthaltsdauer.[46] Die Staatsanwaltschaft machte hier geltend, dass aufgrund dieser Praktiken mehr Menschen in Riace aufgenommen worden waren als es für staatlich geförderte Willkommensprojekte erlaubt gewesen wäre, und/oder dass ihnen eine längere Aufenthaltsdauer gewährt worden war, als offiziell vorgesehen. Dabei waren dies immer schon die hervorstechendsten Eigenschaften des Integrationsexperiments Riace gewesen: Jobtrainings zu bieten, die lokale Wirtschaft wiederzubeleben, das Bedüfnis jeder Person nach dem Erreichen von Autonomie zu respektieren.

Jahrelang waren diese Praktiken vor aller Augen zur Anwendung gekommen; sie waren allgemein bekannt, nicht nur bei den Behörden, die ihre Unterstützung immer wieder erneuert und neue Flüchtlinge geschickt hatten, sondern auch in der Öffentlichkeit, die im Lauf der Zeit ein großes Interesse für Riace und seine innovativen Lösungen entwickelt hatte. Daher besteht eine erste Schwierigkeit für die Staatsanwaltschaft darin, erklären zu müssen, wie es kommt, dass diese innovativen Praktiken Ende 2016 plötzlich zu ernsthaften Unregelmäßigkeiten erklärt wurden und schließlich sogar zur Schließung des SPRAR und zu einem Strafprozess führten.

Eine weiteres Problem, die Verschiebung von administrativen Unregelmäßigkeiten hin zu Straftatbeständen zu rechtfertigen, ist der Mangel an Beweisen, dass die angeführten Verfehlungen Quellen für einen persönlichen Profit gewesen seien. Das Motiv von Lucanos Handlungen, ein Schlüsselbegriff im Strafrecht, ist eine wesentliche Schwäche der Anklage. Die Staatsanwaltschaft ist außerstande zu beweisen, dass der Angeklagte irgendeinen materiellen Nutzen erzielt hat: Lucano hat kein Geld auf seinen Bankkonten und keine großen Besitztümer; er hat ganz offensichtlich von seiner Arbeit als Bürgermeister gelebt. Der Staatsanwalt musste sogar persönlich zugestehen, dass Lucano von humanitären Motiven angetrieben wurde. Daher versuchte er zu argumentieren, dass Lucano sehr wohl unrechtmäßigen Nutzen aus seinem Fehlverhalten gezogen habe, allerdings nicht in wirtschaftlicher, sondern eher in politisch-wahltaktischer Hinsicht. Jedoch auch dieses Motiv erwies sich als schwer zu beweisen, vor allem weil Lucano für keine Wahl kandidiert hat, seit er 2014 zum dritten (und letzten) Mal zum Bürgermeister gewählt wurde, lange vor dem Beginn der Untersuchungen. Daher war die Frage nach dem Motiv langsam, aber sicher aus dem Narrativ der Staatsanwaltschaft verschwunden.

Die Strategien der Staatsanwaltschaft

Da das Motiv also fehlte, baute die Staatsanwaltschaft ihre Strategie eher auf dem Versuch auf, alle Integrationsaktivitäten, die man in Riace verwirklicht hatte, als Straftatbestand zu präsentieren. Damit dies gelingen konnte, musste sie sie ihrer spezifischen Eigenschaften, Zielsetzungen und Zwecke entblößen, um sie auf einen allgemeinen Mechanismus der »Umleitung von öffentlichen Mitteln« und damit der widerrechtlichen Aneignung dieser Mittel zu reduzieren. Jede Maßnahme, die ins Leben gerufen wurde mit dem Zweck, Migranten besser zu integrieren, war also auf eine solche Umleitung von Mitteln zurückzuführen, was sie automatisch in einen kriminellen Zusammenhang stellte und für die meisten strafrechtlichen Anschuldigungen eine Basis schuf. So sind Anklagepunkte wie Unterschlagung, Betrug, Zweckentfremdung und andere alle zurückführbar auf eine Umleitung der Mittel.

Die Argumentation geht mehr oder weniger so: Die 35 Euro (pro Tag und Person), die vom Staat für die Aufnahme von Geflüchteten zur Verfügung gestellt wurden, sind in Riace nicht nur benutzt worden, um Essen und Unterkunft zu bezahlen, sondern für »viel mehr«. In dem »viel mehr« liegt das Verbrechen. Was aber hat Lucano über das Nötige hinaus getan?

Tatsächlich hat er vieles getan, wie er uns in diesem Buch erzählt. Und er hat daraus nie einen Hehl gemacht, auch nicht in Anwesenheit von Fachleuten und Behörden, dass alles, was er in Riace für die Integration von Flüchtlingen auf die Beine gestellt hat, durch öffentliche Gelder möglich gemacht wurde. Diese Erkenntnis geht also nicht auf die sensationelle Entdeckung eines Ermittlers zurück. Lucano zufolge waren Essen und Unterkunft in einem kleinen Ort wie Riace relativ billig, doch es gab keine Arbeit, nicht einmal für Einheimische; daher war er bemüht, einen Teil der Mittel einzusparen und sie für die Schaffung von Arbeitsmöglichkeiten und für die soziale Integration zu nutzen. Nach Ansicht der Staatsanwaltschaft waren diese »Ersparnisse« allerdings illegitim; er hätte dieses Geld dem Staat zurückgeben müssen. Ihrem Befinden nach stellte die Entscheidung, öffentliche Mittel zu nutzen, um Arbeitsmöglichkeiten sowohl für Flüchtlinge als auch für Einheimische zu schaffen, in einem lokalen Setting, das kaum Ressourcen hat und zur Entvölkerung verdammt ist, eine widerrechtliche Verwendung wie jede andere dar, und war daher von einer widerrechtlichen Verwendung zum Zwecke der persönlichen Bereicherung nicht zu unterscheiden.

Als der Ermittlungsrichter daher zu bedenken gab, dass die unternommenen Aktivitäten ja dennoch auf Integration zielten, wenn auch auf eine eher unorthodoxe Art und Weise, gab der Staatsanwalt nur zurück, dass solche Verwendungen nicht erlaubt waren – oder man, den Richtlinien zufolge, für diese zusätzlichen

Ausgaben einen gesonderten Antrag hätte stellen müssen. Auch hier gibt es jedoch ein Gegenargument: Wenn das Problem nur in einem versäumten Antrag an die maßgebliche Stelle liegt, dann wäre auch hier wiederum nicht etwa ein Straftatbestand gegeben, sondern die Zuständigkeit würde auf die verwaltungsrechtliche Ebene zurückfallen.

Die Aktivitäten mit dem Ziel der Integration waren das Gütesiegel des Riace-Experiments: Anders als die meisten anderen Orte hieß Riace auch Familien willkommen, und die Integration nahm hier verschiedenste Wege, so etwa auch Arbeit und Schule. Im Kern seines innovativen Modells befanden sich verschiedene Projekte wie die Handwerkstätten, die Ölmühle, der solidarische Tourismus, die Dorfentwicklung oder die Leistungen der Wohlfahrtsverbände, und sie alle hatten die Absicht, den Neuankömmlingen Gelegenheiten zur Integration zu bieten und dabei gleichzeitig Arbeitsmöglichkeiten auch für Einheimische zu eröffnen. Die Staatsanwaltschaft weigert sich, dies anzuerkennen, indem sie ihre Argumentation auf einen generellen Mechanismus der Umleitung von staatlichen Mitteln beschränkt, und sie weigert sich auch, der Effizienz der Projekte und der Anerkennung des Erreichten Rechnung zu tragen.

Lucanos große Stärke ist, dass seine gesamte öffentliche Arbeit unter aller Augen stattgefunden hat; für jede der entstandenen Aktivitäten hat er kundgetan, auch vor Gericht, welche spezielle Logik er bezüglich der Integration und der zu erwartenden Resultate verfolgte, mit dem übergeordneten Ziel, eine Gemeinde mit starkem Zusammenhalt zu schaffen. Ein Beispiel hierfür ist etwa die Gemeinde-Ölpresse. Vor Gericht hat Lucano im November 2019 voller Stolz erzählt, dass dank der »Ersparnisse« die Ölpresse verbessert und modernisiert werden konnte, dass sie erst ein paar Wochen zuvor ihre Arbeit wieder aufgenommen hatte, dass etwa 20 Personen dort beschäftigt waren und ein hoch qualitatives Olivenöl produzierten. Tatsächlich stellte die Ölpresse zu diesem Zeitpunkt die Stütze der lokalen Wirtschaft dar. Die Staatsanwaltschaft zog es jedoch vor, diese Errungenschaften zu ignorieren und den Betrieb der Ölpresse auf eine widerrechtliche Verwendung der Mittel zu reduzieren: Ihrer Meinung nach war sie eher entstanden aus dem Wunsch Lucanos und des Vereins Città Futura, »eine Ölpresse zu besitzen«, die sich durch die Mittel für die Flüchtlingsunterbringung finanzieren ließ. Dasselbe Argument verfolgte sie bei den Häusern, die für den solidarischen Tourismus vorgesehen waren, der einigen Menschen Arbeit gab, sowie bei den Projekten zur Förderung der Dorfentwicklung.

Die Integrationszwecke schlicht auszublenden erlaubt es der Anklage, den Verdacht aufrechtzuerhalten, dass die »Ersparnisse« am Ende doch einer persönlichen Bereicherung gedient haben könnten, obwohl es dafür keinerlei Beweise gibt. Wir finden uns so vor einem Paradox: Italien ist ein Land, das hat miterleben müssen, wie aus der Aufnahme von Flüchtlingen »ein höherer Profit gezogen wurde als aus Drogengeschäften«, wie ein hinreichend bekannter Krimineller, der im Business mit dem Willkommen sehr bewandert war, einmal gesagt hat.[47] Gleichzeitig wird es ausgerechnet hier jemandem als Verbrechen angerechnet, wenn er Ersparnisse aus zugewiesenen Mitteln für nichts anderes verwendet als für integrative Zwecke – wenn er also genau das Gegenteil tut, als sich persönlich zu bereichern. Wir müssen daraus den Schluss ziehen, dass der Staatsanwalt gar nicht interessiert ist an den Projekten, noch an Lucanos Motiven, da er ja sowieso nicht beweisen kann, dass Lucano aus persönlichem Interesse gehandelt hat. Es sind wohl vielmehr Lucanos Ideen und Überzeugungen, das Leitmotiv seiner Arbeit, die im Zentrum der staatsanwaltlichen Aufmerksamkeit stehen.

Riace war jahrelang ein Laboratorium von guten Praktiken, und es hat wichtige Kriterien geliefert, die in die Schaffung und die spätere Aktualisierung von Willkommenssystemen in Italien mit eingeflossen sind. Wäre diese Wechselwirkung nicht durchbrochen worden, hätten seine innovativen Lösungen auch in Zukunft helfen können, systemische Mängel in den nationalen Programmen zu identifizieren und zu korrigieren. Solidarität hat für Lucano immer bedeutet, eventuelle Defizite zu überwinden, auch wenn es dafür nötig war, bestehende Regelungen herauszufordern, im Namen von höheren Prinzipien wie Beachtung der Menschenrechte und Menschlichkeit. Was aber ist der Grund, warum diese Synergie zusammengebrochen ist? Was hat sich in den Jahren seit Beginn der Inspektionen geändert, und wie kann uns das helfen zu verstehen, warum diese Aktivitäten jetzt als Verbrechen präsentiert werden können?

Eines ist sicher und wurde auch schon gesagt: In den Jahren nach 2016 hat die italienische Flüchtlingspolitik eine grundsätzliche Änderung, ja einen Paradigmenwechsel erfahren – Ausweisungen, Verweigerung der Seenotrettung, geschlossene Häfen, Kriminalisierung von Solidarität sind ins Zentrum des politischen Handelns gerückt. Daher mussten zwangsläufig die Ideen von Willkommen und Integration, die in Riace eine Gemeinschaft geschaffen hatten, in der Fremde nicht als Gäste, sondern als integraler Bestandteil der Gemeinde betrachtet wurden, und in der Einheimische und Neubürger dieselben Bedürfnisse und Geschicke teilten, zu einer Gefahr werden. Damit wird vorstellbar, warum man versuchen muss, sie zu kriminellen Vergehen umzudeuten. Man könnte sagen, dass die Integrationspraktiken von Riace in Rückwirkung auf den politischen Wandel zu Verbrechen erklärt wurden: Sie sind eine Art »Verbrechen-im-Nachhinein«. Die Erzählung, die die Staatsanwaltschaft hervorbringt, trägt die Spuren ihres Bemühens, die Bedeutung von Handlungen zu verzerren, im Namen von Ideen, die diese Handlungen im Rückblick umzudefinieren versucht. Es stehen also hier Ideen gegen Ideen. Und damit kommen wir ins Herz dessen, was einen politischen Prozess ausmacht.

Die Verleumdungskampagne gegen Lucano

Dies erklärt auch den machtvollen Impetus der Verleumdungskampagne, der sich Lucano und das Modell Riace seit 2018 ausgesetzt sahen und die eine Fortsetzung der Kriminalisierung ist, die zu dem Prozess geführt hat. Sie war natürlich vor allem eine Medienkampagne und führte zu der Art von Narrativ, die Roberto Saviano die »Schlamm-Maschine« nennt. So gelangten etwa Auszüge aus abgehörten Gesprächen auf unbekanntem Wege auf den Schreibtisch von »Il Giornale«, einer Zeitung des rechten politischen Spektrums, um dann in den lokalen Medien verbreitet zu werden, verknüpft mit einem Gemisch aus Mutmaßungen, Halbwahrheiten und Fake News, und schließlich durch den Schalldeckel der Sozialen Medien zu gehen. Es wurde ein Bild gezeichnet von einem Lucano, der sein Exil mit

Champagnertrinken verbringt (und das, obwohl er in Wirklichkeit gar keinen Alkohol trinkt), der auf Staatskosten neue Autos erwirbt, der gefälschte Verträge mit Verwandten abschließt, der Wählerstimmen kauft, der Riace als Bühne und Flüchtlinge als Statisten benutzt und so weiter und so fort. Je mehr man auf den Tisch legt, umso besser; Verwirrung ist eine ganz entscheidende Strategie für die Schlamm-Maschine.

Vom Gerichtssaal aus nahm auch die Staatsanwaltschaft an der Medienkampagne teil, durch den großzügigen Rückgriff auf Abhörmaterial, auch ohne offizielle Transkripte. Der Staatsanwalt las vor Gericht Auszüge aus abgehörten Gesprächen vor, im Bestreben, den vorgelegten Dokumentationsmaterialien eine Bedeutung zu verleihen, weil sie an sich keine klaren Beweise lieferten, weder über die angebliche Umleitung von Mitteln noch über deren finale Zwecke. Kurz gesagt, für den Beobachter ergibt sich der Eindruck eines Circulus vitiosus, der von den Dokumenten zu den abgehörten Gesprächen führt und umgekehrt, und in einer Art voraussagenden Beweisführung werden so bestimmte Ergebnisse antizipiert, die dann unvermeidlich werden.

Abgehörte Gespräche haben noch andere Schwächen; sie geben keinerlei Hinweis darauf, ob Handlungen, die darin besprochen wurden, wirklich ausgeführt worden sind, und in einem Strafprozess werden üblicherweise keine Absichten verhandelt. Ein gutes Beispiel ist hier das Gespräch, in dem Lucano mit seinem Bruder über die Idee spricht, für die politischen Wahlen von 2018 zu kandidieren, auf das die Staatsanwaltschaft ihre Unterstellung eines politisch-wahltaktischen Motivs basierte. Ein Argument, das letztlich im Leeren verläuft, weil Lucano dann doch nicht kandidiert hat. Der Gesprächsauszug hat jedoch »Il Giornale« in seiner Kampagne gute Dienste geleistet, weil der Eindruck, dass Lucano nach einem Sitz im italienischen Parlament strebte, um dem heraufziehenden Strafverfahren durch parlamentarische Immunität entgehen zu können, durch seinen Inhalt gar nicht so weit hergeholt schien. Andererseits jedoch hatte Lucano im Frühjahr 2019, als er im Exil war und der Prozess schon kurz vor seinem Beginn stand, allen Vorschlägen eine Absage erteilt, als Kandidat für die Europawahlen anzutreten.

Wie Roberto Saviano uns lehrt, ist die Schlamm-Maschine ein komplizierter Mix aus Wahrheiten und Lügen, die so miteinander kombiniert werden, dass sie Anschuldigungen mit einem gewissen Wahrscheinlichkeitswert produzieren; selbst wenn irgendwann offenkundig wird, dass es sich um einen Fake handelte, wird diese Eigenschaft es doch ermöglichen, dass ein wenig Schlamm auf der ins Visier genommenen Person zurückbleibt.

Eine große Rolle bei der Schlamm-Maschine spielt die Sprache, in der die Anschuldigungen formuliert werden. Die Rhetorik des Staatsanwalts macht sich etwa eine Sprache zunutze, die oft unpräzise ist, die immer wieder dieselben Argumente wiederholt, die sich bereitwillig auf Anspielungen einlässt, und dort, wo sie nicht beweisen kann, dass es einen persönlichen Vorteil gibt, scheut sie sich nicht, insgeheim anzudeuten, dass es immerhin einen gewissen Vorteil geben *könnte.* Wenn Sportelli zum Beispiel von den »Ersparnissen« spricht, die Lucano aus den öffentlichen Geldern zurückbehalten hat, benutzt er Sätze wie: »Das ist Geld, das er nicht ausgegeben hat, also ein Geldpuffer, der zu seiner Verfügung steht«, oder: »Ein klarer Profit, Geld, das nicht für Migranten ausgegeben wurde, sondern für etwas anderes.« Er schürt so den Verdacht, dass nicht bekannt sei, was mit dem Geld gemacht wurde, oder dass vielleicht doch Profite im Spiel gewesen sein könnten. Wir finden hier dieselbe Schwammigkeit wie bei dem »Viel mehr tun«, das wir oben schon gesehen haben. Eine unklare, wabernde Sprache, die, angewandt auf Riaces Integrationsaktivitäten oder Lucano persönlich, die Verunglimpfung von beiden verstärkt.

Wenn daher die Staatsanwaltschaft die Verabredung zu einer strafbaren Handlung mutmaßt, sehen wir ein vereinheitlichendes Raster in ihrer Interpretation Riaces: Lucano und seine Mitarbeiter sollen sich miteinander verschworen haben, um eine unbestimmte Anzahl von Straftaten zu begehen, die alle zusammen ein kriminelles Projekt ergeben. Um es mit Sportellis Worte zu sagen: »… aus verschiedenen Gründen, ob Eigennutz oder Wahlerfolg, wollten sie ein Projekt zur Ausführung bringen, das das Modell Riace wurde und das, auf hervorragende Weise entstanden, später langsam vom rechten Weg abgekommen war.« Eine Entwicklung, die allerdings nicht das Ergebnis von Irrtümern wäre, von Unregelmäßigkeiten oder der Unfähigkeit, Zahlen von Ankommenden zu bewältigen, die überproportional gewachsen waren, sondern die entstanden wäre aus dem gemeinsamen Willen einer Gruppe von Leuten, mit Lucano als Anführer, die sich miteinander verbündet haben, um Betrügereien, Fälschungen, Missbräuche und so weiter zu begehen. Die Staatsanwaltschaft liest so das Experiment Riace als einen vorgefassten Plan, der entstanden ist mit dem Ziel, Mittel umzuleiten und den Staat zu hintergehen; sicherlich, gibt Sportelli zu, wurden Flüchtlinge dort gut behandelt, aber doch »innerhalb eines kriminellen Systems«.

So entpuppen sich die beiden Strategien der Staatsanwaltschaft, zum einen die Originalität des Integrationsmodells Riace zu leugnen und zum anderen den Bürgermeister, der es aufgebaut und sein kreatives Potenzial in den Dienst von Idealen wie Solidarität und Menschlichkeit gestellt hat, zu verleumden, als zwei Seiten des Versuchs, Riace ins Herz zu treffen. Es kann nun nicht mehr gesehen werden als ein Laboratorium von guten Praktiken, das hilfreich war, um systemische Mängel in der Organisation der Aufnahme von Migranten in Italien aufzudecken, und auch nicht als leuchtendes Beispiel für die friedliche Koexistenz von unterschiedlichen Gemeinschaften, in einem politischen Kontext, in dem die Rhetorik der Invasion und die Bildung von Feindbildern als bevorzugte Strategien vorgelebt werden. Am Ende wird Riace selbst zum Verbrechen, unabhängig davon, ob es eine Absicht oder ein Motiv gibt oder nicht.

Politik als Ideal oder als krimineller Plan?

Eine Bestätigung hierfür ergibt sich aus der Anklageschrift der Staatsanwaltschaft, die diese am 14. Mai 2021 präsentiert hat. Seitdem waren die Verhandlungen den Ausführungen der Verteidigung der anderen Angeklagtem gewidmet; die Verteidigung von Lucano persönlich wird die letzte sein, die Verhandlung dazu Mitte September stattfinden. Das Urteil wird dann am Ende dieses Monats erwartet.

Es war wirklich ein Schock. In der Anklageschrift fordert der Staatsanwalt acht Jahre Haft für Lucano. Natürlich klingt solch eine Forderung gänzlich überzogen, angesichts der Unsicherheiten der Anklagepunkte und dem Mangel an Beweisen, die in den Verhandlungen deutlich wurden. Auch war erstaunlich, dass die Anklageschrift im Grunde nichts anderes tat, als die Strategien der Staatsanwaltschaft noch einmal zu bestätigen, als hätten in der Zwischenzeit gar keine Verhandlungen stattgefunden. In diesen waren die meisten Anklagepunkte aber bereits bestritten und widerlegt worden; den Zeugen der Anklage war es nicht gelungen, überzeugende Beweise zu liefern, oder sie hatten ihre Anschuldigungen zurückgezogen, wie es bei dem sogenannten »Super-Zeugen« der Fall war, der Lucano der Erpressung beschuldigt hatte und der dann im Kreuzverhör kollabierte. Überdies waren alle Urteilssprüche, die von anderen Gerichten ausgesprochen worden waren, zugunsten von Lucano ausgefallen[48] und hatten die Anschuldigungen demontiert. Und dennoch vermeidet der Staatsanwalt in seiner Anklageschrift jede Diskussion über die Entscheidungen anderer Gerichte, oder über die Beweise, die die Verteidigung geliefert hat, und präsentiert im Grunde eine Kopie des anfänglichen Untersuchungsberichts der Finanzpolizei.

Mit einem Unterschied, der zeigt, dass er sehr wohl einen Schritt weitergegangen ist. Das Motiv von Lucanos Handlungen, wie wir gesehen haben eine Schwachstelle der Anklage, wird jetzt als gesichert erachtet: Der Staatsanwalt erneuert die Idee des politisch-wahltaktischen Motivs, das er schon zuvor vorgebracht hatte, ohne überzeugende Beweise dafür liefern zu können. Seiner Überzeugung nach hat Lucano aus persönlichem politischen Interesse gehandelt: Flüchtlinge aufzunehmen war nur ein Vorwand, um ein Klientelsystem aufzubauen, das ihm Wählerstimmen und Zustimmung für seine politischen Pläne sichern würde. Auch die

Wiederbelebung Riaces war Teil dieses Plans: Lucano hätte daher die Flüchtlingszahlen auf eigene Initiative hin erhöht – und nicht etwa unter dem Druck der Behörden –, um mehr öffentliche Gelder zu kassieren und dadurch die Chance zu erhalten, die Zustimmung der Wähler zu kaufen und populäre Unterstützung zu erhalten. Als etwa Lucano im Gericht sagte: »Ich habe die Migranten immer angenommen, die von den Behörden geschickt wurden, weil ich dachte, das sei auch gut für Riace selbst«, schrieb der Staatsanwalt das in seinem Sinne um: Es war gut, weil es einen Geldfluss garantierte, und damit für Lucano persönlich die Möglichkeit, das Günstlingssystem weiterzuführen, das seine Machtposition stärkte. Die »Ersparnisse«, die der Staatsanwalt in das Zentrum seiner kriminellen Anschuldigungen gestellt und dem Mechanismus der Umleitung von öffentlichen Mitteln untergeordnet hatte, hatten so nur diesen einen Zweck, und nicht etwa den der Integration. Da Lucano das alles jedoch nicht alleine bewerkstelligt haben konnte, spielt die Anschuldigung der kriminellen Vereinigung eine zentrale Rolle in der Anklageschrift des Staatsanwalts, obwohl alle anderen Gerichte diese bereits für inexistent erklärt hatten. Sie stützt seine Behauptung, dass Lucano in der ganzen Angelegenheit eine führende Rolle spielte und dass das ganze Experiment Riace im Grunde nur dem einzigen Zweck diente, als Instrument für sein eigenes politisch-wahltaktisches Interesse zu fungieren.

Das politisch-wahltaktische Motiv hat gegenüber dem wirtschaftlichen einen entscheidenden Vorteil: Es ist nicht nötig, dass ein formaler Beweis erbracht oder wirkliches Geld gefunden wird; es kann schon genug sein, es schlicht zu unterstellen. Das war jedoch nicht sehr erfolgreich, solange es sich nur auf ein abgehörtes persönliches Gespräch mit seinem Bruder gründete, das ohne Folgen blieb. In seiner Anklageschrift bringt der Staatsanwalt daher eine neue Entwicklung aufs Tapet, die seinen Verdacht nun zu untermauern scheint: Lucano hatte soeben verkündet, dass er im kommenden Herbst 2021 für die Regionalwahlen in Kalabrien kandidieren möchte. In den Ohren des Staatsanwalts ist dies die Bestätigung, dass Lucanos Pläne immer seiner politischen Karriere gegolten haben, auch wenn diese Kandidatur vier Jahre später, vier Wahlen später geschieht, und mit dem alten, abgehörten Gespräch nichts mehr zu tun hat ... Umso besser, denn der heutige Plan lässt auch die von gestern in einem anderen Licht erscheinen.

Selbstverständlich kann Lucano sich zur Wahl stellen, wie jeder andere Bürger im Vollbesitz seiner Bürgerrechte es tun kann. Doch der Angeklagte Lucano wirkt in der Logik des Staatsanwalts wie der Gefangene seines »kriminellen Curriculums«, wie Michel Foucault gesagt hätte: Jede seiner Handlungen würde eine frühere Bedeutung annehmen, die durch kriminelle Anschuldigungen gebildet wurde. Die Handlungen gehören nicht in die Zeit, in der sie stattfinden, sie haben keine eigene Bedeutung, sondern sie leiten sich eher ab von der Persönlichkeit, die dem Angeklagten zugeschrieben wird. Jenes alte, vertrauliche Gespräch mit dem Bruder, das keine Folgen hatte, findet nun seine vorausdeutende Bedeutung, und der Staatsanwalt kann endlich behaupten, dass es Beweise gibt, dass Lucano immer von dem Plan getrieben war, seine eigene politische Macht zu halten. Mit einem zweifachen Ergebnis: Der Eindruck, dass es sich bei Riace um ein kriminelles Projekt gehandelt hat, bestätigt sich, und die heutige politische Kandidatur Lucanos wird diskreditiert, ohne dass sie irgendeine Verbindung zu dem hätte, was gerichtlich zu entscheiden ist. Der politische Charakter des Locri-Prozesses nimmt so einen weiteren, besorgniserregenden Zug an: Nicht nur Lucanos Ideen über Willkommenskultur und Solidarität, wie sie im Experiment Riace verkörpert waren, werden als Verbrechen präsentiert, sondern auch seine eigenen politischen Entscheidungen und Optionen.

Politische Prozesse

»Was ist das Verbrechen? Wer hat es begangen?«, fragte sich Piero Calamandrei in seiner Verteidigung von Danilo Dolci,[49] in einem berühmten politischen Prozess gegen den jungen Soziologen 1956 in Palermo, der nach einer Protestveranstaltung von Arbeitslosen in Partinico der Anstiftung zur Missachtung von Gesetzen beschuldigt wurde. Sicherlich sind dies zentrale Fragen in allen Strafprozessen. Sie sind jedoch auch der Schlüssel zum Verständnis dafür, was einen politischen Prozess ausmacht.

Dem Staatsanwalt von Locri zufolge ist das Verbrechen Riace selbst, und Domenico Lucano die Person, die dafür verantwortlich ist. Und das, obwohl er selbst zugeben musste, dass Lucano keinerlei wirtschaftlichen Nutzen aus der Verwendung der staatlichen Mittel gezogen hat; dass er im Gegenteil alle Gelder dafür investiert hat, in Riace Projekte öffentlichen Interesses zu implementieren. Überdies hatte der Staatsanwalt bereits anerkannt, dass seine Triebfeder dabei Menschlichkeit gewesen sei. Nun, in seiner Anklageschrift, geht er in seiner Argumentation jedoch einen Schritt weiter: Der Kern von Lucanos Politik sei demzufolge immer ein vorsätzlicher Plan gewesen, sich eine persönliche Gefolgschaft aufzubauen, die ihm den Erhalt seiner Machtstellung gewährleisten würde.

Wie wir sehen, macht die Interpretation jetzt den Löwenanteil der Argumentation aus, während Fakten und Handlungen im Hintergrund verschwinden. Das Verbrechen ist nicht so sehr, was getan wurde, sondern eher die Ideen, die in die Praxis umgesetzt wurden: Die Idee von Gemeinschaft, lokaler Entwicklung, Integration von Menschen unterschiedlicher Herkunft, die Riace realisiert und repräsentiert hat. Doch das sind Ideen, die von vielen geteilt werden; die Idee, dass, unabhängig von den von offizieller Seite verfolgten Grundsätzen in der Flüchtlingspolitik, Menschenrechte, internationale Gesetze und das Verfassungsprinzip der Solidarität im Umgang mit Migranten zu respektieren sind, wird nicht nur von Lucano verfolgt. »Wichtig ist, dass wir es schaffen, den Prozess in unseren Zeiten zu verorten«, hat Calamandrei gesagt, »dass wir die menschliche und soziale Bedeutung der Geschichte ans Licht bringen.« Kein anderes Thema fordert diese Herangehensweise heutzutage so sehr wie das der Migration. Aufnahmesysteme mögen sich ändern, ihre Richtlinien gemäß den politischen Umständen revidiert werden, sogar die Denkmuster dahinter können andere werden; doch Werte und Rechte dauern an, und ihre höhere, autoritative Kraft bleibt. Es wäre inakzeptabel, wenn wir zulassen würden, dass die Veränderlichkeit der politischen Umstände über die Forderungen obsiegt, den diese Werte und Rechte uns auferlegen.

»Die Welt wurde auf den Kopf gestellt«, schrieb der Richter und Autor Livio Pepino kurz nach Lucanos Verhaftung:[50] Ein Mann, der von seinem Respekt für Menschlichkeit und Solidarität geleitet wird, wird wegen schwerwiegender Straftaten vor Gericht gestellt. Am Ende bringt ein politischer Prozess immer eine Art Zwang, eine Umkehrung der Bedeutung mit sich. »Wie konnte sich so eine Umkehrung vollziehen, ich meine nicht der juristischen, sondern der moralischen Wahrnehmung, und sogar der Wahrnehmung der Allgemeinheit?«, fragte sich auch Calamandrei. Zu verstehen, wie so eine Umkehrung vor sich geht, ist unsere Pflicht, wenn wir die moralische Wahrnehmung und die der Allgemeinheit wiederherstellen wollen. Das Bild, das vom Staatsanwalt dargeboten wird, öffnet eine Leerstelle, eine Kluft zwischen einem Handeln im Dienst der Öffentlichkeit, das getrieben ist von Idealen wie Solidarität und Menschlichkeit, wie viele Menschen in der ganzen Welt es Lucano zuschreiben, und einem kriminellen Plan, den er angeblich über Jahre hinweg mit dem Experiment Riace und darüber hinaus verfolgt hat, bis heute. Wir können nur hoffen, dass am Ende die Gerechtigkeit den Sieg davontragen und diese Kluft wieder geschlossen wird.

Alle politischen Prozesse weisen dieselben Züge auf und beinhalten dieselben Risiken. Der in Locri gegen Lucano und Riace macht da keine Ausnahme, und er ist kein isolierter Fall. Es gibt in unserer Zeit eine gefährliche Tendenz, sich die Justiz zunutze zu machen, um den Aktivismus zur Verteidigung der Menschenrechte und die humanitäre Hilfe für Migranten zu kriminalisieren. Politische Prozesse sind überall um uns herum im Aufwind, in vielen europäischen Ländern, und mit ihnen nehmen die politischen Risiken für unsere Demokratien zu. Das ist der Grund, warum der Prozess gegen Lucano und Riace uns alle betrifft, und warum er uns auffordert, Widerstand zu leisten, für Riace und für uns alle.

*

Post Scriptum | Unmittelbar bevor dieses Buch in Druck ging, wurde am 30. September 2021 vom Gericht Locri das erstinstanzliche Urteil im Prozess gegen Domenico Lucano und Riace verkündet.

Ich hatte in meinem Nachwort den Schock über das Plädoyer des Staatsanwalts geschildert, in dem dieser die Verurteilung Lucanos zu 7 Jahren und 11 Monaten Haft gefordert hatte. Nun, da das Urteil auf eine wesentlich härtere Strafe lautet, ist dieser Schock zu einer tiefen Erschütterung geworden.

Die Richter haben verkündet, dass der ehemalige Bürgermeister von Riace der Chef einer kriminellen Vereinigung gewesen sei, die das Ziel hatte, eine Reihe von Straftaten, Betrügereien, Unterschlagungen und Amtsmissbräuchen zu begehen, wobei hier der Charakter der Vereinigung erschwerend wirkte. Das Gesamturteil lautet auf 13 Jahre und 2 Monate Haft für Lucano, 5 Jahre Verbot, ein öffentliches Amt auszuüben, und die Anordnung der Rückzahlung einer Summe von über 700 000 Euro. Strafmildernde Umstände wurden nicht in Betracht gezogen, weder die moralischen Zielsetzungen seines Handelns noch die Tatsache, dass er keine Vorstrafen hat, was im Übrigen auch für alle anderen Angeklagten gilt.

Ein Urteil, das geradezu monströs und völlig unerwartet ist und das, wie Lucanos Anwalt Pisapia erklärt hat, »in völligem Kontrast zu den angeführten Beweisen steht«. Die Urteilsbegründung steht noch aus (die Richter haben 90 Tage Zeit, um diese zu veröffentlichen), aber Lucanos Verteidiger haben schon angekündigt, dass sie Berufung beim Appellationsgericht in Reggio Calabria einlegen werden. Das Urteil hat in ganz Italien großes Aufsehen erregt und Empörung hervorgerufen, und es hat bereits jetzt harte Stellungnahmen von Juristen, Anwälten, Intellektuellen, Künstlern, Journalisten sowie der ganzen weiten Welt der Freiwilligendienste, Verbände, NGOs und natürlich auch einfachen Bürgern gegeben.

Denn dieses Urteil ist nicht nur ein Angriff auf einen aufrechten Mann, der sein Leben dem Dienst an anderen gewidmet hat, oder auf eine Gemeinde, die aus der Aufnahme von Geflüchteten ein Instrument für die eigene Rettung gemacht hatte. Es ist ein Angriff auf alle, die an den Wert von Solidarität und an den Respekt für die Menschenrechte glauben. Tatsächlich ist dieses Urteil eine Bestätigung, dass dieser Prozess einen politischen Charakter hat, wie ich in meinem Nachwort herauszuarbeiten versucht habe. Es liegt nun vor aller Augen, dass hier ein politischer Prozess zum Instrument wird, um Solidarität und Willkommenskultur zu kriminalisieren, und damit wird auch offensichtlich, welche Gefahren dem Fortbestand unserer demokratischen Gesellschaften drohen.

Giovanna Procacci ist ordentliche Professorin für Soziologie an der Universität Mailand. Sie ist bei verschiedenen Menschenrechts- und Anti-Mafia-Organisationen aktiv und hat den Locri-Prozess gegen Domenico Lucano und Riace von Anfang an mitverfolgt.

Anhang

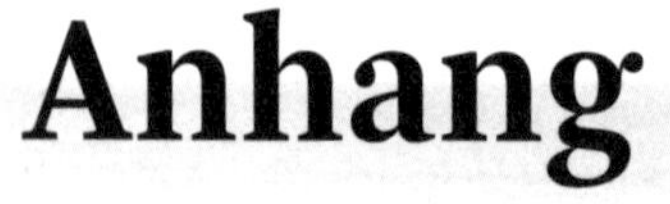

Riace von oben mit Ausblick auf Riace Marina und Meer

Anmerkungen

1 Es gibt einen sehr sehenswerten Film über und mit Becky Moses von der Niederländerin Carin Goeijers mit dem Titel »But now is perfect«.

2 CAS (Centro di Accoglienza Straordinaria) sind zentrale Erstaufnahmeeinrichtungen, die von den regionalen Präfekturen geregelt werden und sich eher auf die grundlegende Versorgung der Flüchtlinge direkt nach der Ankunft in Italien mit Essen, Kleidung, Basisinformationen und medizinischen Leistungen konzentrieren. Meist sind dies große, isolierte Zentren, die oft überfüllt und weit entfernt von lokalen Gemeinschaften sind. Im Unterschied dazu sind die durch Vereinbarung zwischen Innenministerium, Kommunen und UNHCR geschaffenen und dezentral organisierten SPRAR-Einrichtungen (Sistema di Protezione per Richiedenti Asilo e Rifugiati) eher für die Zweitversorgung mit Unterstützungs- und Integrationsmaßnahmen wie Schule, Arbeit und Ausbildung, Gesundheit gedacht. Riace war eines der ersten SPRARs in Italien und hat das neue System maßgeblich inspiriert. Später öffnete hier wegen der Zunahme der Ankünfte auch ein CAS. In Riace wurden jedoch alle Ankommenden in Wohnungen untergebracht und genossen dieselben Dienstleistungen.

3 Eine Präfektur ist in Italien die Vertretung der Zentralregierung in den landesweit über 100 Provinzen. Sie ist für die Verwaltungsarbeit verantwortlich und beaufsichtigt auch die der Gemeinden. Zu ihren Aufgaben gehören auch Einwanderung und Asyl. Amtsleiter ist der Präfekt.

4 Gesetzesdekret von 2017 der Regierung Gentiloni, benannt nach dem damaligen Innenminister Marco Minniti (12/2016 bis 6/2018) und dem Innenminister Andrea Orlando, beide Partito Democratico (PD). Das Dekret steht für einen Umschwung der italienischen Asylpolitik hin zu einer deutlichen Verschärfung.

5 Das »Ghetto von San Ferdinando« ist oder war eine seit 2010

bestehende Barackenstadt in der Nähe der kalabrischen Kleinstädte San Ferdinando bzw. Rosarno, die zeitenweise als das größte Slum Europas galt. Hier leb(t)en Tausende von überwiegend afrikanischen Migranten, die meist als »Erntesklaven« auf den Tomaten-, Orangen- und Gemüsefeldern der Umgebung eingesetzt sind, unter unhaltbaren sozialen und hygienischen Zuständen. Immer wieder kam es zu rassistischen Übergriffen, zu Revolten der Migranten und zu Bränden mit tödlichem Ausgang, wie dem, bei dem Becky Moses starb. Das Ghetto wurde immer wieder geräumt und 2019 durch eine unmittelbar benachbarte Zeltstadt der italienischen Regierung ersetzt, in der die Zustände kaum besser sind.

6 Das »Caporalato« meint die Anwerbung unterbezahlter Arbeitnehmer in Italien, das in vielen Bereichen der italienischen Wirtschaft System hat. Im Süden des Landes betrifft es vor allem die Landwirtschaft, wo »Caporali« (Vorarbeiter) für die Plantagenbesitzer (überwiegend afrikanische oder jedenfalls ausländische) Erntehelfer anwerben, von denen sie hohe Gebühren für Transport, Miete, Lebensmittel, Wasser etc. kassieren. Das System der Ausbeutung und Erpressung, an dem oft auch die Mafia beteiligt ist, nutzt die Hilf- und Perspektivlosigkeit der Menschen aus, der Einsatz von Drohungen und Gewalt ist an der Tagesordnung.

7 Das Buch erschien in Italien im August 2020. Der Täter wurde inzwischen wegen vorsätzlicher Tötung zu 22 Jahren Haft verurteilt, die er allerdings im Hausarrest absitzen kann. Das Berufungsverfahren läuft noch.

8 Der Partito Democratico (PD) ist eine Mitte-links-Partei mit sozialdemokratischer und linksliberaler Ausrichtung, auf europäischer Ebene Mitglied der SPE (Sozialdemokratische Partei Europas).

9 Zum Gerichtsverfahren gegen Lucano siehe die Ausführungen im Nachwort von Giovanna Procacci.

10 Salvini ist Chef der rechtspopulistischen Partei Lega, war von 6/2018 bis 9/2019 als Innenminister an der aus Fünf-Sterne-Bewegung und Lega beste-

henden Regierung (Kabinett Conte I) beteiligt und verfolgte eine äußerst flüchtlingsfeindliche und spalterische Politik (»Italiener zuerst!«). Seine beiden »Sicherheitsdekrete« sahen u.a. bürokratische Erschwernisse für Einwanderer und die Einschränkung des Zugangs zum Asylverfahren sowie die Erleichterung von Abschiebungen und den Rückbau der dezentralen Unterbringung zugunsten von Sammellagern vor. Öffentliches Aufsehen erregte vor allem seine Schikanepolitik gegen die private Seenotrettung mit Geldstrafen in Millionenhöhe, Schiffsbeschlagnahmungen und der Schließung von Häfen. Er spielte eine zentrale Rolle bei der Zerschlagung des Willkommensprojekts in Riace. Wichtig in diesem Zusammenhang ist, dass das Dekret die Einschreibung ins Melderegister verwehrte und es Migranten ohne Personalausweis unmöglich machte, Zugang zu medizinischen oder anderen öffentlichen Dienstleistungen zu erhalten.

11 Die Nachfolgeregierung aus PD und Fünf-Sterne-Bewegung (Kabinett Conte II, 9/2019 bis 2/2021) hat im Oktober 2020 mit dem »Decreto Lamorgese« den Zugang zu humanitärem Schutz und Integrationsmaßnahmen wieder erleichtert und schreibt die Rettung von Menschenleben aus Seenot als Verpflichtung gemäß der italienischen Verfassung und internationaler Rechtsvorschriften fest. Dennoch blieb die italienische Asylpolitik auch dieser Regierung restriktiv, Behinderungen der Seenotrettung waren und sind weiterhin üblich. Auch die neue »Regierung der nationalen Einheit« (seit 2/2021) unter Mario Draghi setzt diesen Kurs fort. Im Juli 2021 etwa wurde mit mehrheitlicher Zustimmung des italienischen Parlaments (also auch des PD) das Abkommen mit Libyen verlängert, das die dortigen Folterlager und die libysche Küstenwache stärkt.

12 Trifoli ist auch heute noch (Stand 7/2021) Bürgermeister von Riace. Er steht der Lega nahe und kam mit ihrer Unterstützung ins Amt.

13 Giuseppe »Peppino« Impastatos Geschichte ist in zahlreichen

Büchern, Filmen und Liedern verarbeitet, darunter Marco Tullio Gordanas Spielfilm »100 Schritte« (2000).

14 »Lotta Continua« (LC, Ständiger Kampf) war eine außerparlamentarische Gruppe der italienischen Linken mit revolutionärer und marxistisch-antiautoritärer Ausrichtung. Sie entstand im Zusammenhang mit der Studentenbewegung im Herbst 1969 und löste sich Ende der 1970er-Jahre auf.

15 Die Partei »Democrazia Proletaria« (DP, Proletarische Demokratie) entstand 1977 aus dem Zusammenschluss verschiedener Gruppen der revolutionären »Neuen Linken«, die kommunistische Zielsetzungen hatte und sich als Alternative zur großen kommunistischen PCI verstand. Ein Großteil der noch verbliebenen Mitglieder der DP schloss sich 1991 dem neu gegründeten »Partito della Rifondazione Comunista« (PRC, Partei der kommunistischen Neugründung) an.

16 Latifundienwirtschaft: Das Eigentum konzentriert sich in der Hand von wenigen Großgrundbesitzern, die ihre Ländereien in einem System der Ausbeutung von abhängigen Bauern oder mit Tagelöhnern arbeitenden Großpächtern bewirtschaften lassen. Sie führt i.d.R. zu einer extensiven Nutzung der bewirtschafteten Ländereien und zu einer Verarmung der sozial und wirtschaftlich abhängigen ländlichen Bevölkerung. Heute ist sie in unterschiedlicher Ausprägung noch verbreitet in Süditalien, Spanien, Südamerika, dem östlichen Mitteleuropa und den Maghreb-Ländern.

17 Die spezifisch kalabrische Mafia ist in viele Geschäfte wie Drogen, Waffen, Menschenhandel, Müllentsorgung und Ausbeutung von Migranten involviert, hat einen weltweiten Aktionsradius und gilt als mächtigste Mafia-Organisation Europas. Ihr Ursprung liegt wahrscheinlich im Brigantenwesen des 19. Jahrhunderts, die Bedeutung des Namens ist nicht geklärt, wird aber als »ehrenwerter Mann« gedeutet. In Deutschland erregten vor allem die 'Ndrangheta-Morde in Duisburg 2007 Aufsehen, ihr Einfluss wird aber immer noch unterschätzt. Auch ihre

Verbindungen zu Politik und öffentlichem Auftragswesen machen sie zu einem Machtfaktor, nicht nur in Italien.

18 Das Buch ist für ein tieferes Verständnis der Mafia von fundamentaler Bedeutung und wurde daher 2015 neu aufgelegt. Leider gibt es keine deutsche Übersetzung.

19 Eine einzelne 'Ndrangheta-Familie nennt man 'Ndrina (Plural 'Ndrine).

20 »Pentiti« (die Reuigen) sind ehemalige Mafiosi, die das Gesetz des Schweigens (»Omertà«) brechen und ihr Wissen den Behörden als Kronzeugen zur Verfügung stellen, häufig auch, um sich Vorteile oder Strafminderung zu verschaffen.

21 Als Magna Graecia (lateinisch für »großes Griechenland«) werden die Regionen in Süditalien bezeichnet, die von griechischen Siedlern ab dem 8. Jh. v. Chr. kolonisiert wurden. Die Region war stark von der griechischen Sprache und Kultur geprägt und wurde erst spät und langsam romanisiert. Noch heute gibt es kleine griechische Sprachinseln, in Kalabrien etwa das Dorf Gallicianò.

22 Die »Karawane des Herzens« ist eine 2005 gegründete Kampagne für die Rechte von Kindern, bei der alljährlich von Juni bis September Freiwillige in orangefarbenen T-Shirts in Italien unterwegs sind und ihre Botschaft der Solidarität verbreiten oder Projekte für benachteiligte Familien anstoßen. (www.carovanadelcuore.org)

23 Dt. »Riace anderswo«, damit sind all die Orte in der Welt gemeint, in die viele »Riacesi« – Einwohner Riaces – ausgewandert sind.

24 Es gibt in der griechischen Mythologie viele Geschichten, in denen sich Götter und selbst Zeus höchstpersönlich als Fremde verkleiden, um zu prüfen, ob die Menschen das hohe Gebot der Gastfreundschaft respektieren. Daher heißt es in manchen Ländern auch heute noch, es gelte den Fremden zu ehren, denn ein Gott könnte in ihm verborgen sein.

25 Mehr über Longo maï unter www.prolongomai.ch.

26 »Murales« sind im Spanischen Wandmalereien, die sehr oft auch eine politische Bedeutung haben. Riace wurde im Lauf

der Jahre von Künstlern aus aller Welt mit zahlreichen solcher Wandbilder bemalt.

27 Das Gesetz Nr. 646 von 1982 führte die Mafiamitgliedschaft als Straftat ein und somit die strafrechtliche Verfolgung typischer Mafiamethoden über die tatsächlich begangenen Straftaten hinaus. Zudem genehmigte es unter bestimmten Bedingungen die Konfiszierung von Gütern und Liegenschaften von Mafiafamilien und ihrem Umfeld. Die Idee für dieses Gesetz stammte von dem PCI-Abgeordneten Pio La Torre, der verstanden hatte, dass die Mafia nur durch eine Minderung ihrer Vermögen geschwächt werden kann. Seine Ermordung im April 1982 war ein wichtiger Impuls für die Umsetzung.

28 Legge regionale 18/2009 »Accoglienza dei Richiedenti Asilo, dei Rifugiati e Sviluppo Sociale, Economico e Culturale delle Comunità Locali« (Aufnahme von Asylsuchenden und Flüchtlingen und soziale, wirtschaftliche und kulturelle Entwicklung der lokalen Gemeinden). Das Gesetz kam leider bis heute nicht zur Anwendung.

29 Internationale katholische Ordensgemeinschaft, die sich besonders der Seelsorge und dem sozialen Engagement für Migranten widmet.

30 Originaltitel »El cielo sobre Riace« (Damian Olivíto, 2020), Der Himmel über Riace.

31 Die Fünf-Sterne-Bewegung regierte bis September 2019 zusammen mit der Lega, dann in einer Koalition mit Partito Democratico und mehreren Kleinparteien. Seit Februar 2021 besteht eine »Regierung der nationalen Einheit« unter Mario Draghi, die insbesondere von Fünf-Sterne-Bewegung, Partito Democratico, Lega und Forza Italia getragen wird.

32 Es gibt neben den bereits erwähnten Filmen von Wenders, Goeijers und Olivíto noch einen weiteren sehr empfehlenswerten Dokumentarfilm über Riace: »Un paese di Calabria« (Ein Dorf in Kalabrien) von Shu Aiello und Catherine Catella (2016).

33 2/2014 bis 12/2016, Matteo Renzi gehörte damals dem PD an.

34 Der Begriff steht symbolisch für die Poebene und ist ein Propagandabegriff der Lega Nord,

die den wirtschaftlich stärkeren Norden Italiens in ihrer Anfangszeit in den 1990er-Jahren vom Südteil abspalten und von der Zentralregierung in Rom unabhängig machen wollte.

35 Das italienische Kassationsgericht entspricht in etwa dem deutschen Bundesgerichtshof. Zum besseren Verständnis des weiterhin andauernden Strafprozesses gegen Lucano empfiehlt sich die Lektüre des Nachworts von Giovanna Procacci.

36 Der Film wurde bis heute nicht gesendet.

37 Antonio Mazzone starb im Dezember 2020 an einem Herzinfarkt und wurde durch Giuliano Pisapia ersetzt, der u.a. Abdullah Öcalan verteidigte sowie die Familie von Carlo Giuliano als Nebenkläger vertrat, der 2001 in Genua bei den Protesten gegen den G-8-Gipfel erschossen wurde.

38 Das Titelbild zeigt den in seiner Wohnung unter Hausarrest stehenden Lucano, der den vorbeiziehenden Demonstranten zuwinkt.

39 Cédric Herrou ist ein französischer Bauer, der in der Nähe der italienischen Grenzstadt Ventimiglia lebt. Er wurde angeklagt, Migranten beim Übertreten der Grenze geholfen zu haben, und mehrmals vor Gericht gestellt; letztendlich wurde er durch das Gericht von Lyon freigesprochen, auf der Grundlage eines Urteils des französischen Verfassungsgerichts, das den Verfassungswert des Prinzips der Brüderlichkeit festschreibt.

40 Pierre-Alain Mannoni ist ein französischer Wissenschaftler, der angeklagt wurde, drei jungen, verletzten und völlig erschöpften Erithreerinnen geholfen zu haben. Er wurde nach einem vierjährigen Prozess schließlich freigesprochen.

41 [Zu CAS und SPRAR: siehe Anmerkung 2]

42 Richter für die Vorerhebungen: Der Richter, der am Ende einer Ermittlung interveniert und dessen Aufgabe es ist, die Konsistenz der vorgelegten Anklagepunkte und Beweise zu überprüfen und daraufhin zu entscheiden, ob es notwendig ist oder nicht, Aufsichtsmaßnahmen einzuleiten.

43 Der Staat nimmt als Zivilkläger teil, was bedeutet, dass er sich als Opfer der von Lucano be-

gangenen Straftaten betrachtet und Entschädigung beantragen kann, wenn Lucano verurteilt wird. Die Anwälte des Staates haben tatsächlich einen Schadensersatz in Höhe von 10 Millionen Euro gefordert.

44 Meine Berichte sind alle auf der Website www.pressenza.com.

45 Der »Consiglio di Stato« ist das höchste Verwaltungsgericht in Italien, das die Beziehungen zwischen den verschiedenen Ebenen zwischen Verwaltung und einzelnen Bürgern regelt. Da Lucano Einspruch gegen die Entscheidung des Ministeriums, das SPRAR in Riace zu schließen, eingelegt hatte, befand der Staatsrat in seinem Schlussurteil (18. Mai 2020), dass die Schließung illegitim sei und das SPRAR wieder geöffnet werden sollte.

46 Arbeitsstipendien: Lucano benutzte einen Teil der staatlichen Mittel dafür, Geflüchtete für ihre Arbeit zu entlohnen. Gutscheine: Die Geflüchteten bekamen in Riace eine Art Voucher, der nur in lokalen Geschäften benutzbar war, um die lokale Wirtschaft zu erhalten. »Lungo-permanenti« (Lang-Bleibende) ist die bürokratische Definition von Migranten, die länger bleiben als den regulären Zeitraum, der für das durch SPRAR oder CAS finanzierte Projekt festgesetzt wurde. Irgendwann wurde das SPRAR auf 6 Monate limitiert – mit der Möglichkeit, um eine Verlängerung anzufragen. Lucano bat mehrere Male um Verlängerungen aus »humanitären Gründen«, mit dem Hinweis darauf, dass eine allgemeine Regelung, die Schule und andere Verpflichtungen außer Acht lässt, nicht sinnvoll ist. Obwohl er meistens keine Antwort auf seine Anträge erhielt, schickte er Menschen niemals weg, auch wenn das SPRAR nicht mehr für sie zahlte.

47 Salvatore Buzzi, eine führende Figur in dem »Mafia-Capitale-Prozess« gegen eine kriminelle Organisation in Rom, wurde als Kopf einer kriminellen Organisation, die sich mehrere Millionen Euro einverleibt hatte, die eigentlich für Migranten bestimmt waren, zu 13 Jahren Gefängnis verurteilt.

48 Der »Corte di Cassazione« entschied nach Lucanos Berufung

im Februar 2019 gegen die gegen ihn verhängten Aufsichtsmaßnahmen, dass die Anschuldigungen bezüglich der Organisation der Müllsammlung auf fehlerhaften Hypothesen basierten und es kein Anzeichen für betrügerisches Verhalten seitens Lucanos gebe – weshalb die Verbannung aus dem Heimatort ungerechtfertigt sei. Was das Urteil des Staatsrats (18. Mai 2020) wegen der illegitimen Schließung des SPRAR betrifft [siehe Anmerkung 45]. Das Überprüfungsgericht entschied am 7. Juli 2020, dass es keinen Beweis für die Aufrechterhaltung des Vorwurfs der Bildung einer kriminellen Vereinigung noch eines persönlichen Vorteils für Lucano gebe.

49 Piero Calamandrei, »In difesa di Danilo Dolci«, Il Ponte XII, 4 (1956): 529–544.

50 Livio Pepino, »L'arresto di Mimmo Lucano: il mondo all'incontrario«, *Volere la luna* (2. Oktober 2018) .

Bildnachweis

Umschlag, S. 2, 212 | © ZUMA Press, Inc. | Alamy Stock Photo

S. 20, 104, 128, 154, 188 | © Elvira Bittner

S. 34, 56 | © Marcuscalabresus | Wikimedia Commons

S. 38, links | © Luca Galli

S. 38, rechts | © Effems

S. 42 | © Michele Cirillo

S. 50, 76, 166, 276f. | © Sabine Karmazin

S. 84 | © Michele Borzoni | TerraProject

S. 142 | © Valeria Ferraro / SOPA Images via ZUMA Wire

S. 176 | © Secretaría de Cultura de la Nación | Wikimedia Commons

S. 204 | © www.carolereckinger.co.uk

Dank

Ich danke dem Deutschen Übersetzerfonds, dass er mir ermöglicht hat, einen Verlag für die deutsche Ausgabe zu finden und die Arbeit an der Übersetzung mit einer weiteren Reise nach Riace zu verbinden. Ich danke Anne Rüffer vom rüffer&rub Sachbuchverlag, dass sie sich des Projekts so bereitwillig angenommen hat. Und ich danke all den Menschen, die in den vergangenen Monaten mitgedacht und mitgelesen haben oder meine vielen Fragen beantwortet bzw. es zumindest versucht haben. Meiner italienischen »Gegenleserin« Silvia De Biasio danke ich für ihre große Anteilnahme und kann ihr versichern, dass sie sich ihre Schnitzfigur aus Riace redlich verdient hat. Christiane Lüst und ihrem Ökozentrum Gauting danke ich, dass sie mich nach Riace geführt und auch beim zweiten Mal wieder mitgenommen hat, und Carla Kirsten Müller-von der Heyden, dass sie mir als Nachbarin auf Zeit viel über Riace erzählt hat.

Giovanna Procacci hat mir und dem Buch mit ihrem Nachwort einen großen Dienst erwiesen, und unter denen, die Bilder beigesteuert haben, danke ich vor allem Sabine Karmazin. Und natürlich danke ich auch Mimmo Lucano persönlich, insbesondere für einen Ausflug in die kalabrischen Berge, der mir deutlich gemacht hat, warum diese Region so besonders ist.

Elvira Bittner